重い障害のある人の親の立場で考える
尊厳死・意思決定・地域移行

殺す親 殺させられる親

児玉真美

生活書院

殺す親　殺させられる親

——重い障害のある人の親の立場で考える尊厳死・意思決定・地域移行

目次

第1部　子どもの医療をめぐる意思決定

第1章　アシュリー事件

第2章　「白い人」の不思議な世界の不思議な「コンセント」

第2部　「死ぬ・死なせる」をめぐる意思決定

第1章　「死ぬ権利」をめぐる議論

第2章 「無益な治療」論

第3章　私たちはどのような存在にされようとしているのか

第3部　「無益な治療」論を考える

第1章　「無益な治療」論が覆い隠すもの

第2章　相模原事件

第3章　弱い者としての親

第4章「親を『ケアラー』として支援する」という視点

第5章　親にとっての「親亡き後」問題

最終章　リンゴの木を植える　

あとがき　

第1部

子どもの医療をめぐる意思決定

第1章

アシュリー事件

二〇〇六年に世界で起こっていたこと

重い障害のある子どもを持つ親で、何の専門家でもない私がインターネットで英語ニュースを読むようになったきっかけは、時々フリーライターとして取材記事を書いていた雑誌『介護保険情報』（社会保険研究所、二〇一七年三月に休刊）で海外情報の連載を始めたことだった。英語が読めるならインターネットで検索して、面白い介護や医療の話題で連載を書きませんか、と編集部から提案があったのは、二〇〇六年六月。この提案が、その後の私の世界観と人生の両方をごろりと変えることになった。

「果たして連載を書けるかどうか、まずは試しに……」とお気楽にインターネットを覗きに行った私は、いきなり、えげつないスキャンダルと遭遇してしまった。ニューヨークの葬儀屋が怪しげなバイオ企業と結託して、葬儀場の裏手で、遺体から骨とか腱とか心臓の弁などの人体組織を抜きたい放題に抜いては闇に流していた、という驚くべき事件――。数年前に発覚したものらしく、当時は捜査により事件の全容が明らかになりつつあるところだった。

あれこれと検索してみると、数年間に及ぶ犯行で被害者は三〇〇人とも言われていた。闇に流された人体組織には病気のスクリーニングがされていない。医療製品に加工されていくつもの国に出回り、患者さんに深刻な感染症が起きて、既にいくつかの国で集団訴訟が起きていた。その一方で、被害者に向けて「訴訟をするなら、ぜひウチで」と呼びかける法律事務所のサイトにこそ、どこの新聞よりも詳しい事件の全容が説明されているという、米国社会のややこしさ――。

このスキャンダルについては、七月号から始まった連載「介護と医療の世界の情報を読む」の第二回目で紹介した。その時に同時に取り上げたもう一つの話題は「従兄弟一一人が癌予防で胃を全摘」。これもまた、元記事を読み始めるや驚きで絶句したニュースだった。胃ガンで死ぬ人が多い家系の従兄弟一七人が、祖母の死を機にDNA検査を受けたところ、そのうちの一一人に祖母と同じ遺伝子変異が見つかった。将来胃がんになる確率は七〇％とのこと。いつ癌になるかと怯えて暮らすくらいなら……と、胃を全摘した一一人が晴れ晴れとハッピーな笑顔で集合する写真が多くの新聞に掲載されていた。

こうしたネタ探しを日課とすること、しばし。それまで私の中にあった「世界って、だいたいこういうところ」という漠然とお気楽なイメージは、日々パソコンの前で「げっ」とか「うへっ」

と仰天するたびに崩壊の一途をたどり、やがて消滅していった。当時の連載のタイトルをざっと挙げると「グローバルな新トレンド　医療ツーリズム」「輸入される介護労働〝現代の奴隷制〟とも」「大地震後に瓦礫の山で〝臓器泥棒〟」などなど。そうこうするうち、決定的な事件との出会いがやってきた。アシュリー事件だった。

アシュリー事件

米国ワシントン州のシアトル子ども病院で、二〇〇四年に知的にも身体的にも障害の重いアシュリーという当時六歳の女の子から健康な子宮と乳房を摘出し、さらに女性ホルモンの大量投与療法によって背が伸びるのを止めた、という事例が、二〇〇七年早々に世界的な倫理論争となった。父親が考案して医師に要望し、病院の倫理委員会の検討を経て実施されたという。父親は〝アシュリー療法〟と娘の名前を付けたこの医療介入を世界中の重症児に一般化していこうとブログで呼びかけ、メディアが報じたことから論争に火がついた。

私は論争が始まってすぐに連載のネタ捜しのニュース・チェックでこの事件を知り、大きな衝撃を受けた。新聞記事や写真によると、アシュリーは娘の海とほとんど同じ障害像の、愛らしい少女だ。同じ立場にある親として、彼女の父親の気持ちは痛いほどわかる。私も「この子が小さいまだったらどんなにいいだろう」と思ったことは何度もある。そしたら抱いてどこへでも連れて行ってやれるし、いろんなことを経験させてやることができる……。でもそれは、実現不能と知っているからこそ安心して頭に浮かべていられる妄想、せいぜい他愛のない夢想に過ぎない。それを現実にやってしまった人がいるという事実を目の前に突きつけられると、一体どう考えたらいいのか、困惑してしまう。ただ「でも、これって、やっちゃいけないことなんでは……?」
「どうして、こんなことが許されてしまったの……?」と、疑問ばかりが頭をぐるぐると回り続ける。

そこでインターネットに論争を覗きに行ってみると、無意識に非難轟々の状況を予測していたのだろう、頭をぶん殴られるような衝撃があった。思いのほか、賛美・賞賛の声が多いのだ。でも、これをOKだと主張している人たちの言うことが、いくら読んでみても、私にはどうしても納得も理解もできない。親が愛情からやったことだからOKなのか。親が決めたことだからOKなのか。未成年だから親が決めてOKなのか。重症児だからOKなのか。重度の知的障害があるからOKなのか。全介助だからOKなのか――。

いずれも、それぞれ単独ではOKとする十分な根拠になるとは思えないのに、これらがごちゃ混ぜに議論されてしまうと、なんとなくOKになってしまうような、モヤモヤと釈然としない感じがつきまとう。そのモヤモヤをすっきりさせたくて、インターネットで論争を追いかけてみると、そのうち、この人たちは一見いろいろな理屈を並べてはいるけれど、本当に言い合っているのは別のことなんじゃないか、という気がしてきた。もっともらしい理屈を並べながら、その行間で暗黙のうちに「だって、どうせ何も分からない重症児だから、やったっていいじゃないか」と言っているだけなんじゃないか。そして、それを受ける誰かも、表向きはもっともらしい理屈を並べながら実は暗黙のうちに「そうだよね、だって、どうせ……」と返しているだけなのでは……。この件を担当した生命倫理学者であり小児科医のダグラス・ディクマがメディアで繰り返す「アシュリーは赤ちゃんと同じ」という正当化も、私にはこの暗黙の「どうせ」でしかないように思えた。

パーソン論

そうこうするうち、一月二六日にピーター・シンガーという高名な哲学者がニューヨークタイムズ紙にこの事件について論考★1を寄せた。全体としては、「人間の乳児よりも知的機能が高い犬や猫にだって我々は尊厳を認めない」のだから、尊厳という概念を持ち出して重症児の最善の利益にかなう治療を邪魔立てするなと、〝アシュリー療法〟への批判に対する批判を展開する内容だった。愕然とした。

反対や慎重な立場で発言している人からもメディアからも、この〝療法〟はアシュリーの尊厳を侵すものではないか、と疑問が投げかけられる中、シンガーは「犬や猫」よりも知的機能が低い存在に対しては「尊厳」ではなく「本人の最善の利益」を周りが考えてやればよいのだと言って、アシュリーの知的障害の重さを根拠に「尊厳」を否定してみせたのだ。

この発言に衝撃を受けたのを機に少しずつ検索し、私は世の中には「パーソン論」という考え方があることを知った。一九七〇年代から、シンガーの他にもマイケル・トゥリー、トリストラム・エンゲルハートといった学者が説いてきたもののようだ。誰かが権利の主体としての「パーソン（人格）」と見なされるためには、単に生物学上のヒトに生まれてきただけでは十分ではなく、理性とか自己意識など一定の知的能力を持たなければならないとし、それによって生き物を「パーソン」と「ノンパーソン」とに序列化する——。シンガーは障害者運動などからとりわけ強い批判を浴びている人物だった。重い障害のある新生児や認知症患者、重度の知的障害者をノンパーソンと見なし、ノンパーソンに当たらない障害者には手厚い支援サービスの必要を認める一方で、ノンパーソンには道徳的地位を認める必要がないのだから殺しても道徳的な不正にはならない、とまで説く。

連載のスタートからインターネットで英語ニュースを読んでは「いったい世界って、いつの間にこんなに恐ろしい場所になっていたんだろう」と何度も絶句する体験が続いていたが、アシュリー事件を知り、ピーター・シンガーの発言と出会うに至って、慄然と立ち尽くす思いになった。生命倫理学については何も知らないまま、漠然と生命や弱者を守る立場に立つ学問とイメージしていた私には、生命倫理学者の議論で重い障害のある子どもからの健康な子宮や乳房の摘出が正当化されたり、「尊厳」概念の対象にすらならないと言われてしまうなど、想像もできないことだった。

納得できない思いを抱えて議論を追いかけるうち、それら正当化論を説く学者とて、その前提にあるのは一般人がネットで繰り広げていた暗黙の「どうせ」ではないのか、という疑問が私の中では膨らんでいく。いつからか「海やアシュリーのような重症児者は、本当にここで言われているように『どうせ何も分からない人』でしかないか?」「海やアシュリーのような重症障害者は尊厳に値しないか?」「他の人とは一線を画されるべき存在なのか」という問いが、頭の中をぐるぐると回り始めていた。

重い障害のある女性を娘にもつ私にとって、それらの問いに対する答えは明らかにNOだ。私には「うちの子」である娘と同じような障害を持つ子どもたちについて、どの子もこの子も「うちらの子」と感じられるところがある。「どうせ何も分からない重症児だから、赤ちゃんと同じ」という捉え方は、海やこれまで個人的に知り合ってきた多くの「うちらの子」の実像とは、まったく異なっている。彼らはそれぞれその人なりの分かり方で多くのことを「分かっている」し、その人なりのやり方で多くのことを表現し、自己主張しながら日々を暮らしている。彼らが日々をそうして生きている現実の姿に触れたこともない人たちが、無責任な思い込みで勝手に決め付け、それを正当化に使いながら、医学や哲学や生命倫理学の専門性という権威のもとに「うちらの子」の身体を侵襲しようとしている……。そんな危機感が切迫してくる。

私はすっかりこの事件にとり憑かれ、論争の舞台がアカデミズムや障害者運動からの批判活動へと移り始めていた五月に、この事件を追いかけるためのブログを始めた。それまで連載のネタ探し作業に過ぎなかった英語ニュースのチェックは、このブログを通じて、にわかに個人的な探索作業となった。

事件をめぐる倫理問題の議論

アシュリー事件の詳細については、二〇一一年に上梓した『アシュリー事件――メディカル・コントロールと新・優生思想の時代』（生活書院）で読んでもらうこととし、ここでは省くけれど、この事件との遭遇は私にとって人生を区切られるほどに大きな出来事だった。

それ以前から自分自身の意識の上で、私の人生には「海の誕生以前」と「海の誕生以後」という二つの時代区分があった。後者があまりに濃密な体験に満ちているために、前者はまるで前世の記憶ででもあるかのようにリアリティが薄い。その濃密な後者の時代区分の中に二〇〇七年以降、もう一つ「アシュリー事件以前」と「アシュリー事件以後」というサブ区分ができた。遠い出来事が話題に上り、それがいつのことだったかを思い出そうとする時、私たち夫婦はまず自動的に「海はもう生まれていたか?」と記憶を探る。それが「海の誕生以後」の時代区分に属する出来事であれば、そこから夫は「海が何歳の時だったか?」と考える。私は「アシュリー事件以前だったか? 以後だったか?」と考えてしまう。それくらいアシュリー事件との遭遇は私にとって文字通りエポック・メイキングな出来事だった。「海の誕生以前と以後」という時代区分が、人生における体験の濃密さによるものだとすれば、「アシュリー事件以前と以後」というサブ区分は、私の思考の濃密さによるものと言えるかもしれない。アシュリー事件と出会っていなかったら、その後の私の人生も、重い障害のある子どもを持つ親としての意識も、まったく違ったものになっていたに違いない。

なによりもまず、私はこの事件と遭遇したことによって生まれて初めて、障害児者の医療をめぐる倫理問題の専門的な議論に触れた。〝アシュリー療法〟をめぐる議論には、たとえば以下のような論点が含まれていた。

（1）社会的問題の解決のために重症児の身体に医療技術で侵襲を加えることの倫理問題。
（2）子どもの医療をめぐる意思決定における親の決定権の範囲。
（3）子どもの医療をめぐる意思決定における子ども自身の決定権の範囲。
（4）自分で決めることが難しい障害者の医療をめぐる代理決定のしかるべきプロセス。

（5）医療が障害者の人権を侵害してきた歴史的背景にかんがみたセーフガード。

もちろん、事件をめぐる議論を追いかけ始めた当時の私に最初からこれだけの整理ができていたわけではない。「competent 意思決定能力がある」だの「autonomy 自律」だの「best interest 最善の利益」だのという生命倫理学の基本的な文言すら「どこかで聞いたことがある」程度だったし、「アメリカ合衆国憲法で保障されたプライバシー権」だの「身体の統合性への権利」だのと言われると、にわかに途方に暮れてしまう。やむなく、それらのフレーズをそのまま検索して〝勉強〟を試みる。それ自体は新鮮で興味をそそられる体験でもあったけれど、あれこれと読みかじれば読みかじるほど、一つのテーマについてだけでも十分な理解をするには数年かかりそうな奥深さを前に立ちすくむ。

今なお「アメリカ合衆国憲法で保障されたプライバシー権」についても「身体の統合性への権利」についても、私はろくに知らない。それ以外の多くのことについても、私は依然として無知な素人に過ぎない。上記の（1）から（5）の論点についても、それぞれに長く複雑な議論の歴史があり、私にそれらの背景が十分に理解できているはずもない。私がこの一〇年あまりに学んだのは、むしろ、こうした言葉を知り、それらを手がかり足がかりとして倫理問題を考える自分なりの方法論でしかないだろう。

その程度の素人が、重い障害のある人の医療をめぐる意思決定というテーマをかざして何がしかのことを書こうとするのは身の程知らずだとは思うのだけれど、私としては、その意味は上記の人生の時代区分にこそあるように感じている。「アシュリー事件以後」に得た知識と思考の試みによって、その前約二〇年間の「海の誕生以後・アシュリー事件以前」にあった、医療をめぐる濃密な個人的体験が新たな視点から捉え直されてきたからだ。

家族当事者としての固有の体験が、障害児者の医療をめぐる倫理議論から照り返され、捉え直される中で、初めて見えてきたものがある。さらに、そうして見えてきたものから、重い障害のある人の医療をめぐる意思決定という問題もまた、私の中で改めて照らし返され、捉え直され続けている。その多くは当初、〝アシュリー療法〟論争を追いかける中で漠然と感じて終わった違和感に過ぎなかった。けれど、その時に感じたザラザラやモヤモヤの記憶は、ブログ活動を通して事件の周辺へと興味関心が広がり、様々な問題を考えるにつれ、何かを契機によみがえってきた。あのザラザラあるいはモヤモヤの正体とはいったい何だったのか……と思いを巡らせていると、そこから考えが整理されたり逆に思いがけないところへ飛躍したりして、個人的な体験の記憶がさらに掘り起こされることがあった。あるいは新たに意味づけられていくこともあった。そんなふうに、重い障害のある人の医療をめぐる倫理議論と個人的な医療体験とが私の中で常に相互作用を起こし続け、捉え直しが繰り返されてきた。

『アシュリー事件』という本を書いたのを機に急速に学者や活動家や専門職と知り合い、刺激を受けると、さらに別の様々な角度からの捉え直しも加わった。後述する「死ぬ／死なせる」ことをめぐる議論を追いかけて今に至る間には、それらの捉え直しも少しずつ自覚的なものとなっていった。それにつれて、私の中に少しずつ形成されてきた問いがいくつもある。その主なものが本書の構成を成している。

たとえば「子どもの医療をめぐる意思決定」で言えば、二〇〇七年の論争において〝アシュリー療法〟正当化論として頻繁に繰り返されていたのは、「子どもの医療については親に決定権がある」という生命倫理学の前提だった。前述の論点に示されるように、アシュリーに行われた医療介入は、医療技術それ自体は目新しいものではないにせよ、こうした理由での適用としては前例のない斬新なものだった。そのため、〝アシュリー療法〟は「子どもの医療については親に決定権がある」という生命倫理学の前提の範疇であるか否かが大きな論点となった。それは頭では論理的に分明で分かりやすい議論だ。けれど私には、そうした議論に触れるたびに、何かモヤモヤとしたものが残った。

アシュリーの父親と同じ重症児の親として、私は時に〝アシュリー療法〟をめぐる議論を親である我が身に引きつけて考えてみようとする。モヤモヤするのは、そういう時だった。自分の体験を通して考えてみようとすると、それまで生命倫理の一般的な議論として頭で考えている限りでは分明だった「親に決定権がある」というフレーズが、にわかに捉えどころのない曖昧模糊としたものになっていくような感じがあった。当時の私には捉え切れなかった、その時のモヤモヤを今の私の言葉にしてみると、次のようなことになるだろうか。

健康上の必要もないのに重症児の身体を侵襲するという、きわめて例外的な医療介入が「子どもの医療については親に決定権がある」という理由で正当化されるならば、その正当化が成立するためには、それ以前に、健康上の必要から行われる一般的な医療において「子どもの医療については親に決定権がある」という前提がまずは十分に確立されている必要がある。その「前提」は果たして成立しているのだろうか……。

その疑問は私の無意識に働きかけて、重い障害のある子どもの親となってからの個人的な医療体験の記憶を頭に呼び起こしてくる。すると、生命倫理学者らの議論との取っ組み合いに集中していた思考が、にわかにとりとめなく霧散していくような曖昧な感じがやってくる。これらの議論を我が身に引き付けて考えてみようと、日本の親である私の個人的な医療体験を参照したとたんに、こうした議論や視点は「なんだか、ひたすらに遠いなぁ……」と感じられてしまうのだ。

米国の生命倫理学者は医師である場合が多く、生命倫理学者の議論がそのまま医療現場に直結しているのに対して、日本では医療職ではない生命倫理学者が多いために生命倫理学の議論と医療現場とが必ずしも直結していないという違いはある。また、米国では医師が日常的な臨床で直面する倫理問題を相談できるコンサルテーション・システムとして医療現場に生命倫理学者（これも医師である場合が多い）が配置され、病院内倫理委員会の整備が進んでいるのに対して、日本では研究倫理を審査する機関としての倫理委員会が主流で、日常的な医療をめぐる判断は大幅に個々の医師にゆだねられている、という事情もあるのだろう。しかし、私が感じる「遠さ」とは、そうした制度上の違いよりもむしろ医療職の意識や、医療の世界の文化そのものといった、もっと根深く、本質的な違いにあるように思えた。

もちろん米国の医療現場の実際について私は何も知らないのだけれど、少なくとも当時の私には、アシュリー事件における「親の決定権」をめぐる議論は、私が直接体験として知っている日本の医療現場の現実からは、あまりにも遠かった。その距離を感じると、それまで英語圏の議論を追いかけながら頭に巡らせていた思考が、にわかにばらばらに霧散して、脈絡も意味を失っていくような気がするほどに、遠かった。

★注

1 https://www.nytimes.com/2007/01/26/opinion/26singer.html

第2章

「白い人」の不思議な世界の不思議な「コンセント」

NICUでの障害告知

一九八七年九月に生まれた娘の海には、身体的にも知的にも重い障害がある。いわゆる「重症心身障害者（重症者）」といわれる人のひとりだ。

生まれた時は状態が非常に悪かったため、人工呼吸器をつけてNICUの保育器に入った。生後三日目には胃穿孔の手術を受け、それから一ヶ月くらいの間に何度も肺炎になり、敗血症にもなった。最初の数週間は「緊急に交換輸血が必要です」という電話が頻繁にかかってきては、昼夜を問わず血をもらえる人を調達してはNICUに駆けつけた。「予断を許さない状況です」という言葉を何度聞いたか分からない。

状態が落ち着いて人工呼吸器が外れた頃のある日、初めてNICU奥の小さな部屋に通された。

それが、私たち夫婦にとって初めての障害告知の場面だった。「脳波をとってみたところ、ちょっと異常が見られるから、将来、障害が出るかもしれません」という話があり、どんな種類のどの程度の障害になるかは、まだ誰にもわからないとのこと。そのとき「障害」という言葉から私がイメージしていたのは「ちょっと手足が不自由」というくらいのことではなかったろうか。

退院してからもしばらくは小児外科の外来に通ったが、首が据わらないなど、いよいよ発達の遅れが明らかになってきた生後六ヶ月のころに、障害児療育センターの専門医に診てもらうよう勧められた。小児外科の診察室で、その施設のパンフレットを手渡された時に言われた言葉を今でも覚えている。

「ここへ行ったら、いろんな子どもたちが来ていますから、お母さんはそれを見てショックを受けられるかもしれませんが、あまり気にされないように」

それがどんな子どもたちのことなのか想像すらできない私は、「ショックを受ける」ような光景と直面しなければならない数日後の未来に一瞬おびえた。けれど、こうして前もって心の準備をさせてくれる医師なら動揺して帰ってきても受け止めてもらえるだろうと思えて、「ちゃんと行ってこよう」と気持ちを整えることができた。

まさか療育センターに行く日を待たず、その同じ日のうちに同じ病院で生涯忘れられないほどショッキングな体験が待っているとも、そのため小児外科の医師ともそれきりで別れてしまうことになるとも、その時には想像すらできなかった。

小児科外来での障害告知

その日、療育センターのパンフレットを持って小児外科の診察室を出ると、あらかじめ指示されていたように検査室に行って海の脳波をとった。そして、結果を聞くために初めて小児科外来に向かうと、そこには小児外科とはまるで違う空間が待っていた。医師は横柄な態度で椅子にふんぞり返り、こちらが挨拶をしても返事も返さない。海を抱いた私が椅子に座ると、無言のまま面倒くさそうに手を伸ばして、机の上に置かれた脳波の記録用紙をめくっていく。そして、

「うっわぁ。こりゃぁ、脳波はぐちゃぐちゃじゃぁ！」

またしばらく用紙をめくってから、

「この子は、脳なんか、ないようなもんでぇ」

私をまるきり無視したまま、今度は向いの机で書類仕事をしていた若い医師に、

「おい、ちょっと、これを見てみいや」

海のカルテにスケッチされたＣＴ画像を指差して、

「ここも、ほれ、ここも萎縮しとる。ひどいもんじゃろうが。の?」

私をまるきり無視したまま、しかし明らかに私に聞かせるための言葉だ。しばし娘のＣＴ画像をあれこれと論評すると、やっと椅子を回してこちらを向いた。そして奇妙な形に自分の身体を捻じ曲げて見せながら、

「あんたーの。この子は将来、こんなふうに手足がねじれたまま固まってしまうんど」

その目つきと口調は、「どうな、恐かろうが？」というものでしかなく、私は、なぶりものにされている、と感じた。科学的な説明が出てくる気配は皆無。なおも将来どんな悲惨な状態になるかを演じてみせる医師の言葉を、衝撃でしびれたような頭でぼんやりと聞き流しながら、奇妙に覚めた頭の芯のところで考えた。手術を受けたから今は小児外科でフォローしてもらっているだけで、いずれ小児科に移ることになる。でも、この医師を信頼してついていくことなんかできない。

「先生は、この子が将来、一〇〇％絶対にそうなると断言されるわけですね」

「う？　そりゃぁ、一〇〇％絶対かと言われたら、ワシだってそうは言わんが……」

「ありがとうございました」

立ち上がり、部屋を出て行こうとすると、背後から声が追いかけてきた。

「まぁの、あんたは詳しいことは、知らんほうが身のためよ」

私はその日、病院長宛に便箋一一枚の抗議の手紙を書いた。数日後に医事課長から電話がかかってきて医師と一緒に謝罪にうかがいたいと言われたけれど、顔も見たくないし書面で謝罪を

いただきたいとつっぱねた。

あまりに脳波所見が異常だったので、つい思ったとおりを口にして申し訳ありませんでした、という趣旨の手書きの謝罪文が数日後に件の小児科医から送られてきた。

療育センターでの三回目の告知

その後、小児外科の主治医から紹介してもらった療育センターへ行き、そこで専門医からいわば三回目の障害告知を受けた。年配の、おっとりと優しい物言いの医師だった。私たち夫婦は、持参した脳のＣＴ画像などについて今度こそ過不足のない科学的説明を受けた後、「たいへん残念ですが、脳性まひという診断を下さざるを得ません」という言葉を聴いた。いたわりに満ちた口調だった。

すでに異常な夜泣きや明らかな発達の遅れなどに「おかしい」と感じていた私たち夫婦が「脳性まひ」という言葉を聞いた時に感じたのは、「やっと……」という安堵だった。やっと、これで前に進むことができる、これからは私たち親にもこの子のためにしてやれることがある、と希望を見出す思いだった。実際、海は療育センターの診察でけいれん発作が出ていることがわかり、新たに紹介してもらった総合病院で治療することになった。

それにしても驚いたのは、その後あちこちの医療機関を経めぐるようになり「重症児の世界」でさまざまな人と出会ってみると、あの二度目の告知の小児科医が暴言医師として地元の親たちの間では有名な存在だったことだ。親たちに浴びせられた様々な暴言を聞いた他に、後に個人的に知り合ったセラピストからも仰天のエピソードを聞いた。彼女がリハビリ学院の学生だった時代に、件の医師が講義で「ダウン症」と黒板に大書し「まぁ、これは要するに、バカのことじゃ」と言い放った。学生たちは唖然とし、その日は講義が終了すると同時に数人が教務課に抗議に行ったという。

聞けば聞くほど、なぜそんな医師が大病院の指導的な立場に立ち続けていられるのか、不思議でならなかった。ある医師は私からその体験を聞くと、「外科医なんかだと、腕さえ良ければ人間性は問われないというのが医療の世界では常識みたいなものさ」と自説を展開したし、「まぁ、あの先生も決して悪い人じゃないんだよ。僕が学会で発表した時には、会場からなかなか良い試みだと褒めてくれたしね」と、ずいぶん的外れな感想を漏らした医師もあった。暴言に傷ついている母親を前に他の医師からのそうした反応もまた、私には不可解なものだった。

「白い人」の不思議な世界

そもそも病院というところが、初めて大病院を体験する私にとっては、外の一般社会の常識ではとうてい計れないことばかりが起こる不思議な世界だった。そのあまりの不思議に、もう日々、目の前がクラクラするような思いになる。

当時の私は三一歳で、大学の専任講師をしていた。若輩ながら一人前の社会人としてそれなりに世の中を渡ってきたはずなのに、病院に一歩足を踏み入れた瞬間から外での身の丈が半分くらいに縮んだような気がする。何も悪いことをしているわけではないのに、どこへ行っても上から目線でバカにされ、叱り付けられる。

その不思議な国は「白い人」たちの国なのだった。また、その「白い人」たちというのが、たいそう不思議な生き物なのだ。一見当たり前の人間のような外見だが、いろいろとフツーではないところがある。みんな一様に態度がデカくて冷たい。笑わない。ろくにしゃべらない。たまに口を利くと、乱暴な命令口調か叱責口調。

そこには歴然とした身分制が敷かれていた。一番上が「真っ白い人」である医師で、職種ピラミッドの下へ行くにつれ、その「白さ」がちょっとずつピンクがかったりブルーがかってくる。

患者や家族は、そのピラミッドの最下層。いや、きっと最下層にも含めてもらえていなかった。なにしろ「白い人」は「しゃべる人」。患者と家族は「それを黙って聞く人」。「白い人」は「命令し、指示する人」。患者と家族は「それに黙って従う人」。それ以外の想定は、その世界には存在しないようだった。

海に聴診器を当てて後、一言「点滴！」と処置室を指差される。「あのぉ……やっぱり胸の音……するんでしょう、か……？」と、おそるおそる尋ねてみたならば、それに返答はなく、ぎろりと睨みつけられて、音量三倍増しの「て・ん・て・き！！！」で、おしまい。

「白い人」の許容範囲を超えて患者や家族がものを問うなんてことは、そこではいっさい想定されていないのだった。その世界では、「白さ」によって段階はあるにせよ、「白い人」は全知全能であるがゆえに「命じる人」「指示する人」。それ以外はすべからく無知無能とみなされ、したがって「黙って従う人」。それでも、あの時代にだって本を読めば「インフォームド・コンセント」という言葉も「チーム医療」という言葉だって、いくつも踊っていたのだから、それがまた不思議でならない。

深い溝

医療の世界には、どうしてこんなに無神経な人が多いのだろう……。我が子の障害を知ってからの年月、私の胸のうちにはいつもそういう嘆きがあった。それは私だけではなく多くの母親仲間の嘆きでもあったと思う。

その後、さまざまな医療体験を経めぐり、多くの医療職と出会いを重ねていくうちに、少しずつ私の感じ方は変わってきた。今の私は「医療の世界には無神経な人が多い」とは思わない。そういう人は、これまでに出会った多くの医療職の中の、ごくわずかな少数に過ぎないことを、今の私は知っている。むしろ、大半の医療職とは良好な信頼関係を築いてくることができたし、助けてもらい、支えてもらって、感謝している。あの時あの人があそこであの一言をかけてくれたことが、どんなに勇気になったか、あの時あの人が思いを受け止めてくれたことが、どんなに嬉しかったか……と振り返る人たちや、あの時あの人がいてくれたから私たち親子は今こうして生きていられる……という存在の人たちだって、私たち親子の道筋のあちこちで、深い感謝の念と共に記憶に刻まれている。これまで出会ってきた医療職の大半は、普通に温かい心を持ち、良心的に仕事をしている常識的な人たちだった。けれど、そうした年月の間にも、私の中に「医療職と患者や家族との間には、深くて大きな溝がある」という思いが強くなってきたのもまた事実だ。

いつからか私は、その「溝」を形づくっているものは個々の人間性の欠落ではないのでは……と、考えるようになった。もちろん、明らかにその人個人に人格上の問題があると思われる医療職も様々なタイプとして今なお見かけるけれど、やはり例外的な存在だろう。その一方で、どんなに誠実に仕事をしている心優しい医療職の中にも、たとえば私が「あの人があの時いてくれたからこそ」と深い感謝とともに振り返る人たちの中にさえ、私たち患者や家族から見れば「医師的なもの」「看護師的なもの」「医療専門職的なもの」と呼ぶしかないものが潜んでいる。それが何かの折にふいに立ち現れては私たちとの間に「溝」を作り「壁」となって、私たちがギリギリの勇気を振り絞って挙げた声や思いを、あえなく沈没させてしまう。無感覚に弾き返してしまう。そして、自分のすぐ目の前で沈没したものや弾き返されたものがあることにすら、溝の向こう側の心優しい医療職は気づかない――。そんな体験を、重い障害があって医療との関わりを離れることのできない子どもを持つ親たちは、繰り返してきた。今も体験し続けている。

その「溝」は多くの場合、決して誰かの悪意でできているわけではないのだろう。誰かが医療職になっていくプロセスで、あるいは医療の世界で働く年月の中で、もしかしたら、むしろ医療職としての善意や熱意を通してこそ、無意識のうちに身につけられていく何か。あるいは、知らないうちに取り落としていく何か。私たち患者や家族からは「医師的なもの」「看護師的なもの」

「医療専門職的なもの」としか形容のしようのない何か――。

それは、個々の医療専門職の中にあるというよりも、むしろ医療の世界に特有のものの見方、考え方、あるいはそこに内在してきた価値観や慣例、そこに含まれる偏向、ある種の「いびつさ」のようなもの、とでも形容するほうが正確なのかもしれない。剥き出しの命令口調やあからさまに見下す言動はとっくに消えた今なお、医療の世界の空気の中に、うっすらと「命じる人」と「それに従う人」を分かつものが残っているのは、そういうことなのじゃないだろうか。

もちろん、ずいぶん時代は変わった。私たちはいつしか「患者サマ」と呼ばわっていただくようになった（これを聞くたびに私の頭には、待合室で千円札とか万円札が服を着て居並んでいる図が浮かぶのだけど）。最近では、私たち障害のある子どもを持つ親が医療専門職から手ひどく傷つけられた体験を語らせてもらえる場面も、公私を問わずポツポツと出てきている。そういう時、理解と共感を持って聞いてくれる医師から最後に「ヘンな医者はどこにでもいますよ。あなたは不運だったね」と返されることがよくある。「今は時代が変わったからね。そんな医者はもういないよ」と保証してもらえることすらある。その共感や善意はとても嬉しい。だけど、本当にそうなのだろうか。私には「そうですか」と素直に言えない気分がそこはかとなく残ってしまう。

それは、患者や家族が感じている溝が、「ヘンな人」である例外的な医療職に運悪く当たってしまった時にのみ出現してくるものではないから、なのじゃないだろうか。その溝は、私たちが医療と関わる際に常にそこにあるし、いってみれば医療の世界の中に偏在していると、私たち患者や家族が感じているから、なのじゃないだろうか。

不思議なインフォームド・コンセント

海が一歳の時から学齢期の終わりごろまで海の主治医だったA先生をはじめ、県立障害者リハビリテーションセンターで長年お世話になった小児科医からは、長い付き合いの間にこちらの知識、観察力、判断力を十分に信頼してもらってきた。とりわけA先生は家での観察や親の思いにもちゃんと耳を傾けてくれる人で、なかなか白黒が簡単につかない抗けいれん薬の調整をめぐっても、検査データを前に「僕はこうしたらどうかと思うけど、お母さんはどう思う?」と率直な話し合いで一緒に決めさせてもらってきた。私は毎回の医師とのそういうやり取りによって、無理なく必要な知識を身につけ、自然に親としての判断力を養うことができた。A先生の都度ごとの説明によって、親として育ててもらったと感謝している。

そういう体験をしてきた私は、医師と親との信頼関係とは、きちんと説明があり、共に考え共に決める体験を重ねるごとに少しずつ培われていくものだと考えてきた。重い障害のある人は普段がどんなに元気でも、ちょっとしたきっかけで体調を崩し、そのまま終末期に至ってしまうことがある。それだけに、日頃から親が我が子の状態や治療についてきちんと知り、日常的な医療について小さな決断を医療スタッフと共有する体験を重ねていることが必要だと考えている。だからこそ、その信頼関係を培うための互いの努力のプロセスとしてインフォームド・コンセント（ＩＣ）が大切なのだ、とも考えている。

そこで私は、娘の施設に新しく医師が着任するたびに、いつ何が起こるか分からない我が子だからこそ、日ごろから娘の状態と彼女が受けている医療についてはきちんと説明をしてほしいのです、とお願いすることにしている。まず返ってくるのは「もちろんです。本来、医療とはそうあるべきものです」という模範的なお返事だ。けれど、それに続く会話の中で出てくるのは「海さんのところは、説明を望まれる親御さんなのですね」（ＩＣって「説明を望む患者には説明しましょう」という話でしたっけ?）。あるいは「医師との信頼関係を特に重視されるお母さんなのですね」（いえ、私は誰にでもごく当たり前にされるべきことを私にも当たり前にしていただきたいと言っているだけですが……）。

娘の医療を通じてのみならず、最近は私自身の老いや家族の闘病や看取りを通じても、さまざまな医療体験を重ねてきた。たしかに、分かりやすく説明してもらえる場面が以前よりも増えてきたと感じてはいる。同時に、私が地方在住だからかもしれないが、医療については医師である自分が決めること、無知な素人は任せておけばいいとばかりに、ろくに説明をしない人や、一方的な形どおりの「説明」で済ませる人も、まだまだ多いとも感じている。むしろ、最近では二極分化しているような印象すらある。

私がいつも不思議なのは、どちらの極の医師も、それぞれに自分のことを標準的な医師だと考えているように思われることだ。

前述のアシュリー事件を追いかけるブログを始めてからは、仕事を通じてもさまざまな領域の医療職と出会ってきた。多くは医療倫理、生命倫理への高い問題意識によって医療のあり方や意思決定のあり方を問い直そうと思索してきた人たちだ。とても興味深いことに、これらの医療職は「今は患者さんの同意なしに治療をすることなどできません」「今はチームみんなで一緒に考えて決めるという時代ですから。どこでもそうしていますよ」と、ごく当たり前のことのように言う。きっと、その人が身を置いている医療現場では、少なくともその人の立場から見る限り、それが現実なのだろう。でもそれは、私の現在の患者・家族としての体験とは——おそらく多くの患者・家族の体験とも——食い違っていると思えてならない。医療倫理について発言したり著作を成しているような医療職からは想像もつかないことかもしれないけれど、私たち患者や家族は今の時代になお、説明の途中で言葉を挟んだり質問しただけで医師の不興を買ってしまった……という体験をしている。

二〇一五年秋の生命倫理学会のシンポジウムで、生殖補助医療で有名なあるクリニックの心理療法士の発表を聞いた際、患者へのアンケートから「聞きたいことがあっても質問すると医師に叱られるので聞けない」という声が紹介された。私はそれを聞いて、今なおそうした体験をしているのは私たち田舎の患者や家族だけではないのだなぁ、と再確認する思いだった。今なお多くの医師にとって「信頼関係」とは、私が思い描いていたような「医師と患者や家族とが互いを尊重しつつ共に努力して築いていくもの」ではなく、「医師の専門性を患者や家族がアプリオリに信頼すること」であるらしい。「白い人の不思議な世界」は今なお存在しているのだ。

それでも、そうした医師もどこかで「自分は標準的な医師だ」と考えていて、個々に問うてみれば「自分は十分に説明している」と答えるのではないだろうか。「なにが必要な説明か」「どれだけ説明すれば十分か」の定義権を握っているのが個々の医師なのであれば、どの医師も「必要な説明は十分にしている」ことになる。

終末期に至った人の医療をめぐってあちこちの施設の医療職から「こっちが決めるわけにはいかないのに、いくら説明して意向を尋ねても家族が『お任せします』としか言ってくれないから困っている」という嘆きを聞くことがある。しかし私に言わせれば、その不幸な事態を生んでいるのは、日ごろの医療に根深い「医師が決めたことを一方的に伝えて家族が『お任せします』と追認してくれれば、それでＩＣ完了」という慣行ではないのだろうか。

終末期医療をめぐる意思決定が必要になった「(時)点」に至ったとたんに、いきなり意思決定をこちらに投げられても、即応できる患者も家族も少ないだろう。終末期のある「(時)点」において患者や家族の意思が充分に尊重されて本当に「自己決定」といえる選択ができるためには、その手前の一般的な医療という「線」のところで、患者や家族がチームの一員に含められ、十分な説明を受けて共に悩み考え、共に決める体験が積み重ねられている必要がある。患者が大きな決断を自己決定できるために必要な知識と力は、私が海の幼児期にA先生との間で体験したように、小さな決断と選択をめぐって試行錯誤を共有する中からおのずと養われていくものだ。

もともと「コンセント」とは「同意」のことだから、英語圏の医療倫理では「患者が医師に対して与える(give)もの」だ。けれど、日本の医療現場にはICとは「医師が患者に与える」説明と「その内容を本人と家族にちゃんと追認させました」という証拠作りの作業、とでもいうような誤った認識がまだ根強いように感じられてならない。英語圏のバイオシックスから「インフォームド・コンセント」が日本に輸入された時に、その理念はどこかに置き去りにして、「ムンテラ」の中身はそのまま、名前だけが「インフォームド・コンセント」に置き換えられて終わった医療現場や医療職もあるのではなかろうか。

あの心理療法士が生命倫理学会のシンポで問うていたのは、生殖補助医療における患者の「自己決定」は本当の意味での自己決定になっているのか、という問いだった。その問いは、本当は広く一般的な医療現場でこそ問われるべきものだろう。

第3章

子どもをデザインする親たち

「子どもをデザインする親たち」

アシュリー事件の論争で鋭い批判を展開した学者の一人に、米国アルバニー大学大学院の法学教授で、ユニオン大学院とマウントサイナイ医科大学生命倫理学コースの教授、アリシア・ウーレットがいる。二〇〇八年に「成長抑制、親の選択と障害のある子どもたちの権利――アシュリー・X事件からの教訓」★1という論文を書いて、アシュリーの事例での倫理委員会の検討を強く批判した。いくつもの倫理問題があるにも関わらず、それらについて慎重な検討を行わず親の要望を認めてしまった病院の倫理委員会の判断を、ウーレットは「欠陥がある」と断じた。アシュリーに行なわれた医療介入に対するウーレットの批判の主要な論点は以下。

・医療上の必要もなしに医療介入が行われた
・ホルモン療法は本人の正常な成長を阻害した
・子宮と乳房の摘出、そして成長抑制療法の不可逆性
・親の利益と本人の利益の混同
・人間としての敬意を減じられたアシュリーが蒙った「道徳的な害」
・障害者への敬意を減じる社会的な影響

最後の二点を除いてこれらを一つの問いにまとめれば、「健康上の理由もないのに社会的な理由から医療技術で子どもの身体に不可逆的に手を加えることは、子どもの医療をめぐる親の決定権の範囲内なのか」という問いになるだろう。この問いをさらに考察すべく、ウーレットは翌二〇〇九年に、射程をより広く取って「子どもの身体に及ぶ親の権限を改造する」と題した論文を書いている★2（ただし、この論文は前年にウェブで公開されており、私が読んだのはそちら）。この論文でウーレットが引用している、マイケル・サンデルの発言の中に、興味深い表現がある。サンデルは、子ども自身のニーズとは無関係に自分の目的によって子どもの身体に手を加えて改造しようとする親のことを「子どもをデザインする親たち designing parents」と称しているのだ。

〝科学とテクノで簡単解決〟バンザイ文化

ウーレットはこの論文で、「親が子どもに肉体改造を行った」事例としてアシュリー事件を含め四例を論じている。アシュリー事件以外の三例の概要は以下。

①整形外科医がアジア系の女児を養子にしたところ一重まぶただったので、米国社会では見栄えがしないという理由で、手術で二重まぶたにした。

②スポーツ選手にしたいという親の期待から、正常な身長の子どもに成長ホルモンが使われるケース。

③一二歳の女児に親の要望で脂肪吸引術を行った。一年後に効果がなくなると親は胃を縛るバンディング手術を希望した。米国の医師らが断ると、メキシコに連れて行った。

読んだ時に真っ先に頭に浮かんだのは、第1部第1章で紹介した「従兄弟一一人が癌予防で胃を全摘」というニュースを読んだ時と同じく、〝科学とテクノで簡単解決〟バンザイだなぁ……だった。〝アシュリー療法〟に対する批判の中に、「お手軽にちょいと手を加えて修正（easy fix)」や「技術によって修正（technical fix)」といった表現があったが、ウーレットが挙げているのはまさにそうした事例であるように思えた。中でも私が最も興味深く読んだのは脂肪吸引のケースだった。そうした〝簡単解決〟技術の利用には、技術によって得られる効果へと意識が焦点化されて、思考が視野狭窄を起こすリスクがあるのではないか、と感じていたからだ。

たとえば、〝アシュリー療法〟の身長停止に対して「子どもの身体を小さくして介護を容易にしてみたところで、親はいずれ老いる」という批判があったのだけれど、論争当時、それに対してネット記事のコメント欄に「そうなったら、親の身体を科学とテクノでロボコップみたく増強すれば？」と書き込まれたことがあった。その短絡には思わず笑ってしまったが、考えてみれば、笑って終われる話でもない。社会的な文脈にある問題を考える際に、科学とテクノロジーによって〝簡単解決〟すればいいという思考回路にいったん乗ってしまったら、その回路から降りることが難しくなるリスクを、そのコメントは象徴してはいないだろうか。そのリスクを改めて明確に意識させてくれたという意味で、一二歳の女児への脂肪吸引のケースが私には印象的だった。

本来の希望が「痩せたい（痩せさせたい）」であったとしたら、そこには運動するとか食生活を見直すなど他の選択肢だって沢山あるはずだし、また「痩せたい（痩せさせたい）」という希望のあり方そのものを根本から問い直してみることだって必要かもしれないのに、いったん〝簡単解決〟技術を頼ることによって、技術を通じて解決する方向へと直線的な隘路にはまりこんで行く。

希望や本来の目的やニーズに応じて適切な解決策を考えるというよりも、むしろ技術のポテンシャルの方が逆に目的やニーズを掘り起こし、あるいは規定していく面があるのではないだろうか。

ちなみに、二〇一一年には米国サウスダコタ州で、七歳の女児サマンサの耳が突き出ていることがイジメの誘引になると案じた母親が——いまだ実際にイジメにあったという事実はないにもかかわらず——耳の整形手術を受けさせて物議をかもした★3。当時の報道によると、過去一〇年間でイジメを理由に整形手術を受ける子どもが米国では三割も増えているとのこと。

医療化

アシュリー事件の論争で、「これは医療化（medicalization）だ」という批判があった。私は専門的な概念の位置づけや議論の経緯については知識がないけれど、その後さまざまなところで読み齧ってきたことから、「社会的問題と捉えられて医療の対象とされてこなかった事柄が、医療の対象と見なされ扱われること」と理解している。「医療化」という概念を少しずつ理解し始めた頃に私の頭の中で結びついたのは、素人なりに大きな興味を持って見守った一九九〇年代の脳死をめぐる日本の論争だった。今なお決着がついていない「脳死は人の死か」という問題をめぐって、日本の議論における最も大きな論点は「人の死は医療の問題なのか社会や文化の問題なのか」という問題なのだな、という捉え直しをすることができた。「医療化」という概念を知ることで、脳死臓器移植の議論に潜んでいる「人の死の医療化」という大きな問題に気づくことができた。

また、もっと卑近なところで結びついたのは、数々のTVコマーシャルだ。高齢者を対象に、おしっこが近くなるとか筋肉が減少するなど、これまでは単なる老化と捉えられてきた現象をあげつらって「それは病気かもしれませんよ」と視聴者の不安を掻き立てる。薬の名前は一切出てこないが、よく見れば製薬会社のコマーシャルだ。最後に「お医者さんにソーダンだ!」と歌が流れて、「自分では大丈夫と思っていても、それは医学的な異常かもしれないから、お医者さんにソーダンし、正常か異常かを判断してもらいましょう」と繰り返されるメッセージは、まさに「老いという自然現象」の医療化と思えた。くしくも二〇〇九年三月にはブリティッシュ・メディカル・ジャーナルで、エジンバラ大学の心臓専門医が「現代医学は健康な高齢者を患者にしている」と、こうした傾向を批判する論文を書いている。予防医学と医療費節約インセンティブによって、エビデンスがきちんと検証されないまま、予防的な投薬が普及していることに対して、その有害性を指摘し、警鐘を鳴らすものだった★4。

また医療化には、ウーレットがアシュリーに行われたことへの批判(25ページ)の最後に挙げていたように、社会への道徳的な影響という、無視することのできない懸念がある。障害のない人には許されない〝アシュリー療法〟が許されていく時、そこでは社会が障害者に向けるリスペクトも減じられていく可能性がある。〝アシュリー療法〟が障害の重さを根拠に「この子にはやってもいい」と正当化されていく時、障害児の中にも「〝アシュリー療法〟をやってはならない障害児」と「〝アシュリー療法〟をやってもいい障害児」の線が引かれていく。そのことをウーレットは「道徳的な害」と称したのである。

前述のサマンサの耳の手術を引き受けた医師はメディアで、術前には手術によって耳が「自然で正常 natural and normal」に見えるようになると語り、術後にはサマンサの耳のような「異常abnormality」がある子どもは人気者になれず「自己アイデンティティの発達が害される」とまで言った。イジメという社会問題に医療技術による解決が見出され、それが医療の問題として取り扱われ、すなわち医療化されていくにつれ、こうして「正常－異常」「障害」概念までが再定義されていくのか……。いつのまにか社会の人々の意識の中で、「死」や「正常」や「障害」概念の再定義が起こってしまうことこそが、医療化の本質的な恐ろしさなのかもしれない。

遺伝子操作で子どもをデザインする時代

ウーレットは、論文で挙げた四つの「子どもの肉体改造」事例の共通点として以下を指摘している。

①外見や社会的理由で非治療的な肉体改造が行われた。
②それらの介入は侵襲的、不可逆的で、危険を伴うものである。
③子の利益だとする親の意思決定によって行われた。
④いずれも裁判所の判断を仰いでいない。

そして、現在の米国の医療は親子の関係を上下の所有関係と捉える旧態依然としたヒエラルキー型家族モデルに留まり、子の所有者としての親の権限をフリーハンドで認めている、と批判する。親に認められているのは、子どものニーズを満たす義務を果たすための「権限」なのに、それがいつのまにか「権利」に摩り替わっている、というのである。ウーレットは、この論文においで「子どもをデザインし所有する親」から「子どもの権利を信託された者としての義務をもつ親」への転換を呼びかけ、肉体改造を目的とした医療技術の適用をめぐる意思決定のセーフガードを検討している。

アシュリー事件以降ブログを通じて医療倫理・生命倫理関連のニュースを追いかけてきた私には、ウーレットの懸念はリアルなものと感じられる。科学とテクノロジーの急速な発達はむしろ親に子どもをデザインし支配するツールを種々様々に提供し始めているのではないか、という気がしてならない。

「子どもをデザインする」ことの究極は、生まれてくる前から子どもを遺伝子レベルで操作する「デザイナー・ベビー」だろう。英国で初めて「乳がん遺伝子ゼロ保障つき赤ちゃん」が生まれた[★5]のは、ウーレットのこの論文が書かれた二〇〇九年のことだった。医師らは母親に排卵誘発剤を投与して過剰に生成された卵子を採取し、それらを父親の精子と受精させて一一個の胚を作成。遺伝子を調べたところ六個に乳がんの遺伝子が見つかり、その他の三個には「別の異常」があったため、それら九個の胚は廃棄された。残り二個が母親の子宮に入れられて、その片方が生まれてきた子ども、とのこと[★6]。同じ年、米国カリフォルニア州では、生殖補助クリニックが親に眼や髪の色まで選ばせたデザイナー・ベビー[★7]で物議をかもした。

また二〇〇九年にはハリウッド映画の「私の中のあなた」が日本でも公開された。主人公は白血病の姉ケイトのドナーとして生まれてきた一一歳の少女、アナ（ジョディ・ピコの原作小説では一三歳の設定)。この主人公の設定については日本では近未来的な創作だと捉えた人が多かったが、実はとっくに現実となっている。親が病気の子どもを救うために体外受精と遺伝子診断を使って臓器ドナーとして生む弟や妹は英語でsavior siblingと呼ばれ、日本語では「救済者兄弟」などと訳されている。世界で初めて生まれた「救済者兄弟」は米国コロラド州で二〇〇〇年に生まれたアダム・ナッシュ。ファンコーニ貧血の姉のドナーとして、三〇個の胚から選別された。

親が子どもをデザインするツールが与えられ、加速する科学とテクノロジーの発達によってそのツールが多様化するにつれ、それらはどんどん命そのもののへと迫っている。二〇一五年二月には、英国で遺伝病予防の目的で世界で初めて、ミトコンドリア置換という技術を使って遺伝上の親が三人いる子どもを作ることが合法化★8された。その後、ほんのわずかな間に、さらにDNAを自由に切り貼りして編集することまでが可能になったとされ★9、世界中の科学者らがその倫理問題を議論する事態となっている。

ウーレットがあの論文を書いてから、まだ一〇年しか経っていないのに、乳がん遺伝子ゼロ赤ちゃんの誕生や救済者兄弟の情報に触れては目を剥いていた頃が牧歌的な時代にすら思えてくる。今のゲノム編集をめぐる議論など、私の文系頭はクラクラするばかりで、到底ついていくことができなくなった。京都精華大学教授の斉藤光によれば、研究の急速な発達により、むしろ分子生物学的な遺伝子の概念そのものも、古典的な細胞概念すらも、揺らぎ始めているという★10から、文系頭でなくても簡単にはついていけなくなっているのかもしれない。

それならこそ、それらによって世界がどういう場所になろうとしているのかについては、科学や医学の専門家だけが考えるべき問題ではなく、社会全体で考えるべき問題だという思いは、強くなる一方だ。まさに「トランスサイエンス＝科学に問うことはできるが、科学によってのみでは答えることのできない問題」と捉えるべき問題群なのだろう。医療を含めた科学技術の問題は、グローバルな新自由主義経済の世界で、これまでのどの時代にもありえなかったほどの巨大な利権構造を生み出し、単に科学の問題を超えて、優れて経済と政治の問題になっている。そうした「大きな絵」の中に一つひとつの問題を据え置いて考えなければ、問題の本質を捉え損なってしまうのではないか。そんな恐ろしさをこの一〇年あまりに感じてきた。

代理母ツーリズム

たとえば、これまで見てきたような「生命の操作」をもう少し広く捉えた時に、本書冒頭で述べた臓器の闇売買と同じくグローバルに広がっているのが代理母ツーリズムだ。その実態を日本のメディアはあまり報道しないが、代理母利用は既に世界各国の生殖資源と技術を組み合わせたパッケージ商品と化して、貧しい国の貧しい女性達の搾取が進んでいる★11。

二〇一〇年に二人の女性によって製作された〝Made in India〟というドキュメンタリー映画は、米国テキサス州の夫婦がインドの女性に代理母を依頼したケースを中心に、インドの代理母産業の実態を描き出している[★12]。米国で代理母を依頼すると一〇万ドルかかるが、インドで貧しい女性を雇うと二万五〇〇〇ドルで賄える。しかし、その中から代理母の女性に支払われるのは二〇〇〇ドルのみ。この映画の中で、スラムで暮らしながら三人の我が子のために代理母を引き受ける女性は「貧しくなかったら、こんなことはしなかった」と語っている。一方、依頼人夫婦は「インドの女性への搾取だと批判されるが、もともとの彼女らの生活水準から考えれば、我々が罪悪感を覚える必要はない」と語り、斡旋企業側は「これは、どちらにも利益のあるウィン・ウィンの契約なのです」と主張している。

長年にわたって代理母ツーリズムのハブだったインドとタイ、カンボジアは国際社会からの批判を受けて規制強化に乗り出し、外国人への代理母サービスの提供を禁じる方向に転じたが、それに伴い、ラオスやフィリピン、ベトナムなどに代理母産業が広がりを見せている[★13]。また、胎児に障害がある可能性や性別を理由に依頼者が代理母に中絶を迫ったり、三つ子などの場合に減胎手術を迫るなど、倫理問題を孕んだトラブルも次々に報道されている[★14]。

科学とテクノロジーの発達に伴って、それまでは不可能だったことが次々に可能になるにつれ、あたかも人の身体も能力も命もいかようにも操作コントロールが可能な時代になったかのような幻想が世の中に広がっている。同時に、そうしたテクノロジーには、それまでの世界ではありえなかったほどの規模の巨大な利権が生まれている。それらの利権構造は、新薬の開発研究や最先端医療の研究に関する情報をまだ臨床応用どころか緒に就いたばかりという段階から先走り的に華々しく流しては、人々の夢や期待をあおる。そうした〝コントロール幻想〟が意図的に振りまかれては、そこに新たなマーケットが創出され、それらのマーケット（たとえばメタボ、卵活、アンチエイジング）そのものが次々に消費されていく――。そんなグローバルな経済構造が既に出来上がってしまっているのではないだろうか。

〝科学とテクノで簡単解決〟バンザイ文化がいかにグローバルな新自由主義経済の利権構造と結びついているかを象徴する衝撃的な言葉が、二〇一三年の秋に飛び出した。その夏にフィラデルフィアで全ゲノムを読解して男児が誕生したというニュースを受けて、スタンフォード大学の生命倫理学者、ハンク・グリーリーが言ったのが、次の言葉だった。

（こうした最先端技術による選別を禁じたとしても意味はない。なぜなら）世界にはざっと二〇〇の国があります。仮に一九九の国で禁じたとしても、それは二〇〇番目の国にとって大きなビジネス・チャンスになるだけですから。★15

ラティマー事件

こうしてブログで英語ニュースを読むことを日課にするうち、「親が子どもをデザインする」事例や事件の一方で目に付いてきたのは、親が重い障害のある我が子を殺す事件だった。それ自体は日本でも起こっていることではあるけれど、私が気にかかったのは、英語圏のニュースがそうした事件を報じる際に mercy killing（慈悲殺）という文言を頻繁に使うことだった。

また、日本では、ずっと介護してきた親が老いて介護しきれなくなったことや、自分の死後の我が子を案じるあまり殺すというケースが多い一方、英語圏では、まだ若い親が幼い子どもを殺す事件が多いような印象があった。そこでは、重い障害のある子どもは生きていることそのものが不幸だと前提し、殺してやることが親の「慈悲」なのだという論理が頻繁に登場することに、〝アシュリー療法〟の正当化論に感じたのと似た種類の違和感があった。殺した親が動機をそのように説明して自分の行為を堂々と正当化する際や、事件が報道される際のニュースのトーンに、そういう前提や思い込みを感じることも少なくなかった

典型的なのは、二〇〇八年の三月に保釈となったカナダのロバート・ラティマーだろう★16。一九九三年に重い脳性まひのある一二歳の娘トレイシーを殺し、第二級殺人で服役していたラ

ティマーは、保釈されてオタワの空港に着くなり、重い障害の苦痛から娘を解放した自分の行為は正しかった、娘の苦痛を終わらせてやるには死しかなかったのだ、と能弁に訴えた。

世論は父親に同情的で、ラティマーは「娘を殺すほど深い親の愛」を賞賛されていたが、世間の人たちのコメントには「脳性まひ」を「常時苦痛にさいなまれる重い病気」と誤解したり、「進行性の病気」「終末期」と混同している節もあった。そのため、親による障害児の「慈悲殺」がいつのまにか終末期の人の「安楽死」の文脈に据え置かれて議論されていく。そうして問題が簡単にすり替わることが、私には薄気味が悪かった。

ラティマーの言っていることの根底には、自殺を決断し実行できるなら誰だってそうするに違いないほど悲惨な状態にありながら、娘は障害のためにそれができないから、親が子どものために自殺を代理決定し、代理で実行してやったのだ、とでもいった主張が潜んでいるように感じられた。アシュリー事件から、親が子どもの医療について決定する権限の範囲について考えていた私にとって、「重い障害のある子どものために親が自殺を代理決定してやる」こととして正当化される「慈悲殺」は、親の決定権を究極にまで拡大する論理のように思えた。

そこには、本来ならもっと整理され吟味され丁寧に検討されるべき問題がたくさん未整理のまま詰め込まれているはずだ。まず「重い障害がある」ということが自動的に「身体的な苦痛が常時ある」ということを意味するわけではないし、また親を含めた周囲の人間が「こんな状態で生きていて本人には何の喜びもないはず」と考えていることが、本当に本人が体験していること感じていることを正しく理解し反映しているのか、正確にはわからない。「親だから分かっている」という思い込みに危険性はないのだろうか。

そんなことをグルグルと考えていると、〝アシュリー療法〟論争の時に漠然とおなかの底の辺りに抱えていた懸念がよみがえってきた。結局のところ、これもまた親の「抱え込み」につながる論理なのではないか……。

抱え込み、愛で殺す……という隘路

どうせ何も分からない赤ちゃんに等しい重症児者はずっと家で親のケアを受けて暮らす以外には幸福に生きられるはずがないから、施設入所を避け、在宅介護をなるべく長期に保障してやるために子どもの身体を侵襲することは親の決定権――。〝アシュリー療法〟正当化論の根底に通じているのは、そういう主張だった。

手術をされた時のアシュリーは六歳。論争当時のアシュリーは八歳か九歳。一方、論争当時、重い障害をもった私たちの娘は二〇歳になろうとしていた。何年か前から親が一人で抱えあげることは本人にとっても親にとってもリスクとなったばかりか、親の方もそろそろ老いのトバ口にさしかかろうとしている。アシュリーの親よりも少し先を歩んできた同じ立場の者としては、どんなに子どもの身体を小さなままに留めおいたとしても、いずれは親のほうが老いて体力を失うのに……と考えてしまう。親だって生身の身体なのだから、老いずとも病気や怪我でいつ我が子のケアを担えなくなるとも限らないのに……。

それに、本当に、重症児者は生涯ずっと親のケアを受けて親元で暮らすことだけが幸せなのだろうか。一生涯ずっと親とだけ密着して「赤ちゃんのように」ケアされる暮らしが本当に本人の幸せなのだろうか。そう思っているのは実は親だけで、そんな暮らしは、実は本人にとっても息苦しいのではないか。重い障害がある人だって、親以外の様々な人と出会い、いろんな人と関わりながら風通しのよい生活を送りたいとは思わないだろうか。親だって、我が子が重い障害をもっているから、この子のケアは自分が生涯ずっと担わなければならないと考えてしまったら、生きることがあまりにも重く苦しくはならないだろうか……。

〝アシュリー療法〟の論理では、むしろ障害のある我が子を自分の腕の中へ中へと抱え込んでいく方向に、親は追い詰められていくだけなのではないか。そうして親が抱え込み続けていけば、その先にいつか親が病気や怪我をしたり、老いて自分でケアしてやれなくなった時には、つれて死ぬか、殺すしかなくなるのではないか……。〝アシュリー療法〟論争を追いかけながら、私はそんな疑問を引きずっていた。重い障害の苦痛から娘を解放してやるためには親が愛情によって殺してやるしかなかったのだ、と胸を張るロバート・ラティマーの言葉をインターネットのニュースで読んでいると、私には〝アシュリー療法〟の論理は結局ここへ行き着いてしまうのではないか、と空恐ろしくなる。

自分は親として我が子のために正しいことをしたのだ、とラティマーは言う。アシュリーの父親は、最初から不利を背負って生まれてきた娘のために、親には正しいと思うことをしてやる「神聖な義務」がある、と言った。私はこの二人の父親のこうした言葉に触れるたび、言いようもない息苦しさに見舞われた。一つの方向に向かってギチギチと隙間なく塗り込められていく隘路から発せられる言葉を聞くような、息苦しさだった。そして、その同じ息苦しさが、「イジメ予防のため『異常な』耳を手術で『正常』に」というサマンサの母親や、「痩せさせるために脂肪吸引でダメなら次はバンディング手術を」と求めた母親のような、「科学とテクノロジーで子どもを操作コントロールし、デザインしようとする親」がはまり込んでいく隘路にも、潜んでいるような気がしてならない。

それでも、科学技術の発達とグローバルな新自由主義経済によって〝科学とテクノで簡単解決〟バンザイ文化はこれからも広がっていくのだろう。どんどん進化する科学技術は、着床・出生前に胚や胎児の全ゲノムの読解を可能にしたばかりでなく、今では遺伝子を「編集」する技術すら実用に供されようとしている。二〇一八年秋には中国の研究者がＨＩＶ（エイズウイルス）

に感染しないよう遺伝情報を書き換えた双子の女の子の誕生を報告し、世界中から非難の声が起こった。同じ年には女優のバーバラ・ストライザンドが亡きペットのクローンを作って愛玩していることが報道された[★17]ように、クローン動物を作る技術はすでに商業ベースで広がっており、ヒト胚の作成・操作もすでに実験レベルで行われている。ある科学者は二〇一二年に、クローン人間は五〇年のうちには実現できるし、この技術も利益さえあるなら最終的には受け入れられていくと予言している[★18]。

先のハンク・グリーリーの発言（58ページ）が象徴しているように、倫理問題が指摘されているこれらの技術の利用も、結局はグローバルな市場原理にゆだねられてしまうのだろう。そうなれば、代理母ツーリズムに見られるように個々の自由意志による自己選択・自己決定として、誰にもコントロールできにくい形で急速に広がっていくことだろう。富裕な強い者たちが最先端科学テクノロジーの恩恵に浴するために、貧しい国の貧しく弱い者たちが身体をバイオ資材として提供したり奴隷労働を担わなければ生きていけない世界が、その先には透けて見えてくる。そして、その世界では、親たちにも我が子をコントロールする多彩なツールがさらに次々に提供されていこうとしている。

★注

1 Ouellette, A. 2008: "Growth Attenuation, Parental Choice, and the Rights of Disabled Children: Lessons from the Ashley X Case", *Houston Journal of Health Law & Policy* 207-24

2 Ouellette, A. 2010: "Shaping Parental Authority Over Children's Bodies", *Indiana Law Journal*

3 http://www.nydailynews.com/life-style/mom-approves-7-year-old-plastic-surgery-pin-back-ears-avoid-schoolyard-bullying-article-1.110078
http://abcnews.go.com/beta/Health/cosmetic-surgery-answer-bullying/story?id=13255540

4 https://www.medicalnewstoday.com/articles/140981.php

5 http://news.bbc.co.uk/2/hi/health/7819651.stm

6 https://slate.com/technolory/2009/01/protecting-our-children-from-deseases-and-ugly-truths-hrml

7 http://news.bbc.co.uk/2/hi/health/7918296.stm

8 http://www.bbc.com/news/health-31594856

9 https://www.newscientist.com/article/dn27166-editing-human-embryos-is-genetics-new-battleground/#.VQdtuWYRU7A
http://www.nature.com/news/scientists-sound-alarm-over-dna-editing-of-human-embryos-1.17110

10 斎藤光 2018「『遺伝子』概念・『細胞』概念のゆらぎと拡散」香川知晶ほか『〈いのち〉はいかに語りうるか？——生命科学・生命倫理における人文知の意義』公益財団法人日本学術協力財団

11 http://www.wsj.com/articles/SB10001424052748703493504576007774155273928

12 http://www.madeinindiamovie.com/

13 https://www.bioedge.org/bioethics/the-ever-changing-surrogacy-business-changes-again/12143
https://www.bioedge.org/bioethics/surrogacy-comes-to-vietnam/11725

14 http://www.abc.net.au/news/2014-10-08/high-commission-knew-of-surrogacy-case-in-india/5799438

15 http://www.washingtonpost.com/national/health-science/baby-boy-is-the-first-to-result-from-new-embryo-screening-technique/2013/08/26/43311396-e8c9-11e2-aa9f-c03a72e2d342_story.html

16 http://www.canada.com/reginaleaderpost/story.html?id=bbb63cc4-1486-4d42-8c8d-7cb3812440ad&k=6162

17 https://www.barks.jp/news/?id=1000152349

18 https://www.bioedge.org/bioethics/bioethics_article/10351

第4章

ボイタ法

前章で書いた「医療化」の問題を考える際に、繰り返しよみがえってくる個人的な記憶がある。海が一歳の時に参加した母子入園でのリハビリテーションの記憶だ。当時ブームになっていたボイタ法に眦《まなじり》を決して邁進する母親仲間たちと、ついていけずに孤立していた自分自身の姿——。

母子入園

当時、子どもの障害を知らされたばかりの親のために、我が子と共に療育センターなどに二ヶ月間泊り込んで、親が家庭でできるようリハビリの訓練を学び、障害のある子どもの療育に必要な知識を身につけるためのプログラムが用意されていた。親といっても当時は母親ばかりだったので、そのプログラムは「母子入園」と名付けられていた。「奇跡の療法」と一時期もてはやされたリハビリの訓練法、ボイタ法が「早期発見・早期訓練」の掛け声のもとに行われており、母子入園の主たる目的はそれを親に身につけさせることだった。都会ではすでに批判も出て見直され始めていたようだけれど、今から思えば「ボイタ法をやれば脳性まひは治せる」と信じられていた時代の尻尾だったのだろう。

このボイタ法に、私は母子入園に先立って見学に行った時から抵抗があった。その時に訓練室で見た光景は虐待としか思えなかったし、入園して自分もこれをやらされるのかとショックが大きく、どうやって家に帰ったか覚えていないばかりか、その後の数日間は呆然として過ごした。

実際に入園して訓練室のセラピストからきちんとした説明を受けてみると、その原理は理解できないわけでもなかった。要は、赤ん坊の頭をねじって不快な位置に押さえつけて、本能的に暴れさせることで反射を促し、正しい寝返り動作を身につけさせようというのだな、と素人なりに理解はできた。が、だからといって、他の入園仲間のように「奇跡」を信じて邁進する気には、どうしてもなれない。一歳前後の、母親との愛着関係を形作ることが最も大切な時期にこんな訓練をさせていいのか？　万が一、取り返しのつかない傷をこの子の心に負わせてしまったら、どうするんだ？　そういう疑念をどうしても吹っ切ることができない。

訓練室は「私がこの手で奇跡を起こし、歩かせてみせる！」という母親たちの気迫と「訓練中は私語も許さない！」というほどの緊張感で、張り詰めている。訓練を受ける我が子の姿に若い母親が涙した日には、後で一部の母親たちが「親が泣いてどうするんよねぇ」「気合が足りん証拠じゃわ」と激しい口調で陰口をたたいているのが漏れ聞こえてくる。これでは、まるで怪しげな宗教みたいじゃないか……。

そんな母親の不信が伝染するのか、あるいは生まれて初めて直面する外界の刺激をシャットアウトして身を守ろうとするのか、海は訓練室に入るや、すとんと眠り込んでしまう。私は訓練の開始を急がないことにし、「生まれてから一年近くのほとんどを病院と家だけで過ごしてきたので、本人が訓練室の刺激と雰囲気に馴染めるまで待とうと思います」と担当のセラピストに話して了解を取った。みんなと同じ時間に訓練室に連れては行くものの、海が眠り込むと隣の休憩室に退散しては寝かせていると、そのうち他の母親から非難がましい目が向けられ始めた。「いったい何しにきた？」「やる気がない人がいると訓練室の空気がダレる」など、聞こえよがしの嫌味が飛んでくる。

私としては、アンタが我が子のリハビリに命をかけるのはそっちの勝手だけど、こっちが自分の子どものペースを尊重する方針にまで口を出される筋合いはない、と考えるものだから、ある日、親分格を捕まえて、やんわりと水を差してあげた。

「あのねー、ちょっと調べてみたんじゃけど、リハビリテーションという学問そのものが、日本に入ってきて、せいぜい二〇年とか三〇年そこらみたいよ。いま私らがやれと言われて素直にやっとることが、今から一〇年も経ってみたら『実はあれは間違いでした』ということになるか

もしれんよ」★1

「え？」と、思いがけないことを聞かされて絶句する顔に密かに溜飲を下げながら、私は付け加えた。

「奇跡なんか、そんなに簡単に起こりゃせんよ」

迷い

もちろん、私だって奇跡が起こるものなら信じたい気持ちは彼女と同じだ。一時的にこんな過酷なやり方をして苦しめたとしても、それで本当に寝返りができるようになるのだったら、そうしてやりたいと思わないわけではない。が、仮にこの訓練を一定期間続けることで確実にこの子が寝返りを身につけられるという保証があったとしても、その一方で、この子がそれによって心の傷を負い、母親との愛着関係に影響する可能性が高いのだとしたら、私はどちらを選ぶだろう……と考えてみた時に、その「一定期間」が一歳前後の極めて重要な時期であることを、私はやっぱり受け入れられない、と思う。

そもそも、どうして医療職も親も誰も彼もがここでは「歩くか歩かないか」ということだけにこんなにこだわるのか、という違和感が最初からあった。入園した直後に受けた整形外科医の診察で、母親の挨拶に返事も返さず無言で椅子にふんぞり返った医師が、子どもの身体をまるでモノのように眺める態度も不快だった。その無言の診察で、何人かの母親たちが唯一聞いた言葉が「この子は一生歩かないよ」。他には何もなく、吐き捨てるように、あるいは引導を渡すように、それだけ。まるで「一生歩かない」ということが、その子どもの未来についてのすべてであるかのように――。

「歩けない」というだけのことなら車イスというものがあるじゃないか……と、激しい反発が胸にきざしてくる。そして、その反発に照らし返されるように、自分の中で再確認されてくるものがあった。私にとって、この子の子育てで一番大切なものは「歩かせる」ことじゃない。車イスやその他の道具では代用することのできないもの、言ってみれば「この子がこの子であって、この子以外のなにものでもない部分」とでもいうようなものを育てること――。

整形外科医、小児科医、理学療法士、作業療法士、歯科衛生士、福祉職による講義でも、少しずつ不満が積み重なっていく。もちろん、それぞれの講義の内容は初心者マークの障害児の親が知っておくべき知識であり、大切な内容ばかりなのだけれど、「どこがどのように異常なのか」「その異常に対してどのように対応すべきか」という話ばかりを聞かされていると、自分の子どもがまるで異常や障害そのもの、あるいはその集合体と目されているかのように感じられて、それは違うだろう、とムラムラしてくる。ここでは誰もが二言目には「療育」と言うのだけれど、そこで語られるのは実は「療」ばかり。乳幼児が二ヶ月間もここで生活するというのに、当時は保育士の関与は皆無で、保育の時間もなかった。「育」は一体どこに存在しているというのだ？

この子は「障害がある一人の子ども」であって、障害そのものではないのに、なによりこの子はこれから一人の子どもとして成長していかなければならないのに、「障害をどうするか」という話ばっかりで、「障害のある一人の子どもを育てていく」ということについて話してくれる人は、どこにもいない……。少しずつ心の中にくすぶってくるものがある。

また、それらの講義のことごとくが「こうしなさい」「こうしてはいけませんよ」という上から目線のメッセージに満ちていることにも、抵抗があった。母親たちはそれぞれに我が子の障害を知らされたばかりで動揺しているというのに、そんなことにはおかまいなく、性急に多くの知識と技術の習得が強要されていく。そこで行われていることは「援助」という名前のもとに行われる一方的な「指導」であり「教育」だった★2。

その後、多くの母親と知り合って母子入園での体験を語り合ってみると、「相談室」で将来への不安を語りつつ、うっかり涙をこぼしたとたんに「そうやってお母さんが泣いても、子どもの障害は治りませんよ」と叱責を浴びた、という人もいた。「相談員」という名札をつけた人から投げつけられた言葉の冷たさと、私は泣くことすら許してもらえないのか、とその時に感じた絶望は、母子入園から一〇年以上を経てなお、彼女の心の傷になっていた。

当時は福祉職も看護職も自ら「先生」を名乗り、一丸となって「先生」の高みから母親を「指導」し「教育」する時代だった。そして、そこで専門職から私たち母親に送られるメッセージとは、ひたすら「医療が家庭に求めるリハビリと医療的配慮を担う、良き療育機能であれ」というものだった。当時の私は大学の専任講師としてフルタイムで働いている三一歳の成人なのに、母子入園に来てみると、赤ん坊の海ばかりではなく親の私までが、まるで何も知らない幼児であるかのような無礼な扱いを受ける。結局はここも例の「白い人の不思議な世界」なのだ。

これから一人の子どもとして成長していくべき我が子は単なる「異常の集合体」、「修正すべき肉体」と見なされ扱われ、親である私も児玉海の子育ての責任者として尊重されず、一方的な「指導」と「教育」の「対象」とされる——。ここがそういう世界でしかないのであれば、そして、その世界が「母親なら熱心にやれ」と命じてくる訓練に対して信頼をもてないのであれば、やめて帰ってしまったほうがいいのではないか……。そういう迷いすら出てきていた。

が、結果的に私は帰らなかった。この時に帰らずにすんだ顛末を振り返り、その後の長い年月を振り返ると、この母子入園は、その後の私が医療と向かい合う姿勢の土台を形作ったといっていいほど象徴的な原体験だったのだなぁ……と、感慨がある。

A先生との出会い

もうやめて帰ってしまおうかという鬱屈を抱えていたある日、夕食後に海のバギーを押して母子棟を出た。がらんと人気がなくなったリハセンターのあちこちをぶらついて外来のホールに差し掛かったところで、向こうから小児科医の一人が歩いてきた。入園直後の小児科受診の際に会っただけで、ちゃんと話したことはまだなかった。セカセカと忙しそうでもある。迷惑かな、と一瞬迷った。でも、その時の私はたぶん、誰かに話さないではいられないだけ満杯だったのだろう。気がついた時には呼び止めていた。

「先生、ちょっとご相談したいことがあるんですけど」

忙しそうに見えたA先生は「じゃぁ」と一瞬考えてから、小児科外来に招き入れてくれた。私は、診察室で椅子に座るやボイタ法に揺らぐ思いをぶちまけた。母子の愛着関係を作るべき大切な時期にこんなことをして母親への信頼が揺らぐことはないのか。障害があるからといって身体だけでいいのか。心の方を考えてくれる人はいないのか。それほどのリスクを冒すだけの効果が本当にこの訓練法にあるのか……。A先生は途中でさえぎることなく最後まで聞き、私がやっと胸のうちにあったものを吐き出し終えると、思いがけないことを言った。

「心の問題。それから、この訓練をやって、本当に効果があるかどうか、だよね……。お母さん、正直なところ、僕にもわからない」

は……？

「たぶん、本当のところは誰にも分からないんじゃないかなぁ。今はこれより他にやってあげられることがないから、とりあえず、これをやってみようというのが、実際のところなのかもしれない」

やっぱり……。

「でもね、お母さん、僕は思うんだけどね、お母さんが自分の辛い気持ちを抱えながら、それを抑えて海ちゃんのために、と願い、押さえつけて訓練をやる、その思いは海ちゃんには伝わるんじゃないかな。きっと伝わるはずだって、僕は信じたいと思うんだよ」

私はその後A先生との間に稀有と言ってもいいほどの信頼関係を築かせてもらうのだけれど、私にとって先生との本当の意味での「出会い」となったこの時のことは、何度思い返しても象徴的だったと思う。

この時、A先生にやってもらった三つのことによって、私は迷いを断ち切ることができた。まず、その場ですぐに時間をとってもらえたこと。私の惑乱を正面から受け止め、じっくり耳を傾けてもらえたこと。そして何よりも「正直、わからない」と率直にホンネで話してもらえたこと。

もしあの時、時間をとってもらえなかったり、私の言葉が途中でさえぎられたり、医師にありがちな上から目線で断定的に否定されていたら、あるいはあの無言の整形外科での診察のように「親は素人なのだから、黙って医師のいうとおりにすればいい」という高圧的なパターナリズムや「効果があるからやっている」などと表面的なタテマエで対されていたら、私は辞めて帰っていたに違いない。私の迷いを断ち切ってくれたのは、自身も迷いを抱えた医師であることをさらけて初対面に近い親と率直に向き合ってくれたA先生の、人としての誠実だった。その、いわば人としての「実」を感じられなかったら、「海ちゃんには伝わるはずだと信じたい」という同じ言葉だって、もしかしたら操作的な「指導」の言辞として私の耳に届いたかもしれない。やっと大人としての思考力と感受性を備えた一人の人と認め、向き合ってくれる人がいてくれたことに、この時、私は救われたのだと思う。

A先生が「伝わるはずだと信じたい」と言うのなら、母親である私は伝えてみせようじゃないか。私はあの夕刻、そう思うことができた。お母さんは「うちの障害児」を育てるつもりはないよ、お母さんはうちの子、うちの海を育てる。それが、あんたに伝わらないはずはない――。そう心に念じることができた。

そろそろ海も訓練室で起きていられるようになってきていた。誰も余計なことは一切しゃべらない訓練室で、私は家にいる時と同じように海に話しかけた。それに対する海の返事も目つき顔つきから「通訳」するので、ほとんど常時二人分の会話を一人でしゃべっていることになる。そして訓練の間は、エールとして海が大好きな「おかあさんといっしょ」の歌を歌った。すると、まもなく隣の訓練台の人も息子のために家からカセットデッキを持ってきて、童謡をかけ始めた。そのうち少しずつ訓練の時間帯にも親同士が普通に会話するようになり、やがて和気藹々と母親同士がジョークを飛ばしながら訓練に励むようになっていった。訓練室が、やっと普通に呼吸することのできる空間になった。

そんな中で海は頭を苦しい位置に押さえつけても泣かなくなり、何を求められているかを一歳児なりに探り始めていた。それは押さえつけている手からも、クソ真面目な顔つきや目つき、鼻息からも手応えとしてしっかりと伝わってくる。娘がやる気になるんだったら、母だってカラクリはちゃんと理解できているのだから、頭を押さえつける手に「ほら、こうしてごらん」というメッセージを込めることができるというものだ。A先生が言ったとおり、私の思いは海に伝わり、海はみごとにそれに応えようとしていた。

そうして海は、母子入園から帰った日の夕方に、生まれて初めて自分で寝返りすることに成功した。それまでは最後の一山をどうしても越えられずに元に戻っていたのが、なんの弾みか、ひょいっと簡単にでんぐり返ってしまったのだ。その後、海は放っておいても一人でせっせと寝返りにチャレンジしては「一人リハ」を繰り返し、やがては肘這いで隣の部屋まで出かけていくほどになった。

親子の共同作業が起こした奇跡

結局、母子入園でのボイタ法は、海にとって達成感の醍醐味を知る貴重な体験となってくれた。寝返りをできるようになったことと、その体験を通じて達成感の旨みを知ってくれたことの二点で、私はボイタ法には感謝している。

新米の親である私にとっても、これほど障害の重い我が子に一人の子どもとして成長する力があることの発見という、大きな意味を持つ体験になった。生まれて一年経つかどうかの乳児のくせして、海は母親が押さえつけてくる手を通じて何かを求められていることをちゃんと察知し、何を求められているのかを必死で探ろうとしていた。それは海が一人の子どもとして自分の母親のすることに「反応」していたということだ。身体の「反射」だけを見ている専門職には見えない、この子の「一人の子どもとしての反応」だった。

その母と子の通い合いは、やはりA先生とのあの夕方の時間と「お母さんの思いは海ちゃんに通じると思いたい」という言葉が実現させてくれたものだった。単に「ボイタ法をやった」というだけでは、我々親子にあの日のとてもスペシャルな寝返りは訪れなかっただろう、という気がしてならない。ボイタ法という療法があり、A先生のお陰でその療法を私たち親子の阿吽の呼吸による共同作業にできたからこそ起こった〝奇跡〟――。それが、あの初めての寝返りだったのだと思う。そして、それら、私たち親子の共同作業を可能にしてくれた諸々こそが、母子入園を含めた「白い人の世界」に欠落していたものではなかったろうか。

ボイタ法の訓練はその後ブームが急速に廃れ、単なる虐待だったかのように言われたりもしたようだけれど、私にはあの当時起こったことの問題はボイタ法そのものにあったわけではないだろう、という気がしている。部分への介入でしかなく、けれど部分的には一定の効果があるかもしれない療法に対して、あたかもそれが問題の全面的な解決であるかのような過剰な期待をして、「ボイタ法さえやれば脳性まひは治る！」「ボイタ法で歩けるようになる！」と熱狂的なブームが作り出されたこと。そしてその狂騒の中で「歩くこと」「身体の異常を矯正すること」だけが目指されて、子どもたちの身体の痛み、心の痛みに何の配慮もせず「治すためだ、問答無用」とばかりに押さえつけたこと。一人の人である本人をまるで眼中に入れず、単なる医療介入の「対象物」として扱ったこと。本当の問題のありかはボイタ法という特定の療法ではなく、そうしたブームの成り立ちであり、そこで欠落していた「一人の子ども」への敬意だったのではないか、という気がする。

後になって「医学モデル」という言葉を批判的な文脈の中で知り、その批判を「わかる」と感じた時に私が頭に思い浮かべたのは、この時の体験だった。私が母子入園で感じた専門職の姿勢への違和感とは、子どもが医学モデルだけで捉えられること、そして母親にまで我が子を専門職と同じく医学モデルでまなざせと求められることだったのだ。

もちろん、その背景にあったのが医療専門職の善意だったことに疑いはないし、障害児者医療の世界で当時の姿勢が問い直されてきたことも事実だ。

ボイタ法のブームで起こったことを振り返ってみると、一方に母親たちを医学モデルで「指導」し「教育」することを通じて、家庭に医療的配慮とリハビリの機能を担わせようとしていた医療サイドの善意があり、もう一方に我が子の障害を知ったばかりの動揺と我が子の将来が見通せない不安の中で「治せるものなら治してやりたい、そのためなら何をもいとわない」と思いつめる親の切ない願いがあったのだと思う。母親たちは、ボイタ法という医療技術のポテンシャルを唯一の希望と捉え、それに縋りつくことによって自ら進んで医学モデルに取り込まれていったのだろう。ボイタ法に限らず、その他さまざまな「奇跡の療法」でも、過剰なブームを生み出したのは、そうした親と医療とが意図しないまま陥った、ある種の共謀関係だったのではなかろうか。

親と医療の共謀関係

親と医療の共謀関係は、旧優生保護法（一九四八年から一九九六年）による障害者への強制不妊手術の実態にも色濃い。二〇一七年末から相次ぐ報道では、親や家族の要望があったから、それに押されてやったのだといわんばかりの医師のコメントを目にすることもあるが、親や家族の要望だけであれだけ大規模なキャンペーンに発展するわけもない。被害者は、今回の大きな動きの前に公的な統計となっていただけでも約一万六五〇〇人。約七割が女性と言われている。

研究者や市民団体が長い年月にわたって資料調査や啓発活動や被害者の発掘と支援を続ける間、一貫して黙殺してきたメディアと地方自治体が、研究者による画期的な資料の発掘と被害者による提訴でやっと動いた。そして次々に明らかになったのは、国や地方自治体、医学界、メディアまでが一丸となって推進していた実態だ。当時の法律の対象とならないはずの人たちに対して、単なる社会的偏見に基づいて、ずさんな審査で行われていたケースも相次いで報告された。

しかし、その一方で、連日の報道にネットで寄せられるコメントには、かつての強制不妊手術推進施策の背景にあったのと同じ考え方がそのまま披瀝されている。「子どもを生んだところで、どうせ育てられないのだから、子どもを生む機能など障害者には無用」「産まないで済むようにしてあげるのが本人の最善の利益」などなどはまさに、あの「アシュリー事件」で繰り返されていた正当化そのままだ……。この問題は決して「過ぎ去った過去の出来事」ではないことを改めて痛感する思いだった。

〝アシュリー療法〟をめぐる議論の中で目立っていたのは、賛同し、自分も我が子に同じことをやりたい、と求める親たちの声だった。主張するところはアシュリーの父親と同じ。身体的にも知的にも障害の重い子どもは赤ちゃんと同じだから、赤ちゃんのように親に家庭でケアされ続けることが幸せなのに、身体が大きくなってくると、本人が好きな遊びや活動をさせてやることが難しくなり、親のケア負担も大きくなる。だから、ＱＯＬ（生活の質）を維持するためにも在宅介護を継続するためにも〝成長抑制〟を――。

二〇〇七年に論争になったアシュリーの第一例以降、いくつかの国で少なくとも六〇人以上の子どもたちにホルモン大量投与による〝成長抑制〟が行われ、いくつかの事例では子宮摘出も行われていることが二〇一六年に報道された★3。これらの記事では「親が求めるから、それに応じる医師が出てきて、世界中にじわじわと広がっている」という図式が描かれている。が、本当にそれだけなのだろうか？

一見すると「求める親がいるから応じる医師も出てくる」と捉えられかねない状況の背後に、医療サイドにも一貫して〝成長抑制〟をパワフルに推進していこうとする動きが続いてきたことは見逃せない。中心になってきたのは、アシュリーの担当医だったディクマと、彼の恩師でもあるウィスコンシン大学の小児科医で、功利主義的な生命倫理を説くノーマン・フォスト。そして二人の周辺の医師たち。彼らは二〇〇八年五月には米国小児科学会で〝成長抑制〟を推進するシンポジウムを行い★4、二〇〇九年六月には米国小児科学会誌で〝成長抑制〟療法を三歳段階で重症児の親に提案することを提言した★5ほか、シアトル子ども病院による成長抑制検討ワーキング・グループの立ち上げと議論、論文★6執筆を牽引した。二〇一五年七月には小児内分泌医学会のメンバーに〝成長抑制〟について実施状況と意見を調査し、結果を発表している★7。

アシュリーの父親は二〇〇七年に立ち上げたブログで自分のメールアドレスを公開し、同じことを希望する親たちに連絡するよう呼びかけた。草の根ネットワークを作り症例データを蓄積していく考えも示している。ここで作られているだろう親のネットワークとこれらの医師がつながっていないとも考え難い。実際、二〇〇八年の米国小児科学会でのシンポジウムの後には、登壇者の一人がアシュリーの父親に前向きな反響があったことを知らせる手紙を書いている★8。

世界に広がる親の要望を報道はクローズアップして描くが、この〝療法〟を推進したい一部の医師らの動きによって親の要望が「喚起されている」と言える面もあるのではないだろうか。

親の側には、重い障害を負って生きていく我が子に幸福な人生をなんとか自分の手で保障してやりたいとの切実な願いがある。医療技術のポテンシャルにその希望を見出せたと思えば、それに縋りつこうとする人もいるだろう。一方、医療の世界にも、新しい技術や従来の技術の新らたな適用方法が見つかった時に、そのポテンシャルを探るべく多くの症例で試してみたい、あるいは善意から自分がパイオニアとして広めていきたいと考える人が出てくる。個々のケースで実施するに留まらず、積極的に論陣を張り次々に戦略的な手を打って、慎重を呼びかける倫理議論を撃破し、推進していこうとする動きを担う医師たちだ。

どんどん進歩する生殖補助医療の領域でも、倫理的にも法的にも議論を重ねて慎重に進めようとする社会や学会の姿勢に敢えて挑むかのように、最先端技術を用いて先鋭的な前例を作っていく医師が突出し、そこに技術の利用を望む個々の患者がつながる形で、ある種の勢いが形成され、それが少しずつ学会の姿勢を変容させていくということが繰り返されている。もちろん科学技術研究の熾烈な国際競争で勝ち抜きたい、少なくとも遅れをとりたくない医学界の思惑や、前章で触れた利権構造もその背後には関わっているのだろう。そうしたグローバルな科学研究競争や政治経済の「大きな絵」の中に取り込まれつつ、患者サイドのニーズは医療技術のポテンシャルとそれをめぐる医療の価値観と親和し繋がっていく。そして相互作用を起こし、それが時として「ブーム」といってもよい大きな流れを形作っていく——。

生命科学を含めた科学技術の発達で「できなかった」ことが「できる」ことに変わっていく中、あたかも人の身体も能力も命さえも簡単に操作コントロールできるかのような〝コントロール幻想〟には、前述したように巨大な利権構造によって敢えて喚起されている面もあるが、気になるのは、それに伴って社会の一般の人たちの中にも、科学技術に対する信頼と期待が高まっていくことだ。

やれ「納豆はいつどのくらいの量をどのように食べるのが正しいか」、やれ「どの野菜のどの栄養素が身体のどこにどのように良いか」を物知り顔で講釈してくれる人に毎日のように出くわしてウンザリする。「昨日テレビでやっていたんだけど」「雑誌で読んだんだけど」と言いながら、自分だけが知っている重大情報を教えてやるとばかりのエラソーな口調も鼻につく。テレビや雑誌の「科学的」な情報にそうしてすぐに踊らされることそのものが、あまり「科学的」ではない姿勢だろう点はともかくとして、多くの人がいわば「科学モデル」でものを見ること、考えることに高い価値を置くようになってきた。私たち母親は母子入園で医療専門職から医学モデルで子どもをまなざすように求められたが、今では社会の一般の人たちの方が自ら進んで医学モデルのまなざしを身に着けようと狂騒して（させられて？）いるかのようだ。

子どもの幸福を願って〝科学とテクノで簡単解決〟を頼ろうとする親たちの思いが、医療との共謀関係を繰り返すリスクも、これからさらに増していくのではなかろうか。

★注

1　これは、あまりに狂信する母親仲間にムカついて素人が吐いたハッタリだったのだけれど、どうやらボイタ法についてはそれが現実となったようだ。二〇一〇年三月号の『現代思想』での杉本健郎と立岩真也の対談で、そのあたりのことが詳しく語られている。立岩の総括の言葉を借りると、「一時期凄く流行り、その後効かないことがわかって廃れたという推移」（p.60）あるいは、立岩「大勢としては、そうやって二〜三年やったけどうまくいかなかったし、やることもあまりに乱暴で痛そうだから、だんだんと低調になっていく」杉本「五〜一〇年くらいかかったね」

2 いま振り返ってみると、私たち親は本当に主体的に「母子入園に参加した」のだったろうか。私たちは子どもを連れて訪れた医療機関で「ここへ行きなさい」と実は「指示され」て、それに従っただけだったのではないか。「こういうプログラムがありますがどうですか」と情報提供を受けて、それを自分で吟味し、主体的に参加することを選択したわけではなかった。もっとも、あの段階では、提供された情報を自分で判断できるだけの力も私たちは持ち合わせていなかったけれども。

3 https://www.nytimes.com/2016/03/27/magazine/should-parents-of-severely-disabled-children-be-allowed-to-stop-their-growth.html

4 ブログ「Ashley 事件から生命倫理を考える」二〇一〇年一月二五日エントリー「Ashley 父にメールで学会報告をした医師は Fost か Diekeman」

5 Allen, D.B., Kappy, M., Diekema, D., Fost, N. 2009: "Growth-Attenuation Therapy: Principles for Practice," *Pediatrics*

6 Wilfond, B.S., Miller, P.S., Korfiatis, C., Diekema, D.S., Dudzinski, D.M., Goering, S., Seattle Growth Attenuation and Ethics Working Group, 2012: "Navigating Growth Attenuation in Children with Profound Disabilities : Children's Interests, Family Decision-Making, and Community Concerns," *The Hasting Center Report*

7 Pollock, A.J., Fost, N., Allen, D.B., 2015: "Growth attenuation therapy: practice and perspectives of paediatric endocrinologists," *Arch. Dis. Child*

8 4に同じ。

第2部

「死ぬ・死なせる」をめぐる意思決定

第1章

「死ぬ権利」をめぐる議論

「死の自己決定権」議論

二〇〇七年の〝アシュリー療法〟論争当時、事件の舞台となった米国ワシントン州では医師幇助自殺（physician-assisted suicide）を合法化しようとキャンペーンが展開されていた。ブログでアシュリー事件を追いかけながら、少しずつそちらの関連記事も拾い読みしていると、カナダでラティマーが釈放された半年後の二〇〇八年秋に住民投票で合法化が決まり、二〇〇九年三月に「尊厳死法」が施行された★1。日本では「尊厳死」とは、終末期の人が望まない延命治療を拒否する消極的安楽死のことを意味するが、米国で「尊厳死」とされるものは通常、上記の医師幇助自殺を指す。

それらの報道を少しずつ読み齧っていくうち、私は世界のいくつかの国で「死の自己決定権」

や「死ぬ権利」を求める運動が広がりを見せていることを知った。終末期の人に耐えがたい苦痛があるなら、医師に薬物を注射してもらって殺してもらう（積極的安楽死）権利や、自殺のための毒物を医師に処方してもらう（医師幇助自殺または医師による自殺幇助）権利があるという考え方に基づいて、安楽死や医師幇助自殺の合法化を求める運動のようだった。少なくとも当時の私はそのように理解していた。おそらく、日本の多くの人が抱いている「海外のいくつかの国で行われている医師幇助自殺や安楽死」についての認識も、同様のものではないだろうか。しかし、私のこの認識はまもなく、世界各地の実態を知るにつれ訂正を余儀なくされていくことになる。

概況

二〇〇七年当時、積極的安楽死と医師幇助自殺のいずれかが法律によって合法化されていたのは、オランダ、ベルギー、米国オレゴン州の三箇所だけだった。しかし二〇〇八年の米国ワシントン州の住民投票による「尊厳死法」の可決を皮切りに、二〇〇九年にはルクセンブルクが安楽死と医師幇助自殺の両方を合法化。同年の大晦日には米国モンタナ州で医師幇助自殺を合憲とする最高裁の判決が出るなど、大きな動きが相次いだ。それからしばらく間があいて、二〇一三年に米国バーモント州、二〇一五年にカリフォルニア州も合法化。その後も、先行したケベック州

（二〇一四年六月に議会を通過し、二〇一五年一二月に施行）に続いてカナダ政府が二〇一六年六月に安楽死と医師幇助自殺の両方を合法化。その後も豪ヴィクトリア州、米ハワイ州が合法化を決め、同時多発的に法案の提出が相次ぐ中、二〇一九年四月にはニュージャージ州、六月にはメイン州でも合法化が決まった。決定までの経緯も違えば法律の詳細も異なっているが、二〇一九年七月の状況を簡単に取りまとめてみると、以下のようになる。

①積極的安楽死と医師幇助自殺がどちらも合法

ベルギー、オランダ、ルクセンブルク、コロンビア、カナダ、豪ヴィクトリア州（施行は二〇一九年六月一九日。安楽死は自力で毒物を飲めない重度障害者のみ）。

②医師幇助自殺のみが合法

スイス、米国オレゴン州、ワシントン州、モンタナ州（ただし最高裁判決による）、バーモント州、カリフォルニア州、コロラド州、ワシントンDC、ハワイ州（施行は二〇一九年一月一日）、ニュージャージ州（施行は二〇一九年八月一日）、メイン州（施行は二〇一九年九月）。

スイスの自殺ツーリズム

まず、冒頭のような私の認識を大きく修正させたスイスについて、次にオランダとベルギーについて、実態を簡単に紹介したい。

スイスは上記の国や地域の中で、極めて特異な状況にある。とりたてて合法とする法律や判決があるわけではなく、現行法の解釈により個人的な利益目的で行うことでなければ自殺幇助は違法とみなされない（ただし積極的安楽死は違法行為）。そのため、自殺を幇助する団体がいくつも合法的に活動している。外国人を受け入れる施設として、以前から名が知れていたディグニタスのほか、新たに医師が運営するライフ・サークルもできて、世界中から自殺希望者が集まってくる「自殺ツーリズム」の名所となっている。また幇助の方法も、非医療職が運営するディグニタスでは毒物を自分で飲むやり方だったが、医師がいるライフ・サークルでは点滴のストッパーを本人が外すやり方に変わって、より安楽死に近づいている。

私がこの問題に少しずつ興味を持ち始めていた二〇〇八年当時も、英国から医師幇助自殺を求めてスイスに渡る人たちがニュースになっていた。しかも、その中には、当時まだ上記のナイーブな認識でいた私には仰天のケースが含まれていた。

たとえば、二〇〇八年に論議を呼んだのは、二三歳の青年ダニエル・ジェイムズ。ラグビーの選手だったが、試合中の事故で全身マヒとなった。そして、こんな重い障害を負って「二級市民」として生きていくのは耐えられないと訴え、両親がディグニタスに連れて行き自殺★2。その翌年には、やはり英国人の高齢男性が「妻を失っては生きていけない」と言って、自身は健康であるにもかかわらず夫婦揃ってディグニタスで自殺★3。その後、二〇一四年にも社会的に疎外感や孤立感を抱える健康な女性が自殺★4するなど、終末期ではない人の事例が数え切れないほど報道されている。

オランダとベルギーで起こっていること

世界で初めて積極的安楽死を合法化したオランダとベルギーは、今なお「死ぬ権利」の最先端を突っ走っているように見える。両国では法律要件の「耐え難い苦痛」が身体的な苦痛に限られていないため、私には「まさか……」と絶句するようなケースがいくつも報道されている。

ベルギーではたとえば、二〇一〇年に自閉症の三七歳の女性が恋人との破局直後に安楽死★5。二〇一二年には四〇代の生まれつき耳の聞こえない双子の男性が近く失明すると分かって二人揃って病院で安楽死★6。二〇一三年には性転換手術を受けた人がその結果に失望して安楽死★7。

二〇一五年には八五歳の女性が娘を亡くした三ヶ月後に悲嘆に耐えかねて医師幇助自殺[8]。二〇一四年には子どもへの安楽死が合法化され[9]、近年は精神障害者への安楽死も急増している[10]。

オランダでは二〇一二年三月に、引き受けてくれる医師を見つけられない患者のために医師と看護師が車で自宅に来て安楽死を行ってくれる機動安楽死チーム制度が稼動した[11]が、それ以降に精神障害者[12]や認知症患者[13]の安楽死者数が急増している。また後述するように（103ページ）、オランダでは知的障害者にもすでに安楽死が行われている[14]。

二〇一五年には三三人に一人が安楽死で死んでいる[15]との報道もあったが、現在はさらに割合は上がっているだろう。また二〇一六年末には、七五歳以上の高齢者であれば終末期でなくても安楽死を認める法案が議会に提出された[16]。成立はしなかったが、その後、安楽死の行為準則改定により、加齢に伴う諸症状を理由にした安楽死は事実上可能となったとの指摘もある[17]。

緩和ケアの一端に位置づけられていく安楽死・医師幇助自殺

二〇〇八年からこれまでの変遷を追いかけてきて、最も大きな節目は二〇一六年だったように思う。一年のうちに四箇所もの地域で合法化された、という意味でも節目だったと言えるが、今後の世界の安楽死や自殺幇助の潮流において大きな意味をもつ節目は、おそらくカナダの合法化だろう。

カナダでは、まず先行したケベック州の合法化で法律の文言が変わった。もはや「安楽死」でも「医師幇助自殺」でもなく、どちらも含めてMedical Assistance in Dying（MAiD/MAD）と称される。その後、カナダ連邦議会がケベックを後追いする形で二〇一六年六月に成立させた法律でも、同様★18。MAiDとは直訳すると「死に際して医療的援助を受けること」。しかし、これでは積極的安楽死から緩和ケアまでが一つながりのものとして括られてしまう。もともと英語圏のメディアではPhysician-Assisted Death/Dying（PAD）という表現が広がりつつあり、カナダの合法化以降、多くのメディアの表現がPADあるいはMAiDに統一されつつある。安楽死も医師幇助自殺も緩和ケアの一端に位置づけられつつあると言ってよいだろう。

次に、カナダの合法化がそれ以前に合法化した国や地域よりもラディカルに踏み出した点として、地域によっては（たとえば医師の数が少ない地域など）ナース・プラクティショナーにもMAiDの実施が認められている点がある。

また、「耐えがたい苦痛」の要件の中に「患者本人が容認できると考える条件下で緩和することができない」と付記されている。通常の緩和ケアや標準治療によって緩和できる苦痛であったとしても、耐え難いと感じている本人がその方法を「受け入れられない」なら、法律の要件を満たすとの解釈も可能となりそうだ。なお、この要件は、カナダの後で医師幇助自殺を合法化したオーストラリア、ヴィクトリア州の法律にも含まれており、今後の法制化ではこれがデフォルトのラインとなっていくのかもしれない。

さらにカナダの法制化では、安楽死と医師幇助自殺による死者数の多さにも目を見張るものがある。ケベック州政府は法制化からの一年間で当初の見込みの三倍の三〇〇人がMAiDで死亡したとの公式なデータを発表した★19。カナダ全土でも施行からの最初の一年間で総死亡者数の一%に当たる一九八二人がMAiDで死亡し★20、二〇一七年後半期には前半期の一一七九人から一五二五人と三〇%増加したことが報告されている★21。

こうした様々な情報から俯瞰すれば、本来は例外的なケースでの最後の救済手段であったはずの安楽死が、人々の意識の中でだんだんと当たり前の（ノーマルな）こと、些細な（トリヴィアルな）ことになっていく。安楽死のノーマライゼーション、あるいはトリヴィアライゼーションが起きているといえるのではないだろうか★22。

これら「死ぬ権利」先進国の実態については、それぞれの国の内部からも「すべり坂」の懸念が指摘されている★23。米国内科医学会の倫理法務委員会は、二〇一八年に医師幇助自殺に対する反対のスタンスを堅持するべきと報告書を発表した際、ヨーロッパの実態からすべり坂の懸念を否定できないことを理由の一つに挙げた★24。同報告書は他にも、最も正確な表記として「医師幇助自殺」を用いるべきだと指摘し、aid in dying や death with dignity など緩和ケアと混同される可能性のある曖昧な表記を批判している。一方、この報告書には、翌月の学会評議員会で五六対四四で否決され、委員会に差し戻されるという顛末があった。その後二〇一九年六月に改めて反対のスタンス堅持と決まった★25が、多くの国や地域で安楽死・医師幇助自殺の合法化をめぐって、推進と慎重という相反する力動がせめぎ合っている現状を象徴しているのかもしれない★26。

私自身は、「すべり坂」は様々な形をとって重層的に起こっていると考えている。以下、特に懸念しているものについて簡単に紹介する。

対象者の拡大・指標の変容という「すべり坂」

「死ぬ権利」を求める議論の始まりにあった理念とは、私の当初の認識だった「もうどうしたって助けてあげることのできない、死に直面した終末期の患者さんが耐えがたい痛み苦しみの中にあるなら、せめて最後の救済手段として」というものだったのだろう。ところが、「死ぬこと」を「権利」とする考え方が広がるにつれ、その権利をめぐる議論の対象者は終末期の人から認知症の人へ、精神障害のある人、病気の高齢者、さらに健康な高齢者へ、子どもへ、重度障害者や知的障害者や発達障害者へと、じわじわと拡大し続けている。

カナダでは合法化が決まるとほぼ同時に、未成年や認知症の人への要件拡大とともに「不治」や「終末期」という要件の撤廃を求める声が上がり、その後も続いている。また、カナダから一年あまり遅れて合法化したオーストラリアのヴィクトリア州では、対象要件の一つは「不治の病あるいは障害のために余命六ヶ月で、自分が許容できる方法では緩和不能な苦痛があること」だが、「ALSなど進行性神経疾患の場合は余命一二ヶ月」との追記があるほか、自力で薬物を飲み込む身体能力がない人には安楽死が認められるとの特例が設けられた[★27]。自分で毒物を飲める人にしか認められず、身体障害のために自力で飲めない人が対象から外されるのは差別である、との主張が根強く続いているために、それに配慮したものと思われる。

カリフォルニア州の合法化には、当時まだ非合法だった同州から医師幇助自殺を受けるためにオレゴン州に引っ越し、自殺実行の日をユーチューブで予告して世論を喚起したブリタニー・メイナード[★28]の訴えが大きく影響したが、メイナードの訴えの一つは「オレゴン州で認められている医師幇助自殺がカリフォルニア州でできないのは人権侵害である」というものだった。二〇一八年にスイスで自殺した一〇四歳の科学者、デイヴィッド・グッダールも「スイスでなら許されていることが自国オーストラリアでは認められていないために、スイスまでいかなければならないのは理不尽」と訴え続けた[★29]。

しかし、この論理が是とされるなら、オランダとベルギーでは精神的な苦痛を理由に安楽死が認められているのに、他の国では認められないのは人権侵害だ、という論法も成り立つことになるだろう。オランダの知的／発達障害者の安楽死をめぐる後述の論文（103ページ）にも、障害のない人に認められる安楽死が障害のある人に認められないのは差別だという論理が登場している。障害者が生きるための支援を権利として求める声はなかなか届かないのに、死ぬ権利を求める声はこうしてたやすく聞き届けられていく。

このように、ひとたび自分の選んだときに自分の選んだ方法で死ぬことが「権利」とみなされるなら、議論がこうした展開をたどることは必然ともいえるかもしれない。それこそが、ひとたび一定の人に認められれば、やがては歯止めなく他の人にも広げられていくきわめてリアルなリスク、まさに「すべり坂」そのものではないだろうか。

「障害のある生は生きるに（治療に）値しない」価値観の広がりという「すべり坂」

また、見方を変えれば、このような対象者の拡大現象を「救命可能性」から「ＱＯＬ（生活の質）」への指標の変容と捉えることもできる。最初は「救命可能かどうか」というところに指標があったはずなのだが、いつのまにか「ＱＯＬがいかに低いか」つまり「障害がどのくらい重いか」へとシフトしてきている。

こうした議論の進展と変容に伴い、「一定の障害があってＱＯＬの低い状態になったら、もう生きるに価しない」「したがって、医療コストにも値しない」という価値観が社会の人々の意識に浸透し、広く共有され始めているように思えてならない。たまたまそうした価値観を共有した患者と医師とが出会ってしまうと、どういうことが起こりうるか、ショッキングな事例が米国にある。

米国インディアナ州のティム・バウアーズは二〇一三年一一月に山にハンティングに行き、木から落ちてヘリコプターで救急搬送された。駆けつけてきた家族への医師の説明は「脊髄を損傷して一生寝たきりになります。人工呼吸器を外しては生きていけません」。それを聞いた家族が「本人の意思確認をしたいので鎮静を解いてください」と要望し、医師はその通りにする。看護師のお姉さんが意識の戻った弟に状況を説明し、〝Do you want this?（これはあなたの望み？）〟と聞くと、人工呼吸器が入っていてものが言えないティムは一生懸命に首を横に振った。そうしたやりとりをしたうえで家族が医師のもとへ行き「本人は呼吸器を外してもらって死にたいと望んでいる」と伝えたところ、医師がやってきて「同じ質問をしたところ同じ回答を得たので」これは自己決定だということになった。そして事故の翌日、親族が七〇人も病院に集まってきて、賛美歌を歌ったりお祈りをするなか呼吸器が外され、ティムは五時間後に死んだ★30。

このケースは、医師が毒物を注射したわけではないので「積極的安楽死」ではない。医師が処方した毒物を飲んだわけではないので「医師による自殺幇助」でもない。あえて分類するならば、延命治療を拒んで死ぬことを選んだ「消極的安楽死」、日本でいうところの「尊厳死」だろう。しかしその「尊厳死」は、日本の私たちがイメージするものからは、かけ離れている。

事故で重い障害を負った自分の状態はＱＯＬが低すぎて尊厳がなく、受け入れがたいものだから、尊厳のない状態で生きることを拒否して死ぬために延命治療を拒否する――。もちろん患者には望まない治療を拒否する権利があるけれど、それをうべなってなお、私にはこの人は「自殺」したのではないか、この状況とタイミングでの医師の行為は自殺幇助に等しいのではないか、という抵抗感が残る。

代替的自殺手段ＶＳＥＤ（自発的飲食停止）という「すべり坂」

臨死期に至った患者では栄養と水分の補給の漸減や中止によって患者の苦痛を軽減することがある。緩和ケアの手法の一つとして広く知られているが、この、いわば緩和ケアのテクニックが、自殺幇助が合法化されている国々では今や自殺の手段として注目されてきている。自分の意思で飲食を断って死を選ぶ、自発的飲食停止（ＶＳＥＤ：voluntarily stopping eating and drinking）がそれだ。

ＶＳＥＤについて知ったのは、二〇〇八年にＦＥＮ（Final Exit Network）という合法化推進団体が複数の人の自殺を幇助したとして多数の逮捕者を出した事件がきっかけだった。ＦＥＮは当時ホームページで認知症の人たちに向けて、まだ可能な軽症のうちに自発的に飲食をやめて自殺する方法を推奨していた★31。仰天し、終末期の緩和ケアの方法論だったものが自殺方法に転じられていくことへの懸念から、ブログで追いかけてきた。

現在、米国でＶＳＥＤ推進キャンペーンの中心になっているのは、コンパッション&チョイシズ（Ｃ&Ｃ）★32。すべての州で医師幇助自殺を合法化することを目的に活動している、資金も政治力も豊富な団体だ★33。ＶＳＥＤなら自分の意思だけで実行することができるので、終末期の人でなくても、病気ですらない人でも合法的に自殺することができる。周りの人を犯罪者にする懸念もない。そのため、医師幇助自殺が合法化された州でも要件を満たさない人や、合法化されていない州の人に対して、医師幇助自殺の代替自殺方法としてＶＳＥＤが喧伝されている。

そんな中、生命倫理学界隈で論争になっているのは「認知症の人に事前指示があればＶＳＥＤは認められるかどうか」という議論★34だ。認知症になった人が元気なうちに、あるいは軽症のうちに、「重症になって、これこれこういう状態になったらＶＳＥＤで死にたい」というリビングウィル（事前指示）を書いておいた場合に、その意思は認められるか――。実際にそういう状態になった本人は書いたことを忘れているので、空腹になれば食べたい。自分で食べられなくなっても、介護者のスプーンが口元に来れば口を開けて食べたり飲んだりもする。そういう時に、以前の本人の意思と今現在の意思のどちらを尊重するのか――。

口を開けるのは単なる反射だから事前指示を尊重して餓死させてあげるべきだという立場もあれば、いや口を開けるのは生きたいという本人の意思の表れだから食べさせてあげるべき、という主張もある。こうした論争や事例が報道記事になると、ネット上では記事の下にコメント欄がつくことがあるが、そこでの議論を見ている限り、圧倒的に多いのは前者だ。読んでいて私がとても気になるのは、そういう人たちの主張に「だって、どうせ認知症になったら死んだ方がましだろ？　誰だってそう思うに決まっているじゃないか」というトーンがあることだ。アシュリー事件の時に「だって、どうせ何もわからない赤ちゃんと同じ重症児なんだから、やったっていいだろ？　赤ちゃんと同じように親に介護されて暮らすことだけがこの子の幸せに決まってるじゃないか」というトーンがあったように。

「自己決定」原則の形骸化という「すべり坂」

しかしここには、「死なせる」ことの大前提としてあったはずの「自己決定」原則そのものが危うくなるリスクが、見え隠れしてはいないだろうか。現にオランダでは、軽症の時に書いた事前指示書で重症化した際の安楽死を希望していた女性が、認知症の進行により医師の判断で安楽死をさせようとしたところ暴れて抵抗したために、医師が家族に押さえつけさせて毒物を注射したという事例もある★35。

自己決定能力の有無に関して慎重なアセスメントを要する知的障害者の安楽死がオランダですでに現実となっていることも大きな懸念だ。英国の緩和ケア医らが安楽死地域審査委員会に提出された当該ケースの報告書を精査したところ、「知的障害のある患者では自律と意思決定能力は非常に複雑で、アセスメントも困難である。これらの事例での意思決定能力審査は十分に厳格とは見えなかった」と結論づけた。また diagnostic overshadowing（医師の偏見が診断に影響すること）の可能性も指摘されている★36。

「死ぬ権利」から「自殺する権利」への変質という「すべり坂」

私が二〇〇八年にFENのサイトで初めて知った時から、すでにVSEDは認知症の人が「まだ間に合ううちに」合法的に自殺できる方法として推奨されていたが、こうした代替自殺方法が周知されていくにつれて、「認知症初期の人やリスクの高い人が『先制的に』死ぬ権利」★37までが議論され始めている。精神／知的／発達障害者への拡大や、上記のバウアーズの事例（99ページ）やV

ＳＥＤの周辺で起こっていることを考えると、「死ぬ権利」はもはや「もうどうしたって助けてあげることのできない終末期の患者さんに取り除くことのできない耐えがたい苦痛があるなら、最後の救済手段として」という当初の「死ぬ権利」の理念をはるかに逸脱しつつあるといってもよいだろう。

国内に一年以上在住の人を対象に活動しているスイスの自殺幇助団体のエグジットは、二〇一四年に「私たちが手を貸しているのは、病気があって、ＱＯＬが低い状態で生き永らえる時間の長さよりも質を選ぶ人たち」として、終末期ではない高齢者にも自殺幇助を行う対象者を拡大した★38。また、ライフ・サークルのエリカ・プライシク医師は二〇一六年一月にスコットランドに講演に訪れた際、次のように語っている。

八五歳を過ぎれば生きるのがそれまでより難しくなるというのは誰でも知っていることだと思います。体力はないし、関節炎は出てくるし、いろんな病気をたくさん抱えます。脳卒中などで頭の能力が低下する可能性もあります。なので、八五歳以上の人が熟慮の末に死にたいと望むのであれば、私は邪魔をしたいとは思いません。

ずいぶん高齢で、自分はもう十分に生きたし、充実した人生を送ったと決めて、休暇を終える時のように旅立ちたいと思う人が増えてきています。★39

こうしたケースを「理性的自殺」と名づけ、認めていこうという議論が欧米で広がりを見せている。スイスやベルギー、オランダで、必ずしも高齢でなくても社会的孤立や愛する人を失った苦しみ、性転換手術の失敗への絶望でも安楽死を認められていることを考えると、年齢や理由を問わず「生きていることを耐えがたく苦しいと感じる人」に対して、その問題を解決する手段としての「自殺する権利」へと「死ぬ権利」概念が変質しているのかもしれない。

POLSTなど医療システム効率化に潜む「すべり坂」

米国の医療において、POLST（Physician Orders for Life Sustaining Treatment：生命維持治療に関する医師の指示書）の法制化が進んでいる。医師の側から話を持ち出して緊急時の救命や生命維持をめぐる患者の意思を聞き取り、その結果を医師の指示（Order）としてカルテに残しておくシステムだ。電子カルテにハイライトつきで記載され、患者が病院や介護施設を移動しても電子カルテで自動的に転送される。一九九〇年代にオレゴン州で始まり、終末期医療のメディケア・コストを下げたとして、その後、ほかの州でも急速に法制化が進んでいる★40。

事前指示書やリヴィングウィルを書くよう政府が国民にしきりに呼びかけても、それらを書いておく国民はなかなか増えなかった。要因の一つには、これまでタスキギ梅毒実験★41をはじめ医療によって人権を踏みにじられてきた歴史や、日常的な医療における差別体験などから、黒人の間に医療への根深い不信感があることが指摘されている。そのように事前指示書が思うように広がらない問題への対策としてPOLSTを採用する州が増えているのではないかと私は推測しているのだけれど、医師幇助自殺合法化の議論が高まっていた一九九〇年代のオレゴン州で同時にPOLSTが広がり始めていたというのは注目に値する事実だろう。

最近ではMOLST（Medical Order for Life Sustaining Treatment）やCOLST（Clinician Orders for Life-sustaining Treatment）などチェックリストも多様化しており、バーモント州のCOLSTのように、二人の医師が「無益」と考える場合は患者や代理決定権者の同意なしにDNR（Do Not Resuscitate：蘇生不要）にチェックを入れてもよいとするものまで出てきている。ここにも前述の「自己決定」の形骸化が見られるが、さらに言えば、二〇一三年に医師幇助自殺を合法化したバーモント州で同時期にCOLSTが登場していたというのも、オレゴン州と重なり、興味深い事実だ★42。

もう一つ、米国の医療現場に新たに普及してきたのが「ホスピタリスト」と呼ばれる職種だ。九〇年代に導入され、医療が高度に専門分化し多職種の関与で複雑化する中、患者の入院中の医療をコーディネートし退院までをトータルにサポートするとのコンセプトだが、最近になって急速に普及してきた背景には、医療の効率化との早期退院の促進というホスピタリストの使命が透けて見える。

米国の障害当事者で障害学者のウィリアム・ピースは、二〇一〇年にじょくそうの感染から重篤な状態となって入院した際、真夜中に病室を訪れた初対面のホスピタリストから、消極的安楽死をそそのかされた体験を『ヘイスティング・センター・レポート』で報告している★43。「あなたはまず命は助からないし、万が一助かっても障害は重度化し、経済的な負担もまぬかれず不幸になるので、苦痛は取り除いてあげるから自己決定で抗生剤を拒否してはどうか」と、自己決定による消極的安楽死を教唆されたという。ピースは「生きたい」と主張し続けて抵抗したが、心が弱っている時にそうした抵抗を続けることは困難だったとも書いている。仮にこうした経緯を経て治療の放棄に同意した患者があったとしても、それはその患者の「自己決定」が「尊重」されたことになって終わるのではないだろうか。

私がピースの体験から頭に浮かべることは主に二つ。一つは、法律の施行直後の二〇一七年一月のカナダ内科学会誌に報告されていた、カルガリー大学の医師による、MAiDによって一億ドル以上の医療費が削減されるとの試算★44。結局のところ、医療システム効率化の目的が医療費削減であるとすれば、医療現場にはそのための有効な手立ての一つとして、一定の年齢を超えた高齢者や障害者への医療を最初から「無益」と考える医師が増えていても不思議はない。

もう一つは、第1部で書いたように、医師と患者間に立場の不均衡が大きい日本の医療現場で

「患者の自己決定による尊厳死」には、結局はこのような形をとってしまうリスクが大きいのでではないか、という懸念。これについては、第3部第2章で詳しく考察する。

「死の自己決定」が臓器移植と連結していく「すべり坂」

第1部で、科学技術の急速な進歩と新自由主義経済による格差の拡大との間で、人体の資源化が起こっていることを指摘したが、ベルギーとオランダでは、安楽死はすでに臓器移植医療と直結している。安楽死を希望すると臓器提供の意思確認の用紙が一緒についてきて★45、その両方を自己決定すると、手術室の近くでの安楽死への同意を経て、安楽死が実行される。そして心停止から数分間だけ待って臓器を摘出する「安楽死後臓器提供」がベルギーでは二〇〇五年から行われている。二〇一五年の学会報告時で「安楽死後臓器提供」ドナーは一七人★46。同じことはオランダでも行われており、二〇一六年三月にジャーナル・オブ・メディカル・エシックス誌に発表されたオランダの研究者、ジャン・ボレンらの論文によると、両国合わせて四〇件以上が行われている、とのこと★47。二〇一九年六月にはカナダでも、救急医療と移植医療に関わる四学会の代表から成る委員会から「安楽死後臓器提供」のガイドラインが発表された★48。

さらにそれを進めて、生きているうちに麻酔をかけて臓器を摘出し、それによって安楽死させる「臓器提供安楽死」の提言も出てきている。二〇一〇年に提唱したのは、ウィルキンソンとサヴレスキュ★49だが、上記ボレンらの論文も、すでに行われている「安楽死後臓器提供」を「臓器提供安楽死」へと緩和しようと提言するものだ。二〇一八年にはカナダの二人の医師と米国の小児科医で生命倫理学者のロバート・トゥルーグが「臓器提供安楽死」に向けた法改正を検討する論文を書いた★50。この論文を機に最近ではさまざまな国際学会で「臓器提供安楽死」が議論されていると証言する医師もいる★51。

安楽死や医師幇助自殺では、誰がいつどこで死ぬかが予め分かっている。すなわち、不足しがちな移植臓器をクオリティの高い状態で確実に獲得できる状況に他ならない。

政治的キャンペーンが個人と家族の物語を消費する「すべり坂」

気をつけなければならないのは、「死ぬ/死なせる」というのは、本人にとってはもちろん社会にとっても、問題解決の手段として最も安価であることだ。

世界中にラディカルに「死ぬ権利」を推進しDr. Deathと呼ばれる医師らや、彼らが立ち上げた支援団体が存在する。たとえば、英国で希望者をスイス自殺ツーリズムに送り込み続けているアーウィン医師★52。後述する（111ページ）オーストラリアのフィリップ・ニチキ医師は現在では様々な国で活動している。米国ではキボーキアン医師（二〇一一年六月に死去）が広く知られているが、ジャーナリストのデレク・ハンフリーが一九八〇年代に立ち上げたヘムロック・ソサエティを前身とする前述のFEN（101ページ）もある。VSEDの項目で触れたC&Cもそうした「死ぬ権利」推進団体の一つだ。彼らは印刷物やセミナーを通じて自殺に関する情報提供を行い★53、自殺を希望する人への密接な支援を行う。また末期患者とともに医師幇助自殺合法化を求める訴訟を次々に起こしたり、個々の事例を通じてきわめて政治的なキャンペーンを展開しては、法制化の実現に寄与してきた。

カリフォルニア州の合法化に大きな影響を及ぼした二〇一四年のブリタニー・メイナードの事例でも、当初からC&Cの関与が際立っていた。メイナードは末期の脳腫瘍と分かり、カリフォルニア州からオレゴン州へ家族とともに移住したが、この段階ですでにC&Cはメイナードに密着しており、引越しからオレゴン州での医師探しや自殺幇助の申請にも協力した。メイナードは医師から処方された毒物を手にし、「一一月一日にそれを飲んで死ぬ」と二〇一四年一〇月にYouTubeビデオで予告する。その後メディアに繰り返し流された情緒的なビデオは、C&Cが専門家に依頼して製作したものだ。いったんは翻意とも思えるビデオも流れたが、メイナードは予告どおりに一一月一日に自殺。彼女の自殺完遂を発表したのもC&Cだった。さらに本人の死後にも、未公開のビデオが公開されたり、遺族が記者会見や議会で合法化を訴えるなど、C&C

と遺族がタッグを組んだ戦略的な動きが続いた。

二〇一八年のオーストラリアの一〇四歳の科学者、デイヴィッド・グッダールの「理性的自殺」でニチキ医師と彼が主催するエグジット・インターナショナルが果たした役割も、それに似通っている。早期から「死ぬ権利」推進活動家や団体が密接な支援に入っていること。メディアに自殺希望を強く訴え、自殺する日を公表すること。「その日」までの要所、要所で本人による記者会見や家族との別れの場面など、情緒的な映像や情報が戦略的に流されることなどがそうだ。グッダールの自殺前日の記者会見ではニチキ医師が隣に座って会見を取り仕切ったし、当日は医師による幇助が行われるベッドのある部屋にまで家族とともにニチキ医師が付き添ったばかりでなく、その部屋にはテレビカメラを含むメディアも招き入れられた。そうして、メイナードの事例でそうだったように、戦略的に世界中の耳目を集めつつ居住地での自殺がかなわないことの非道が訴えられ、法改正の必要が説かれた。

私には、その一連の過程で起こること一つ一つの是非を別としても、死という極めてプライベートな出来事であるはずのものが、このように公開のものとして扱われること自体に強い違和感があった。まして誰かの自殺が世界中に公然と予告され、その詳細が記者会見を通して説明されて、それまでのプロセスを多くの人が肯定的な姿勢で見守ったり、その人の自殺が完遂されたことが報告されるや拍手喝采が送られるかのような事態には、馴染むことができない。その違和感を、二〇一八年のグッダールの死後、明確な言葉にしてくれたのは、医師幇助自殺と安楽死に一貫して反対し続けている障害者団体ノット・デッド・イエット（まだ死んでない）のステファン・ドレイクだった。

彼［グッダール］が多くの注目を集めつつ死ぬことを望んだのは明らかである。誰かが彼のように振舞う時に、それを個人的な行為と呼ぶのは間違っている。それは政治的な行為である。★54

本人の苦しみを間近でつぶさに見てきた家族が、自殺したいという希望を知ってショックを受け、複雑な思いを抱えながらも、最終的には本人の願いを尊重してあげたいという思いに至るのは、よくわかる。その人への愛情が深い家族であればあるほど、悩みながらもその選択に至った本人の思いの深さを思いやることだろう。その考え方に賛同はできなくとも、そして当初は説得を試みたとしても、最後には本人の意思を尊重してあげたいと考える人もあるだろう。そして、そういう家族の中には事後に、本人の意思を尊重できたことを頭では是としつつも、その決断に最終的に賛同したことについて本当にあれでよかったのかと、自問を抱え続ける人もいる。

二〇一四年にカナダの社会学者でゲイの活動家でもあったジョン・アラン・リー（八〇歳）は、

「理性的」に周到な準備を重ねたうえで自殺するまでをCBCテレビに取材させたが、その番組では、最後まで反対していた息子が父親の死後に「そういう死に方が息子にどういう影響を及ぼすかまでは考えてくれたと思うけど、孫にどういう影響があるかまでは考えてくれなかった」と語っているのは興味深い。二人の娘におじいちゃんはどういう死に方をしたのかと問われて、彼は「『苦しまず穏やかな死だった』と答えるしかなかった」と語った★55。こういう遺族は、おそらくは「死ぬ権利」推進の運動とは距離を置き、ひっそりと自問と向かい合っていくのだろう。

スイスまで行って夫の医師幇助自殺に付き添いながら、一貫して合法化推進運動とは距離を置き、夫の死に方を受け入れ難い思いを手記につづった女性もある。二〇一六年にBBCテレビのクルーを連れてスイスにわたり、ライフ・サークルで医師幇助自殺を遂げたサイモン・ビナー★56の妻、デボラだ。二〇一八年に出版した〝YET HERE I AM One woman's Story of Life After Death〟(Splendid Publications)で、医師幇助自殺(手記ではassisted dying/deathと表現されている)は残された者に「もっと何かできたのでは」と果てしない自問と自責を背負わせて、喪の悲しみを複雑にし「独特の傷痕」を残す、と書いている。デボラには、夫の死の三年前にガンの娘を看取った経験がある。娘の看取りは互いに最も深い次元の愛に触れる経験だったが、夫の死には「決着がついていない」感じが付きまとう。頭では「死ぬ権利」の議論は納得できるし反論もできないけれど、心はなおもNOと言う。魂の次元でしっくりこないものがある——。そんな複雑な胸の内を明かし、夫の死後、推進団体とは距離をとる。すべり坂の懸念から法制化には賛成できない、とも書いている。

逆に、ブリタニー・メイナードの遺族のように、合法化を広げる運動に身を投じていく人もいる。それは愛する家族の遺志を受け継いでやろうとする行為でもあるのだろう。その気持ちも、わかる★57。

しかし、こうして私たちに聞こえてくるのは、亡くなった人を深く愛していた家族たちの声だ。愛情の薄い家族であれば、すでに要介護状態であったり、近く要介護状態になることが予測される人がそういう決断をすることに、さほどの葛藤はないかもしれない。その人と関係が悪かったり事実上つながりが断たれていたりすれば、内心でほっとするかもしれないし、歓迎すらするかもしれない。あるいは、まるで無関心かもしれない。また、死を望む人がそれなりの資産を有している場合には、医師幇助自殺を希望する人と家族との関係にとどまらず、家族それぞれの間の思惑や関係も絡まりあって、本人と家族をめぐる状況はさらに複雑なものになっていくことだろう。

この問題に限らないけれど、家族の関与が飲み込みやすい「家族愛」の物語に簡単に回収されて美しい物語として消費されることには、十分な警戒が必要だと思う。第1部で考えてきた家族と医療との共謀関係、あるいは家族と社会／政治との暗黙の共謀関係が起こるリスクは、ここにも潜んでいる。

家族介護者による「自殺幇助」への寛容

オーストラリア、ヴィクトリア州の合法化決定の一週間後、大きく報道されることはなかったが、私にはショッキングであり、また象徴的とも見えるニュースがあった。

クインズランド州ブリスベンの裁判で、八八歳の父親に死を早める目的で毒物を飲ませたとして自殺幇助の罪に問われた五九歳の息子、ピーター・ジョン・ニクソンを、陪審員は無罪とした。父親には認知症と前立腺疾患があり、歩くこともトイレを使うこともできなくなっていた。そんな父親に息子は「眠らせてくれるだけだから」と言って毒物を混ぜたコカコーラを飲ませた。父親は病院に運ばれ、一二日後に死亡した。飲ませた薬物が直接の死因となったと検察が立証できなかったことから、無罪となった★58。

この事件と前後して英国でも、モルヒネを混ぜたスムージーを飲ませて八五歳の父親を殺害した五九歳の男性、ビピン・デサイが自殺幇助を認め、判事からその「思いやり」を賞賛されて執行猶予を与えられた★59。賞賛したのみならず、判事たちが法廷を出るデサイの両横に付き添い、政治的メッセージの色濃い写真をメディアに撮らせたことが印象的だった。英国では二〇一〇年に自殺幇助起訴ガイドラインが出され、共感と思いやりからの行為であれば近親者による自殺幇助は容認されたものと解釈されてきた。二〇一四年には改正により要件が緩和され、医療職の自殺幇助にも許容的となった★[60]。

しかし私は以前からこうした判決が出るたびに不思議でならない。一部の国または州で合法化されているのは、あくまでも一定の法的要件を満たし、かつ法的手続きを経た人への、あくまでも医師による自殺幇助であり、一般人が家族に毒物を飲ませる恣意的な行為とは別の話ではないのか。医師による安楽死や自殺幇助が合法化されていない地域においても、それらが合法化されている地域においても同様に、家族であれ誰であれ、個人の恣意的かつ一方的な判断で他者に毒物を飲ませる行為は犯罪のはずだ。が、実際には、医師による自殺幇助や積極的安楽死の合法化が世界中で広がっていくにつれ、家族介護者による「自殺幇助」にもこのように社会や司法が寛容になっていく現象は、いくつかの国で起こり続けている★[61]。

一方、介護家族による虐待事件、殺害事件は決して少なくない。日本の場合、日本福祉大学の湯原悦子による調査★[62]で、被害者六〇歳以上、親族により殺害、背景に介護が関係している殺人事件を全国各地の新聞三〇紙から抽出したところ、一九九九年から二〇一四年の間に少なくとも六七二件が発生し、六八〇人が死亡。平均して一年に四〇件発生している計算になるという。加害者は男性が七二・六%。女性が二七・四%。被害者は女性が七三・八%。男性が二六・二%。加害者の属性の割合が興味深く、息子が親を殺害したケースが三一・九%。夫が妻を殺害したケースが三三・六％。その後に、妻が夫を殺害したケースの一三・二％、娘が親を殺害したケースの一〇・四％と続く。被害者の年齢では、二〇一一年の被害者の一八％（九人）が九〇歳以上など、介護の長期化による介護者の疲労が反映しているものと考えられる。

グローバルな新自由主義経済による財政ひっ迫から各国とも社会保障縮減に舵を切り、家族に介護負担が課せられている実態も見逃してはならないだろう。上記のような介護者による虐待リスクを考えると、はたして密室である家族介護において「殺人」と「自殺幇助」とを見分けることはどこまで可能なのだろうか。一方では多大な介護負担を長期にわたって家族に背負わせ、その苦境からは目を背けながら、その家族がいざ「自殺幇助」へと追い詰められた時には「愛による行為」と称賛し免罪するなら、それは社会が一定の介護実績を暗黙の免罪符に、合法化されてもいない家族による「自殺幇助」を免責するに等しくはないだろうか。

★注

1　http://www.seattlepi.com/local/article/New-doctor-assisted-suicide-law-takes-effect-1300914.php

2　http://news.bbc.co.uk/2/hi/uk_news/england/hereford/worcs/7675745.stm

3　http://www.dailymail.co.uk/news/article-1199550/Famous-British-conductor-Sir-Edward-Downes-wife-die-assisted-suicide-clinic-Dignitas-Switzerland.html

4 http://www.dailymail.co.uk/news/article-2598102/They-say-adapt-die-At-age-I-adapt-Retired-teacher-89-ends-life-Swiss-euthanasia-clinic-disillusioned-modern-life.html

5 ブログ「海やアシュリーのいる風景」二〇一六年二月八日エントリー「ベルギーで今度は恋人と別れたばかりの自閉症の女性に安楽死」

6 ブログ「Ashley 事件から生命倫理を考える」二〇一三年一月一四日エントリー「ベルギーで、ろう者の双子（四五歳）に安楽死」：ただし元記事はリンク切れ

7 http://www.bioedge.org/bioethics/bioethics_article/10707

8 ブログ「海やアシュリーのいる風景」二〇一五年九月一六日エントリー「八五歳の女性、娘を亡くして五分後に「この悲嘆には耐えきれない」と決め、三ヶ月後にPAS（ベルギー）」

9 ブログ「海やアシュリーのいる風景」二〇一四年二月一四日エントリー「ベルギー議会、子どもの安楽死認める」

10 ブログ「海やアシュリーのいる風景」二〇一五年一一月一四日エントリー「精神障害で安楽死希望の二四歳女性、安楽死を取りやめ（ベルギー）」

11 http://www.independent.co.uk/life-style/health-and-families/health-news/euthanasia-squads-offer-death-by-delivery-7469070.html

12 Scott, Y.H., et al. 2016: "Euthanasia and Assisted Suicide of Patients With Psychiatric Disorders in the Netherlands 2011 to 2014," *JAMA Psychiatry*

13 http://www.christian.org.uk/news/dutch-judge-rules-dementia-patient-must-be-euthanised/

14 ブログ「海やアシュリーのいる風景」二〇一八年四月一八日エントリー「オランダでは知的／発達障害者への安楽死がすでに行われている」

15 http://www.dailymail.co.uk/news/article-2893778/As-debate-assisted-suicide-dispatch-Holland-

thousands-choose-die-year.html

16　ブログ「海やアシュリーのいる風景」二〇一六年一二月二〇日エントリー「オランダで健康な高齢者の「理性的安楽死」認める法案」

17　https://thefederalist.com/2018/06/22/netherlands-now-requires-no-terminal-illness-elderly-people-legally-kill/

18　https://www.canada.ca/en/health-canada/services/medical-assistance-dying.html

19　https://www.bioedge.org/bioethics/quebec-euthanasia-deaths-soar-to-three-times-expected-figure/12078

20　http://www.dailymail.co.uk/news/article-4958072/Canadian-doctors-help-2-000-people-commit-suicide-year.html

21　https://www.canada.ca/en/health-canada/services/publications/health-system-services/medical-assistance-dying-interim-report-june-2018.html

22　https://canadafreepress.com/article/assisted-suicide-for-mentally-ill-canada-weighs-what-some-european-nations

23　https://www.ieb-eib.org/en/pdf/20121208-dossier-euthanasia-in-belgium-10-years.pdf
http://www.dailymail.co.uk/news/article-2686711/Dont-make-mistake-As-assisted-suicide-bill-goes-Lords-Dutch-regulator-backed-euthanasia-warns-Britain-leads-mass-killing.html

24　ブログ「海やアシュリーのいる風景」二〇一八年五月一三日エントリー「米内科医学会の倫理法務委員会、ＰＡＳへのスタンス反対から動かず」

25　ブログ「海やアシュリーのいる風景」二〇一九年六月一二日エントリー「米国内科医学会　すったもんだの挙句、ＰＡＳ反対のスタンス堅持」

26　ちなみに、英国王立内科医学会は会員への意見聴取を経て、二〇一九年三月に医師幇助自殺への立場を反対から中立に変更した。
https://www.theguardian.com/lifeandstyle/2019/mar/21/physicians-neutral-changing-law-assisted-dying-royal-college

27 ブログ「海やアシュリーのいる風景」二〇一七年一一月二二日エントリー「豪ヴィクトリア州２０１９年６月の自殺幇助合法化を決定（自分で飲めない人には安楽死も）」

28 ブログ「海やアシュリーのいる風景」二〇一五年三月二九日エントリー「ブリタニーさん死後五ヶ月にして、三本目のビデオでＣＡ州議員に合法化を訴え」

29 ブログ「海やアシュリーのいる風景」二〇一八年五月八日エントリー「スイスの自殺幇助関連情報 Goodall 氏関連で」

30 http://www.theage.com.au/world/paralysed-hunter-tim-bowers-chooses-to-turn-off-own-life-support-20131106-2x2jr

31 ブログ「Ashley 事件から生命倫理を考える」二〇〇九年二月二八日エントリー「Final Exit Network の公式サイトを読んでみた」

32 ブログ「海やアシュリーのいる風景」二〇一四年四月二五日エントリー「Ｃ＆Ｃの「ＶＳＥＤ（自発的餓死）で死にましょう」キャンペーン」

33 ブログ「海やアシュリーのいる風景」二〇一五年二月一九日エントリー「Ｃ＆Ｃの新たな広告塔は、ＶＳＥＤで自殺した夫を持つラジオ番組の著名ホスト」

34 ブログ「海やアシュリーのいる風景」二〇一四年一〇月二八日エントリー「ホームで口から食べている認知症の女性の「死ぬ権利」論争（加）」

35 ブログ「海やアシュリーのいる風景」二〇一七年二月三日エントリー「オランダで認知症の女性に医師が睡眠薬を盛り、死にたくないと抵抗されると家族に押さえつけさせて安楽死」

36 14に同じ。

37 ブログ「海やアシュリーのいる風景」二〇一五年一月二八日エントリー「認知症リスクの高い人が「先制的自殺」をする自己決定権を尊重せよ、と米の生命倫理学者」

38 ブログ「海やアシュリーのいる風景」二〇一四年五月二五日エントリー「スイスのExit、病気の高齢者なら終末期でなくても自殺を幇助」

39 ブログ「海やアシュリーのいる風景」二〇一六年二月一日エントリー「スイスのEternal SpiritのPreisig医師「自殺ツーリズム解消には、他国がＰＡＳを合法化して」。高齢者の理性的自殺擁護も。」

40 http://www.nytimes.com/2012/11/25/opinion/sunday/end-of-life-health-care.html?_r=0

41 https://ja.wikipedia.org/wiki/%E3%82%BF%E3%82%B9%E3%82%AD%E3%82%AE%E3%83%BC%E3%83%BC%E6%A2%85%E6%AF%92%E5%AE%9F%E9%A8%93

42 http://medicalfutility.blogspot.jp/2013/06/polst-authorizes-unilateral-dnar-orders.html
http://medicalfutility.blogspot.jp/2017/01/vermonts-updated-regulations-for.html?utm_source=feedburner&utm_medium=feed&utm_campaign=Feed:+MedicalFutilityBlog+(Medical+Futility+Blog)

43 Peace, W.J. 2012. "Comfort Care as Denial of Personhood," *The Hasting Center Report*

44 https://www.theglobeandmail.com/news/national/assisted-suicide-could-save-canada-up-to-138-million-a-year/article33701475/

45 ブログ「Ashley事件から生命倫理を考える」二〇一二年一二月二八日エントリー「ベルギーの安楽死一〇年のすべり坂：ＥＩＢ報告書２」

46 ブログ「海やアシュリーのいる風景」二〇一五年三月一八日エントリー「最高裁がＰＡＳの権利を認めたカナダで、幇助自殺者からの臓器提供をめぐる議論」

47 Bollen, J.,et al.,2016: "Legal and ethical aspects of organ donation after euthanasia in Belgium and the Netherlands" British Medical Journal, *Journal of Medical Ethics*
ブログ「海やアシュリーのいる風景」二〇一六年三月三一日エントリー「オランダの研究者らから「臓器提供安楽死」の提言：「安楽死後臓器提供」はベルギーとオランダで既に四〇件以上」

48 Downer, J., Shame, S. D., Gillrie, C., Fortin, M. C., Appleby, A., Buckman, D. Z., Shoesmith, C., Goldberg, A., Gruben, V., Lalami, J., Ysebaert. D., Wilson, L. And Sharpe, M. D.,; for Canadian Blood Services, the Canadian Critical Care Society, the Canadian Society of Transplantation and the Canadian Association of Critical Care Nurses; 2019 "Deceased organ and tissue donation after medical assistance in dying and other conscious and competent donors: guidance for policy," *Canadian Medical Association Journal*

49 Wilkinson, D. and Savulescu, J.2012: "SHOULD WE ALLOW ORGAN DONATION EUTHANASIA? ALTERNATIVES FOR MAXIMIZING THE NUMBER AND QUALITY OF ORGANS FOR TRANSPLANTATION," *Bioethics*

50 https://www.nejm.org/doi/full/10.1056/NEJMp1804276

51 ブログ「海やアシュリーのいる風景」二〇一九年五月一二日エントリー「「臓器提供安楽死」求める声に移植医からの懸念」

52 ブログ「海やアシュリーのいる風景」二〇一五年八月五日エントリー「「高齢理性的自殺協会」それから「人間にとって理想的な賞味期限は70歳」」

53 ブログ「海やアシュリーのいる風景」二〇一四年七月三〇日エントリー「ネットで世界に広がる「死のコーチング」」

54 https://www.catholicnewsagency.com/news/disability-groups-oppose-using-botanists-death-to-advance-assisted-suicide-agenda-82488

55　ブログ「海やアシュリーのいる風景」二〇一四年五月二二日エントリー「「もう十分に生きたから、これでお仕舞い」という「理性的自殺」も「死ぬ権利」」

56　ブログ「海やアシュリーのいる風景」二〇一六年二月一二日エントリー「ＢＢＣがＡＬＳ患者 Binner 氏の医師幇助死ドキュメンタリー」

57　臓器ドナーとなった人の遺族の中にも、本当にあの決断は間違っていなかったのかと自問を抱え続ける人もいれば、ドナーを増やすための運動と繋がりを深め、積極的に活動していく人もある。

58　https://www.brisbanetimes.com.au/national/queensland/dad-this-ll-just-make-you-go-to-sleep-calls-for-euthanasia-reform-20171205-p4yxev.html

59　https://www.express.co.uk/news/uk/881036/euthanasia-assisted-suicide-pharmacist-cleared-murder-ill-father-surrey

60　ブログ「海やアシュリーのいる風景」二〇一四年一〇月一七日エントリー「英国の自殺幇助起訴ガイドライン、緩和」

61　ブログ「Ashley 事件から生命倫理を考える」二〇一〇年五月二三日エントリー「英国で、介護者による自殺幇助を事実上合法化する不起訴判断」：二〇一三年一月二一日エントリー「「近親者の自殺幇助には温情」文化が広がっている（米）」

62　ブログ「海やアシュリーのいる風景」二〇一五年八月二四日エントリー「湯原悦子氏講演「介護殺人と介護者支援」メモ」

「無益な治療」論

「死ぬ／死なせる」問題をめぐって、いま何が起こっているかを本質のレベルで把握するためには、「死ぬ権利」の周辺で起こっていることだけに目を向けていたのでは見えないことがある。日本ではほとんど議論にならないが、一方で、患者や家族が治療の続行を望んでも医療サイドに一方的に治療の差し控えや中止の決定権を認める「無益な治療（futile treatment）」論が同時進行しているからだ。

治療の無益性（futility）をめぐる議論は、もともとは悪性腫瘍の患者をめぐる議論だったという。既に死のプロセスが始まっている患者にまで心肺蘇生が行われて、ただ死を先延ばしにするためだけの過剰医療で患者が無益に苦しめられていたことへの反省から始まった議論である。簡単に言えば、「もうどうしたって助けてあげられない患者を甲斐のない治療で無駄に苦しめるのはやめよう」、「そういう無益な治療は患者の最善の利益を考えて差し控えるべきだ」という、それ自体は至極まっとうな医療倫理の議論だった。ところが、その議論は繰り返されるにつれ、少しずつ別のものへと変質変容してきたようだ。その間には世の中の事情、特に経済事情が変わっていったのだろう。

私が「無益な治療」をめぐる係争事件や訴訟について知った頃には、重い障害のある人の生命維持治療をめぐって「医師には無益な治療を提供する義務はなく、むしろ求められても医師の専門職としての権限として断固拒否すべきだ」との主張が鮮明だった。この立場に立つ議論を本書では「無益な治療」論と総称している。二〇〇七年当時、こうした議論は既に、医療サイドの判断で一方的に治療を差し控えたり中止することを認める論拠として機能し始めていた。

ゴンザレス事件

私が〝アシュリー療法〟をめぐる論争を追いかけていた二〇〇七年春、重い障害のある乳児の医療をめぐってテキサス州で裁判が進行していた。連日のニュースのタイトルからは、どうやら貧しい黒人母子家庭の重症障害児の治療を病院が一方的に打ち切ろうとして、それに母親が抵抗している裁判のようだった。母親が求めている治療を病院が一方的に打ち切る……？　記事をいくつか読んでみると、テキサス州には、患者や家族が望んでいても病院が一方的に治療を中止したり差し控えたりすることを認める法律があるらしい。アシュリー事件の論争が沈静化して時間と頭に余裕ができるにつれ、今度はこの事件が気にかかってきた。

エミリオ・ゴンザレス（一歳）は、リー脳症という神経代謝障害をもって生まれ、有効な治療法がないことから、非常に重篤な状態に陥っていた。病院側は「治癒の見込みもなく本人の苦痛を長引かせることにしかならない」として人工呼吸器を含めた治療の中止を決め、母親は「息子はモルヒネのお陰で苦痛を感じていないし、神に召されるまで息子が生きて母親と過ごす一瞬一瞬に価値がある」と主張。

メディアの報道には連日さまざまな生命倫理学者が登場していた。アシュリー事件で擁護論の中心人物だったノーマン・フォストが、ゴンザレス事件でも病院の治療中止の判断を強く支持していた。フォストは、エミリオには治療として人工呼吸器が有効だという点は認めるが、あまりにもQOLが低すぎて救命にも治療コストにも値しないから、病院の生命維持中止の判断は妥当だと主張した★1。QOLが低すぎる、すなわち障害が重いなら、延命にも治療コストにも値しない？　米国の医療では、重い障害のある人たちをめぐって、こんな議論まで行われていたのか……。当時の私にはまったく思いがけない現実だった。

ゴンザレス事件で治療中止の根拠として持ち出されたのは、米国で最もラディカルな通称「無益な治療」法。父ブッシュ元大統領がテキサス州知事だった一九九九年に制定された法律で、実際の名称は「テキサス事前指示法（TADA）」。現在まで、撤廃や穏便な内容への改正を狙った動議が州議会に出されては否決される、ということが繰り返されている★2。同法では、病院の倫理委員会が「無益」と判断した治療については、患者サイドに公式に通告し、転院先を探すための一〇日間の猶予を置いた後、転院先が見つからなければ生命維持を含めた治療を一方的に中止することが認められる。ただし濫用を防止するためのセーフガードとして、公式な最終通告の前に、治療の続行を望む患者サイドは家族または代理人が倫理委員会に話を聞いてもらえる機会が保障されている。

前述のウーレット（46ページ）が著書『生命倫理学と障害学の対話――障害者を排除しない生命倫理へ』（生活書院 2014）で取りまとめている事件の概要によると、エミリオの母親も、複数の法律アドバイザーと親族数人と一緒に倫理委員会に出席して治療続行を訴える機会を与えられた。しかし委員会の決定は、これ以上の積極治療は回復の見込みがないままエミリオを苦しめ、尊厳を侵し続けるとの判断だった。

二〇〇七年三月一二日に書面で中止を通知され、与えられた一〇日の猶予期間に引き受けてくれる他の医療機関を見つけることができなかったエミリオの母親は、期限延長を求めて訴訟を起こし、次いでTADAの合憲性を問う訴訟を起こした。裁判官は裁判の決着までの間エミリオに治療を続行するよう病院に命じたが、五月一九日にエミリオは母親の腕の中で息を引き取った。

「医学的無益性」とは何か

では、「医学的無益性」とは、どのような概念なのだろうか。

もともと生命倫理学においては、医師には不適切あるいは無益な治療を提供する倫理的な義務はないことがコンセンサスになっている。ただし「無益」の定義は明確ではない。ウーレットは、これまでに登場した定義として、「生理学的無益」（たとえばウィルス感染の患者には抗生剤を処方しても望まれる生理学的効果は生じないので無益とする）、「質的無益」（患者が人としてその治療から利益を得て、なおかつその利益を喜びとすることができないなら無益とする）、「量的無益」（たとえば一〇〇回のうち一回しか効果が見込めないなど、治療の効果に一定の蓋然性がなければ無益とする）を紹介したうえで、「医師には無益な治療を提供する必要がないならば、臨床現場の問題として、また方針や法律の問題としても、『無益性』の定義についての合意があることが不可欠と思われる」と指摘しつつ、実際には「無益性」はいまだに学問的にきちんと定義されていないと指摘している[★3]。

エミリオ・ゴンザレスの生命維持中止の根拠となったＴＡＤＡも「無益」を定義していない。それについて、ウーレットは「テキサス議会は、医療提供者が治療の提供を拒んでもよい状況を個別に定義する努力を放棄して、治療が医学的に見て妥当かどうかの判断を医学的アセスメントにゆだねている」[★4]と分析している。一方、TADAは治療の中止を認める法律の適用対象を「終末期あるいは不可逆な患者」としており、その「不可逆」の定義とは以下となっている。

（A）治療できる可能性はあるが、治癒することも取り除くこともできない。
（B）自分のことを自分でできない要介護状態のままになったり、自分のことを自分で決められないままになり、同時に
（C）汎用されている治療基準に即して提供される生命維持治療なしには死を免れない。

この要件では、たとえば四肢麻痺で人工呼吸器に依存している人や、重度の脳性麻痺で経管栄養に依存している人は当てはまりかねない。障害者運動から「何が『無益な治療』かという点が、こんなにも曖昧なままでは、TADAは、『QOL』を理由に重度障害のある人からいくらでも生命維持を差し控えたり中止したりしてよいと言っているようなもの」[★5]との批判が出ている。

このように曖昧な「無益性」を根拠にした治療の中止や差し控えについては、障害学者や障害者運動の関係者から、障害者のQOLに対する医師の偏見が混じりこむことへの懸念が根強い。キャロル・ギルやジェイムズ・ワースなどの障害学者は、無益性アセスメントにおける医師の偏

見の影響をデータから検証し、「障害のある人々自身による実際のアセスメントに比べると、医療専門職は障害のある人々のQOLを著しく低く評価する」「どういうQOLが生きるに値しないかについて、自分自身の価値観を投影させる医師たちの判断には一貫性がなく、恣意的で公平さを欠いている可能性がある」★6などと結論している。

また、彼らは「無益な治療」論が医療コストの問題と繋がっている可能性、医療コスト削減策が偏見を助長する可能性についても懸念する。「重度障害をもち金のかかるケアを必要とする生は、まさに経済的な負担と考えられており、医療システムの観点からは、その解決策とは「そうした人々を」死なせること、すなわち『治療の中止』や『治療の差し控え』と言い換えられた死なのである」★7。

ワースは、障害者に与える脅威という点では「無益な治療」論は医師幇助自殺合法化よりも深刻だという。「無益な治療」論によって「医師の権限が最大となり、逆に障害のある人々とそのアドボケイトの権限が最小化される」ために、医師の価値観次第で「その人が生きるか死ぬかが決定される」からだ★8。それは障害者の人権が直接的に脅かされているとの認識でもある。

「無益性」をめぐっては、生命倫理学者の間でも様々な議論が続いている。ゴンザレス事件では、小児科医で生命倫理学者のアーサー・カプランは「家族がどうしても事態を正しく理解できない場合がある」として「子どもを無益な状態で苦しませる権利を親に認めてはならない」と医師の決定権を支持する立場をとった。これはこの事件で「無益な治療」論の立場に立った多くの現場医師や生命倫理学者の主張でもあった。

それに対して、こうした解決困難な価値観の衝突では母親が望む方向で解決すべきだと考える生命倫理学者も少なくない。たとえばロバート・トゥルーグは、エミリオの苦痛は取り除けること、治療中止で削減が見込まれる医療コストはわずかであること、医療職がどう感じようと母親はエミリオの状態に尊厳があると感じていることなどから、「エミリオの生命維持を続行することには道徳的な疑義があるという主張は、単に臨床家の価値観は正しくミセス・ゴンザレスの価値観は間違っていると主張しているに過ぎない」と病院の決定を批判した★9。

TADAが病院内倫理委員会の検討を必須としていることは通常、意思決定のプロセスを透明化し患者サイドに意見表明の機会を保障するセーフガードと捉えられている。しかしトゥルーグは、構成員の多くが医療関係者と病院関係者であり医療サイドの価値観に偏っている病院内倫理委員会には、ゴンザレスのような貧しい黒人親子を代理できるはずもなく、したがって病院内倫理委員会は裁判所に代わる機能は果たせないと疑義を呈する。彼は四七症例のうち四三症例で「無益」を主張する医師側の判断を病院内倫理委員会が認めた病院の事例を挙げ、TADAが機械的に治療を停止するメカニズムとして利用されかねないリスクを指摘した。そして、マジョリティの専横からマイノリティの権利を守るためには、「自分はそれが間違っていると思うとしても他者の選択を許容する能力をこそ我々は高めるべきであろう」と説いた[★10]。

「無益な治療」論でも対象者が拡大

ゴンザレス事件の当時、すでに類似の法律や方針やプロトコル（手順）があちこちの州や病院にでき始めていた。そのため、ゴンザレス事件と同様の決定を下す病院と、それに抗おうとする患者との争議や訴訟が米国とカナダで多発していた。それらの事例を追いかけながら私が少しずつ気になり始めたのは、治療を拒否される対象者像がじわじわと拡大しているように思えることだった。

ゴンザレス事件で病院側がエミリオの治療中止を決めた、少なくとも表向きの理由は「救命できないにもかかわらず、治療が本人に苦痛を強いている」というものだった（実は貧しい母子家庭だったから支払いを心配したのでは、という憶測もあった）。エミリオは確かに終末期の患者だった。その翌年のカナダのゴラブチャック訴訟[★11]も、もともと身体障害のあった高齢男性が終末期となった際の生命維持続行をめぐる係争事件だった。ところが、その後も相次いで報じられる「無益な治療」事件では、植物状態の人から治療が引き上げられるようになり[★12]、やがて最小意識状態の患者が議論の対象となっていく。

カナダで生命維持治療の無益性判断と患者の同意の必要性に関して画期的な判例となったものとして、オンタリオ州のハッサン・ラスーリ訴訟がある。二〇一〇年から一三年まで続いた大きな訴訟である。イランからの合法移民のハッサン・ラスーリは二〇一〇年に脳にできた良性腫瘍の手術を受け、術後に細菌性髄膜炎を起こして意識不明となった。植物状態と診断され、生命維持は無益だとして病院は中止を宣言したが、イランでは医師だった妻が夫は最小意識状態を植物状態と誤診されている、などと主張。治療の続行を求めて提訴した。

この事件が興味深いのは、上訴審が行われるかどうかの判断の途上でハッサンの回復が目覚しく、診断が実際に最小意識状態へと転じたことだ。家族からの声かけに目を開けて反応し、ピースサインをしたり親指を立てて応じるようになったとのニュースを見た時、私はこの裁判はここで終わるな、と思った。が、終わらなかった。最小意識状態であってもハッサンの生命維持は無益だとして、医師らは裁判を続行しようとしたのだった。

結果的には二〇一三年一〇月、最高裁は上級裁判所と同じく、治療に同意を必要とする州法を根拠に、治療の中止も治療の範疇である以上は同意が必要との理路によって、医師らの上訴を棄却した★13。この判決に対しては、その後、現場の医師が家族の理不尽な要求に対して萎縮するようになった、医師に家族が希望する医療をすべてやれと強いるものだ、などの批判が生命倫理学者や医療専門職の間から続いている。

英国の「無益な治療」論

一方、英国では二〇〇九年あたりから別の形の「無益な治療」問題が社会問題化していた。一つは、リバプール・ケア・パスウェイ（ＬＣＰ）をめぐるスキャンダルである。

ＬＣＰとは、臨死期での無益な過剰医療への反省をもとに、ホスピスで行われている丁寧な看取りケアを一般病院でも標準化するために作られた、それ自体は優れた臨床実践モデルである。ところが一般の病院に広く導入されると、一部の病院では高齢者や障害者の入院時に機械的に適用されて、しかるべきアセスメントもなく鎮静と栄養および水分の停止がセットで行われるようになっていく。その実態を二〇〇九年に医師数人が実名で大手メディアに告発し、この問題が大きく取り上げられる契機となった★14。その後も「まだかなり生きられる高齢者がＬＣＰによって殺されている可能性が高い」「エビデンスもなしに始められるＬＣＰは、もはやケア・パスというよりも幇助死パスウェイと化してしまっている」などの批判が続出した★15ことから、保健相が独立した委員会を作って調査させた。そして指摘されている通りの実態が確認された★16ために、ＬＣＰは使用が禁じられた。

私はこの問題をインターネットで追いかけながら、英国のＬＣＰで起こっていることは、「無益な治療」論における指標の変質と同じ現象なのではないか、ここでも指標が「救命可能性」から「QOL」にシフトしているのではないか、と疑問をもっていた。やはり……と思ったのは、この調査報告書を読み、調査に寄せられた様々な立場の人の声が紹介されているコラムで、以下のような家族の体験と医療職の考察を目にした時だった。

母のカルテには、まるで医療チームが母を死なせる決定をしたことをそれで正当化するかのように、大きな文字で『無益』と書かれていました。★17

終末期の患者ケアを改善する手段として作られたものが、今では医療職が治療は続行に値しないと決めた時に、生きる権利を引き上げる方法として利用されているように思われる。★18

もう一つ、同時期から英国で少しずつ問題視されてきたのが、一方的なDNR指示である。患者も家族も知らないうちにカルテに「蘇生無用(DNR)」という指示が書き込まれている、と患者サイドからの告発が続き、やがて二〇一一年に政府機関「ケアの質コミッション」が出した高齢者の尊厳と栄養に関する監査報告書で、高齢者の入院時にはDNR指示がルーティーンと化していること、中には研修医が患者にも家族にも知らせずに書いているケースまであることが指摘された★[19]。そして、ちょうどその頃に起こされたのが、大きな判例となるジャネット・トレイシー訴訟だった。

ジャネットは二〇一一年二月の初旬に肺がんと診断された。抗がん剤治療開始の直前に交通事故で首の骨を折り、病院に搬送された。本人は一貫して自己決定能力を有していたが、本人も家族も知らないうちにカルテにＤＮＲ指示が書き込まれ、それに気づいた家族が本人は蘇生を望んでいると抗議。一度は削除された指示は、しかしまたカルテに復活する。ジャネットは三月に死亡。本人も家族も知らないうちにＤＮＲ指示が行われたことは人権侵害だとして、夫が提訴した。

英国では、医師には無益な治療を提供したり申し出る法的義務はない。保健相も一貫してＤＮＲ指示に関しては地方ごとのＮＨＳ（国民保健サービス）機関の判断に委ねるというスタンスだった。しかしトレイシー訴訟では、二〇一四年六月に最高裁が医師に対してＤＮＲ指示の前に患者との話し合いを義務付ける判決を出した★[20]。合意の必要までは言われていない。医師の決定権が法的に認められているとしても、患者本人や家族とまったく話し合うこともなく一方的に決めてはならない、という意味合いだろう。これ以後、英国ではＤＮＲ指示は患者との話し合いが前提と理解されるようになっている。

しかし、二〇一六年五月にデイリー・テレグラフ紙が報道した英国王立内科医学会の調査では、死に瀕している患者のＤＮＲ指示をめぐって、五家族に一家族が指示の事実を知らされていないことが明らかになった[★21]。問題の根深さを感じさせられるデータである。

植物状態と最小意識状態の人からの栄養と水分の引き上げ

このように、「無益な治療」論でも前章で詳述した「死ぬ権利」の議論と同様に、対象者の拡大というすべり坂現象が起こっている。それは同時に「救命不能性」から「QOL」へと「無益」の指標がシフトしてきていることを意味する。そして「QOLが低すぎて生きるにも医療資源にも値しない」とする命の線引きは、すでに最小意識状態の人に至っている。私がそのことを強く意識したのはカナダのラスーリ訴訟だったが、その後、さらにそれを確信させられる出来事が二〇一八年にあった。

英国では植物状態と最小意識状態の人からの栄養と水分の中止については、それまで裁判所の判断が必要とされてきたが、心臓麻痺から遷延性意識状態となった五二歳の男性をめぐる訴訟で二〇一八年七月、今後は家族と医療チームの合意で決めてよいとの判断を高等法院が示した。この判断によって今後は、栄養と水分の中止が本人の最善の利益だと、家族と医療チームとが意思能力法（二〇〇五年）や関連法規、医療ガイドラインにのっとった手順を経て合意すれば、裁判所の判断は無用となった[★22]。

一方、英国高等法院がこの判断を出した翌月、米国では米国神経学会をはじめとする三学会から最小意識状態と植物状態の新しい診断ガイドラインが発表されている。以前から、エイドリアン・オウェン、ジョセフ・フィンなどの研究によって、遷延性意識状態の患者には意識回復した事例が多く、誤診の可能性が高いことが指摘されてきたが、新ガイドラインも誤診率を四〇％とする。そして、それがアウトカムの悪さや治療をめぐる不適切な意思決定に繋がっている、と指摘。必ず専門医の関与の下で、しかるべき診断基準を用いて繰り返しアセスメントをするよう求めている。

フィンはこのガイドラインを「画期的な刊行」と歓迎し、「こうした人たちは、意識があるのに意識がないものと考えられたり、痛みを感じないとされてきたが、（このガイドラインが出た以上）彼らを苦しめてきた不幸な誤診はもはや許されない」「ガイドラインは、脳の状態は不変一定ではなく変動するものであり、時間経過とともに改善もありうることを示唆している」と述べている★23。

この米国のガイドラインから振り返って眺めた時に、英国高等法院の判決はあまりに恐ろしくはないだろうか。

「無益」「潜在的不適切」「分配」

近年、米国で新たに「医学的無益」を定義し、「無益」概念をQOLから切り分けようとの試みが高く評価されている。米国の胸部学会、救命救急看護学会、胸部内科学会など複数学会が合同で二〇一五年に出したポリシー・ステートメントである★24。

ウーレットと同じく、このステートメントもこれまでの各種学会のガイドラインや各地の法律で「無益」の定義が一定していない問題を指摘している。眼目は、改めて「無益」の定義を最も狭義の「生理学的無益」（128ページ）に限定し、QOLをめぐる道徳的価値判断から「無益」概念を切り離そうとしたことだろう。患者が求めている効果がなにがしかもたらされる可能性があるが、道徳的判断によりやるべきではないと考えられる治療には「潜在的不適切」という形容を用いるべきだとし、「無益」と「潜在的不適切」という概念を切り分けた。

この問題については、ステートメントを書いた委員会のメンバーの一人でもあるロバート・トゥルーグらがコメンタリー★25で、興味深い指摘をしている。「無益な治療」が「資源の利用可能性や関係者の価値観を問わず、どの患者にも行うべきではない治療」に限定されことを高く評価する一方で、治療の不開始または中止の論拠となり、合意できなければプロセス重視の問題解決方法に頼るという点では「医学的無益性」概念の中を分けたに過ぎず、分配（レーショニング）に基づいて治療を拒否することとの区別がされていない点で、ステートメントは不十分だというのだ★26。トゥルーグらによれば、むしろ切り分けるべきは「無益」とコスト論であり、したがって別途、分配の方針が必要となる★27。「医学的無益性」概念と「分配」概念とは互いに重なり合ってはいると認めつつ、「何よりも重要なこととして、一方を他方の正当化に用いてはならない」と書いている。前章で指摘した数々の「すべり坂」現象がこれらの問題の混同や相互正当化を多分に孕んでいることを思えば、極めて鮮やかで重要な問題提起だろう。

私はこの複数学会のステートメントを複雑な思いで読んだ。ゴンザレス事件からの長い経緯を思えば、「無益」概念がQOLから切り離されるためにこんなに長い年月がかかったのか、と、ちょっと茫漠とした気持ちになる。長年これらの問題群が切り分けられないまま続いてきた議論や、「死ぬ権利」議論との相互作用を考えると、一般社会にも医療現場にも「重い障害のためにQOLが低い生は生きるに値しない。したがって医療コストにも値しない」という価値観は、もう取り返しがつかないほどに広がってしまったのではないか、という懸念も強い。なにしろ、「死ぬ権利」の議論でも「無益な治療」論でも多様なすべり坂が現実に起こっている。そこでは、受傷翌日に人工呼吸器取り外しの自己決定を認められて死んだバウアーズ（99ページ）のような事例すら出ているのだ。いまさらQOL指標による「無益性」判断が「潜在的不適切」として切り離されたとしても、むしろ「QOLが低い生は治療に値しない、よって治療は不適切」とする価値観を追認し、新たな基準として明示することにならないだろうか。

★注

1　ブログ「Ashley 事件から生命倫理を考える」二〇〇七年八月二一日エントリー「生命倫理カンファレンス（Fost 講演2）」

2　ブログ「Ashley 事件から生命倫理を考える」二〇一一年五月二五日エントリー「TX州の「無益な治療」法改正法案、〝死す〟」

http://medicalfutility.blogspot.com/2017/03/texas-mandating-support-of-pregnant.html

3　ウーレット p.119

4　ウーレット p.119

5　ウーレット p.117　National Catholic Partnership on Disability の声明からの引用

6　ウーレット p.113

7　ウーレット p.112 http://www.raggededgemagazine.com/departments/closerlook/000749.html

8　ウーレット p.112

9　ブログ「Ashley 事件から生命倫理を考える」二〇〇八年七月三〇日エントリー「Truog の Gonzales 事件批判」；ウーレット p.122

10　同前

11　ブログ「Ashley 事件から生命倫理を考える」二〇〇八年六月二九日エントリー「「無益な治療」訴訟（加）の Golubchuk 氏死亡」

12　大きな事件としてたとえば米国のベタンコート事件。ブログ「Ashley 事件から生命倫理を考える」二〇一〇年六月一一日エントリー「NJ 州の「無益な治療」訴訟：Betancourt 事件」
13　ブログ「Ashley 事件から生命倫理を考える」二〇一三年一〇月一九日エントリー「Rasouli 訴訟でカナダ最高裁、医師らの上訴を棄却：治療中止も同意を必要とする治療」
14　http://www.telegraph.co.uk/news/health/news/6127514/Sentenced-to-death-on-the-NHS.html
15　http://www.dailymail.co.uk/news/article-2161869/Top-doctors-chilling-claim-The-NHS-kills-130-000-elderly-patients-year.html
16　https://synodos.jp/welfare/6606
17　LCP 報告書 p.25
18　LCP 報告書 p.32
19　http://medicalfutility.blogspot.jp/2011/10/new-report-on-unilateral-dnar-in.html
20　ブログ「海やアシュリーのいる風景」二〇一四年六月一八日エントリー「一方的ＤＮＲめぐる Janet Tracey 訴訟で、「患者との話し合いが前提」」
21　http://www.telegraph.co.uk/news/2016/05/01/unforgivable-failings-in-end-of-life-care-revealed-40000-dying-p/
22　https://www.bioedge.org/indepth/view/uk-supreme-court-decision-changes-rules-about-brain-damaged-patients/12764
23　ブログ「海やアシュリーのいる風景」二〇一八年九月七日エントリー「米神経学会他から最小意識状態、植物状態の診断ガイドライン：誤診率四割指摘」
24　http://www.thoracic.org/statements/resources/cc/inappropr-ther-st.pdf
25　Rubin, M.A. and Truog, R.D. 2017: "What to Do When There Aren, t Enough Beds in the PICU, *AMA*

26 *Journal of Ethics*

たとえば、「無益」と「潜在的不適切」が固有の患者をめぐる判断であり、特定の患者と他の患者との比較ではないのに対して、限りある医療資源をいかに公平に分配するかというレーショニングの問題は多数の患者間の比較となる。さらに、決定に参加するステークホルダーも両者では異なる。とりわけ前者の二つでは固有の患者が加わるのに対して、分配の決定プロセスには個々の患者は関与しないという大きな違いがある。

27 トゥルーグらは「理想的には、分配の意思決定は、限りある資源という制約の中で医学的利益を最大にし、合意された分配原則に基づいて、可能な限り客観的であるべきだ」と書き、しかし実際には、社会が分配の必要という現実と正面から向き合おうとしない限りそれは明確にはならない、とも嘆いている。

第3章　私たちはどのような存在にされようとしているのか

マクマス事件

二〇一三年、米国テキサス州で脳死と宣告された一三歳の黒人の少女、ジャハイ・マクマスは「死体」なのかという問題をめぐって激しい論争が巻き起こった。

ジャハイは扁桃腺の切除手術を受け、術後の大量出血から心停止を起こした。病院側は数日後に脳死を宣告し生命維持の中止を決めたが、家族はジャハイには反応があるとして提訴。ここまでは、これまでも数え切れないほど読んできた争議と似通った展開だった。私がまったく想定外だったのは、この係争事件が報道された時に巻き起こった家族へのバッシングだった。

この事件が報道されると、アーサー・カプラン、タッデウス・ポウプ、ディヴィッド・マグナスなど著名な生命倫理学者らが容赦ない批判を展開した。「医師が脳死と診断した以上、その人は法的にも科学的にも死者である」「家族は『死体』に治療をしろと要求をしている」「『死体』がベッドを塞いで、治療すれば回復する患者から医療を奪ってはならない」「死を決めることは医療専門職にゆだねられてきた。そのスタンスは変わってはならない」などと主張した。脳死が人の死かについて生命倫理学で議論が続いている段階で脳死は科学的な死だと断定するのは誠実な議論とは言えずドグマにすぎないとの批判★1や、脳死診断の手順のバラツキを指摘する向きもあったが、とりわけポウプは「死体」という言葉を頻繁に用いた。また彼は、医師が脳死と診断した以上ジャハイは死体なのだから「生命維持」という用語も使うべきではないと主張し、「臓器保存措置」という文言を使い続けた。

そして米国世論は、そうした学者たちの批判にあおられるように、家族に対する激しいバッシングに走った。連日ネットに渦巻く非難の大合唱は、まるでジャハイの母親に向かって「あんたの娘はもう『死体』なんだよ。なんでそれが分からないんだ」と難詰し、「この無知なバカめ」と愚弄するかのようだ……というのが私の印象だった。もし扁桃腺手術を受けて意識不明となったのが白人の少女だったら、米国世論はここまで激しいバッシングに走ったろうか……とも考えた。

それら非難の中心的メッセージとは、「脳死は科学的な死である」「医師が脳死と診断した以上その人は死体だと納得できないのは、親の科学に対する無知蒙昧」というものだった。しかし母親にすれば、ほんの数日前までは元気で暮らしていた我が子だ。その我が子が大したリスクもない手術を受けたはずだったのに、あっという間に思いがけない事態から脳死と診断されたのだから、平静に受け止められるはずがないだろう。では、「科学マインドがある」ということは、元気だった我が子が思いがけない事故で突然「脳死」と診断されたとしても、冷静に「分かりました。この子はもう死体なのですね」と納得できることなのだろうか。

三〇年前の母子入園で、我が子の障害を知った直後の混乱の中、私たち母親は医師やセラピストと同じく我が子を「異常な肉体」として「医学モデル」でまなざすように求められた。それと同じように、この事件では医師や生命倫理学者ばかりではなく、米国の一般世論までもが「我が子を生物学的個体と見なせ」とジャハイの母親に要求しているように見えた。

また、医師幇助自殺の合法化をめぐっては「死の自己決定権」を強力に要求する米国世論が、その一方でこうして一定の人の場合には、死を決める絶対的な権限を「科学」の名のもとに医師に委ねてはばからないことにも、釈然としないものが残った。誰が決めるかという意味では対極的な議論であるはずの「死の自己決定権」の議論と「無益な治療」論が並行して広がる事態に潜む、根深い社会的背景がそこに透けて見えるような気がした。

一〇年ほど素人なりに「死ぬ/死なせる」をめぐる事件と議論を追いかけながら、時代から耳元で「手間も金もかかる人のそばからは、みんなでさっさと立ち去ってしまおうや」とささやかれ続けてきたような気がしていた。この時代に、私たち人間はいったいどういう存在にされていこうとしているのだろう、と考え込んでしまう事件だった[★2]。

「意味のある人生」って、一体なに？

英語圏の「無益」をめぐる議論を追いかけていると、QOLが問題となる文脈で頻繁に「意味のある人生 meaningful life」という言葉に出会う。たとえば、ウーレットの『生命倫理学と障害学の対話』第3章の事例研究の一つは、極めて未熟に生まれ、救命はできるが重い障害を負うと見込まれる新生児シドニー・ミラーのケース。シドニーの救命をめぐる生命倫理学者らの議論にも meaningful という文言が繰り返し登場する。「ダウン症その他の身体障害をもった子どもが有意の人生を送れるかどうか」[★3]、あるいは「積極的に治療しても、多くの未熟児は……（略）……他人との間で意味のあるかかわりをもてない」[★4]などなど。

つまり、ある新生児が将来「意味のある人生」を送れるか、「意味のある関わり」が可能かどうかの判断が、その子どもを治療し救命するか、それとも治療せず死ぬに任せるかを決める基準の一つになっているのである。そんな議論に触れるたびに、でも……と心の中に沸きあがる疑問があった。でも、そもそも「有意な人生」ってなに？　「意味のあるやりとり」って、一体なに……？　生まれてきた子どもが「生物学的な個体として今現在どのような状態にあるか」が、その子の将来のＱＯＬを決定づけるの？　その子が『有意な人生』を送ることができるかを本当に決めてしまうの……？

たとえばジョン・ロバートソンは「その新生児が言語や身振りなどのシンボルを通じたやりとりや関わりが可能な知的能力を欠いているか、欠くことが合理的に考えて確実と思われる場合には」治療をしないと決める権利が親にある、と主張する[★5]。「私たちは多くの場合、人間の価値を、言語やジェスチャーを通して他者と意味のあるやりとりをすることを含め、［自分の］利害と経験を意識できる能力においている」[★6]からだ。

ピーター・シンガーが解説する「総量」バージョンの功利主義では、「血友病の新生児を殺すことが他者に悪影響を及ぼさない限り、その子を殺すことは正しい」。なぜなら、血友病の子どもが殺されても、両親がその子が生きていたら生まなかったはずの次の子を産むなら、その子どもの方がより良い人生を生きるため、血友病の子どもが殺されるほうが「幸福の総量が大きい」からだ[★7]。

こうした議論に触れるたび、でも……と、そこにある人間観に違和感を覚える。人をバラバラの個体として捉え、個体ごとの能力と機能を計量可能なものと見なして、その総和がそのままその個体の価値である、とでもいうような――。その総和に応じて幸不幸が宿命づけられている、というような――。バラバラの個体をひとつ任意に取り出してきて、科学技術でその能力をアップしてやれば、そのアップした分だけ、その個体が自動的により幸福になるはずだ、とでもいうような――。人の価値も幸福も何もかもが、足し算引き算の数式で合理的に割り出せるものであるかのように――。

それは私にはあまりにも機械的で皮相的な人間観のように思える。人は、多くの人と繋がって多様で複雑な関係性を切り結び、その中から生じる「私にとってかけがえのないあなた」「あなたにとってかけがえのない私」という関係性を生きる、もっと社会的、関係的な存在なのではないだろうか。そして関係性を生きるということは、合理では簡単に割り切ることができないものに取り囲まれて生きることではないのだろうか。

「かけがえがない」というのは「代替えがきかない」ということだから、誰かが憎らしくてたまらないというのだって、それもまたその人が自分にとってかけがえがない存在だということだ。愛の反対は憎しみではなくて無関心だという。無関心は相手とつながっていないけれど、誰かが憎らしくて仕方がないというのは、相手と否応なしに繋がってしまっている。憎むまいと思っても、そこは理屈ではないから頭でどうにかすることはできない。「かけがえがなさ」とは、そんなふうに理屈を超えたところにある。

私たちは誰かを恋する時、自分がなぜその人のことをこんなにも愛おしいと感じるのか、理路整然と説明することなどできない。理由が整然と説明できる恋心なんて、所詮タカが知れている。でも、そんな、理屈ではどうにも説明がつかない気持ちに私たちは翻弄されて、悶々と夜も眠れなくなったり食事も喉を通らないほど思いつめたりする。後で考えたら真っ赤になるほどバカなことをしでかしたりもする。頭の中には互いに矛盾する気持ちがいっぱいあって、その間で引き裂かれて、頭の中はしっちゃかめっちゃか、言葉にならない思いに絶句する。そして、そんな時、私たちは大切な人との間で目と目で語り合っていないだろうか。大切な人とは、手を触れ、体を触れ合うことで心を通わせていないだろうか。そこにある心の通い合いはとても豊かで大切なものだと思うのだけれど、それを科学や論理で証明することなど、できるものだろうか。その心の通い合いは、科学的に説明できなかったら存在しないものなのだろうか。それは「意味のあるやりとり」ではない、のだろうか。そんな思いは「意味がない」ものなのだろうか。

意思を翻した人たちの「なぜ」

ベルギーに、精神障害者の女性が安楽死実行予定の当日、自宅にやってきた医師に「できない（I cannot do it）」と言って意思を翻した、興味深い事例がある★8。二〇一五年に複数のメディアがローラあるいはエミリーという仮名で数か月にわたって詳細に報道した女性。一歳の時に母親が家を出ていき、父親はアルコール中毒で虐待的という機能不全の家庭だった。子どもの頃から自殺を考えつづけてきた。自傷行為もあったし精神病院への入院もあった。その後演劇を学び、二四歳の現在は友人もできて独り暮らしをしているが「生きることは自分には向いていない」と感じており、ついに自宅での安楽死を決心し、必要な手続きを経て医師と実行日を決めた。

実行予定日の二週間前に、彼女は親友二人と公園にピクニックに行き、決心を打ち明ける。エコノミスト誌のビデオを見ると、親友たちはいきなりの告白に戸惑っている。すぐにもストップをかけたい気持ちと本人の意思を尊重すべきだという思いとの狭間で引き裂かれ、言葉が見つからずに困っているように見える。一人がやがて思いを込めるような口調で言ったのは「……やっぱりやめようかとか、気持ちが揺らぐことはないの?」。

その二人が、安楽死実行予定の当日、ローラ（エイミー）を訪ねてきた。「本当にやるの?」と聞かれて、答えられなかったという。そして、夕方五時に医師がやってくると、彼女は「できません」と告げた。

おそらく彼女自身にも、自分がなぜ翻意したのかを理路整然と言葉で説明することなどできないのではないだろうか。二人の親友がそうだったように、相矛盾する思いが人の中にはたくさんあって、それが大切なことや大切な人であればあるだけ、人はそれらの思いの間で引き裂かれてしまう。それが、バラバラの個体として存在しているのではなく、様々な人との関係性の中で生きている、ということなのだと思う。「意思」が覆った背景にあった複雑な気持ちの変化を理路整然と説明することなど他人にはもちろん本人にだってできないかもしれないけれど、二週間前の公園での時間があったこと、その親友二人が当日に心配して訪ねてきたことが、彼女の翻意に影響したことは間違いないだろう。

米国には、ちょうどその逆の事例がある。「死ぬ権利」推進派の活動家で生命倫理学者でもあるマーガレット・バッティンの夫は自転車事故で四肢まひ、人工呼吸器依存となった。その夫が急変した際、本人は「死にたい」と意思表示をしていたにもかかわらず、「死ぬ権利」推進活動家のバッティンは救急救命室に運び込んでしまった。しかし「死にたい」と言っていた大学教授の夫は、やがて呼吸器をつけたまま講義を再開し、生きることを喜びと感じ始める。そんな夫婦の穏やかな生活がニューヨーク・タイムズでビデオと記事で報道されたのは、二〇一三年七月一七日のことだった。そしてわずか一〇日後の二七日、夫は突然に気持ちを翻し、もう明日などいらないから人工呼吸器を含めて一切のスイッチを切ってくれ、と要望。モルヒネが打たれ、呼吸器が止められて、彼は死んだ★9。

バッティンの夫の死は最初の報道ほど大きな扱いをされなかったが、その死を知った時、私はあまりのことに茫然とした。人の心はこんなにも不安定で揺れ動くものなのだということがショックだった。そんなにも不安定なものである人の心が一方に大きく揺れた時に、それが「意思」として言葉で表現されるや、一定の状態にある人ではこんなにも簡単に実現されてしまうのだということがショックだった。

ニューヨーク・タイムズのような大新聞に報道されて世界中の人たちから注目されたのだから、様々な反響があったことだろう。その中には意に添わない不愉快な反応だってあったことだろう。大きなライフ・イベントで「非日常」が続いているさなか、強い刺激に晒され続ける渦中の人は一時的に気持ちが張り詰めて、ハイな精神状態になりがちなものだと思う。そして、その後には揺り戻しが起こってくるものだろう。健康な人間だって日頃より気持ちは不安定になり、大きくアップダウンするものだろうに……。

気持ちも思いも意思も関係性の中で揺らいでいる

「意思」と言う時、私たちはそれを感情とは切り離すことができるものとイメージする。理性的・合理的な思考によって形づくられ確認されるもの。だからそこには一貫したものがある――。そんなイメージをもっている。意思が一貫していることが理性的であることの証明であるかのように前提されがちだし、時には論理的に整合して齟齬がないことが「正しい」ことであるといわんばかりの議論さえある。けれど「意思」とは、そんなふうに常に言葉でくっきりと余すところなく表現できる、不変で強固なものなのだろうか。

本当は、言葉では拾いきれない思いや、合理で説明できない気持ちというものが私たちの中には沢山あって、「意思」として言葉にできるのは、常にその一部でしかないんじゃないだろうか。人の思いは「何色」と名付けられるような単色ではなく、様々な色が混じり合い、いくつもの色の「あわい」で常にグラデーションとなって揺れ動いているものだと思う。揺らがせるのは、その時々のちょっとした出来事だったり、人との関わりや、人のちょっとした言葉だったりする。大切なものやかけがえのない人のことであればあるだけ、私たちは互いに相矛盾する思いをたくさん抱え込んで、そこで引き裂かれてしまう。気持ちや思いがそれほどに不確かでつかみどころがないものなのだとしたら、それと完全に切り離すことなどできない「考え」や「意思」だってまた、常に揺れ動く不確かなものだろう。

私たちの気持ちや思いや意思が生起したり形を変える場所は、きっと「自分」という閉じられた内部というよりも、たぶん「誰か」と「私」との間なんじゃないだろうか。人は常に自分自身とも対話し続けているものだろうから、その「他者」の中には「自分自身」もまた含まれている。「私」が自分自身を含めた他者と出会い関係を切り結んでいるところ。自分を含めた他者とのやりとりを鏡にして「私」が「私」自身と新たに出会うところ。そこで、感情も思いも意思も形づくられては、常にまた形を変えていく。私たちがバラバラの個体でもなければ単なる「能力や機能の総和」でもなく、関係性とその相互性の中で生きる社会的関係的な存在だというのは、きっとそういうことなのだと思う。

贈り贈られるものとしての「尊厳」

二〇一三年にカナダ内科学会誌の論説が、認知症の人の痛みをもっと丁寧にケアすべきだと問題提起したことがある。その論説の最後は「ケアする者である我々が認知症の人をノンパーソンとして扱うなら……ケアする側の人格も同様に損なわれるのである」と括られていた★10。

ピーター・シンガーはアシュリーの知的能力が低いからアシュリーには尊厳を認める必要はないと言った（20ページ）が、私はこの論説の指摘から尊厳というものを、バラバラの個体としての誰かに「ある」とか「ない」と言えるようなものではなく、人と人との関係の中で相互に行き交うもの、行き交って人と人とをつなぐもの、とイメージすることができた。

娘の海は、生まれた時にほとんど死にかけていたため、人工呼吸器をつけてしばらく生死の境をさまよった。今の英米であれば、まさしく「どうせ意味のある人生も意味のある関わりも持てないから、救命は無益」と「死ぬに任され」かねない状態だったのだろうと想像している。その呼吸器が外れたと知らせを聞いて喜び勇んで飛んでいった日に、小児外科医から聞いた言葉が忘れられない。「今日のところは試しに外してみたので、うまくいきますようにとお守りを置いてあるんです」。保育器の上にはミッキーマウスのぬいぐるみが腹ばいになって、娘を見守ってくれていた。そのユーモラスな光景が忘れられない。科学者であるはずの医師が、できることはみんな手を尽くして、それでもまだ娘のためにお守りを置いてくれた、その気持ちの尊さが忘れられない。

私たちは誰か大切な人にしてあげられることがもうこれ以上ない、という時に、宗教も信仰も持ち合わせていなくても、祈らないではいられない。それは科学やテクノロジーの合理から見れば何の役にも立たない無益な行為かも知れない。けれど、誰かのために祈らないでいられない、その思いこそが、私たちを単なる能力の総和でも、バラバラの個体でもなく、繋がりあって関係性の中で生きていく豊かな存在にしてくれているのではないだろうか。それは、あの遠い日にミッキーマウスに託されたもの。もうこれ以上してあげることがないけれど「だからこそ、せめて……」と託された祈り。誰かから誰かへとそんな思いが向けられた時に、そこにある何か尊いものが、贈られた人だけではなく贈った人にも、おのずと贈り返されていく――。尊厳はそんな形で互いに贈り贈り返されるものなのではないだろうか。誰かのために祈らないでいられない思いを向けることが、相手に尊厳を贈り、その尊厳から照り返されるように、贈った人にもおのずと贈り返されてくる。そうして人も世界も、善きものであり続けることができる。人が社会的関係的な存在だということは、そういう力でもあるんじゃないだろうか。

二〇一七年の〝アシュリー療法〟論争の際、〝アシュリー療法〟はアシュリーの尊厳を侵した、との批判に対して、アシュリーの主治医のディクマと彼の恩師に当たるフォストは、尊厳など定義なしに使っても無益な概念だと一蹴した★11。一方、ウーレットは、〝アシュリー療法〟への批判として、人間としての敬意を減じる扱いを受けたアシュリーが蒙った「道徳的な害」を指摘した。障害を理由に、障害のない人には許されない介入が許されることによって、障害のある人々に向ける社会の敬意がさらに減じられていく。ウーレットは、アシュリーに行われた医療介入を検討した倫理委員会に、フランシス・フクヤマが「我々の人間としての本質 our human essence」と呼んだものを侵す行為だと指摘した者が誰もいなかったことを強く指弾した。

ここでウーレットが守るべきと主張しているものは、たとえば「ヒューマニティ」とか、もうちょっと私自身の身の丈に合った言葉を捜せば「人としての良識」とか「品性」とか、ただ単になるべく「ひとでなし」にならずにいるということ。それはたとえば、インターネットで書き込みをする時に、匿名になったとたんにかなぐり捨てて恥じない人がいる部分のこと。実名で書けないことは匿名でも書かない節度として自分からそぎ落とすことをせずに守る人もいる、そういう部分のこと。人の、どこか中心とでもいうような箇所にそんな部分があるからこそ、私たちは「愛なんていくらでも金で買える」と放言する人に不快になるし、「理想なんて口にしたって仕方がない」という人がいたら心が痛んで、そう言う人が一人でも少ない社会であれかしと願ったりするのではないだろうか。

知的な能力によって人をパーソンとノンパーソンに序列化したり、「どうせ犬や猫にも劣る知的レベルじゃないか」と重い障害のある子どもから尊厳を剥ぎ取ろうとする行為は、カナダ内科学会誌の論説にならうなら、奪おうとする人自身の尊厳を奪う行為だ。誰が尊厳に値し、誰は値しないかの線引きを議論し、誰かを「どうせ」と指差し見下す人が増えていくことによって、総体としての私たち人間の尊厳も貶められ、傷つけられていく、ということでもあるだろう。

もちろん、人を「どうせ」と見下して優位に立ちたい、卑しい差別意識は誰の中にも眠っている。同時に私たちの心の中には、善き人でありたい、社会が善き場所であれかし、という素朴な願いもある。それらは状況により、その時々の心理状態により、どちらかが優位になったり同じ人の中でせめぎ合ったりする。自分が苦しい状況に立っていれば、人を見下して優位に立ちたい卑しい意識の方が優位に立つのが人の性というものだろう。国家間でも、それぞれの国内でも、豊かな人と貧しい人との格差が広がり、苦しい状況に追い詰められる人が増えていく今、本来なら誰もがもっていた素朴な共感力や寛容さが削ぎ落とされて、社会が荒廃に向かっているように思えてならない。

「重い障害のある生は生きるにも医療コストにも値しない」という価値観で一定の命を「どうせ」と見限り、切り捨てていこうとする力動が広がっていく中で、私たちは関係性から切り離されて、バラバラの生物学的個体でしかない存在に貶められていこうとしているのではないか。人間の社会は決定的に大切なものを手放そうとしている、その瀬戸際のところにきてしまっているのではないか……。そう考えるようになって久しい。

本当はとっくに手を離れてしまったものがあるのかもしれない。最近はそんなふうにすら感じている。

★注

1　ブログ「海やアシュリーのいる風景」二〇一五年三月六日エントリー「McMath 事件での生命倫理学者らの発言に Truog らの批判」

2　ジャハイはその後、ニュージャージー州のキリスト教系の施設に転院し、回復の兆しが見られるとも言われ、脳死とは言えないと主張する脳神経外科医もあった。両親は死亡宣告の取り消しを求めるとともに、病院の医療過誤責任を問うて複数の訴訟を起こした。そのいずれかでマクマス側が勝訴すれば、米国で初めて脳死の誤診が認められることになるケースとも言われたが、ジャハイは二〇一八年六月二九日に死亡し、一人の人間に二つの州から四年半も日時のへだたった死亡証明書が出ている奇妙な事態となった。

なお、この事件で気になる情報として、カリフォルニア州では医療過誤訴訟多発への対策として一九七五年にできた法律で、患者が医療過誤で死に至った場合の賠償額に上限が設けられている

http://www.huffingtonpost.com/mari-fagel/how-an-outdated-californi_b_4645768.html?utm_hp_ref=tw

とのこと。患者が生命維持により存命の場合には、この上限は適用されないのだから、医療過誤訴訟を意識する病院に「無益な治療」論発動への強いインセンティブが働くことも十分に考えられる。実際、カリフォルニア州ではないにせよ、前述のベタンコート事件（143ページ注12）は癌の摘出手術後にICUで呼吸器が外れる事故のため永続的植物状態になった男性の生命維持引き上げをめぐる訴訟。ラスーリ事件（133ページ）も脳の良性腫瘍の手術は成功したものの、術後の観察室で細菌性の髄膜炎を起こした男性からの生命維持引き上げをめぐる訴訟。このように、医療過誤の可能性がうかがわれる事例で病院側が「無益な治療」論を持ち出してくる事例が目に付いていることは気になるところだ。

　マクマス事件については、拙ブログ「海やアシュリーのいる風景」に多数のエントリーがあり、二〇一八年七月三日エントリー「ジャハイ・マクマスさん、死亡」に取りまとめられている。

3　ウーレット p.98
4　ウーレット p.98
5　ウーレット p.102
6　ウーレット p.104
7　ウーレット p.106
8　ブログ「海やアシュリーのいる風景」二〇一五年一一月一四日エントリー「精神障害で安楽死希望の24歳女性、安楽死を取りやめ（ベルギー）」
9　ブログ「Ashley 事件から生命倫理を考える」二〇一三年八月二七日エントリー「米国の「死ぬ権利」擁護派の生命倫理学者の夫、生命維持中止を希望し死去」
10　Fledel, K. 2013: "People with dimentia need better pain management," *Canadian Medical Association Journal*
11　実際、英語圏の生命倫理学では、尊厳の定義や、尊厳が無益な概念であるかどうかをめぐって、大きな論争が続いているようでもある。

第3部

「無益な治療」論を考える

第1章

「無益な治療」論が覆い隠すもの

決定権の対立としての「無益な治療」論

英国では近年、重い障害のある乳幼児の医療をめぐる争議が訴訟となり、裁判所の命令によって生命維持が強制的に中止される事例が目立っている。特に国際的な論争となった事例として、二〇一六年のチャーリー・ガード事件★1、二〇一八年のアルフィー・エヴァンズ事件★2、イサイア・ハアストラップ事件★3がある。

これらの事件は日本でも報道されたが、「病院は両親に尊厳死を勧めた」という記述があるなど、「尊厳死」の文脈に位置づけられていた。しかし、これらは「尊厳死」や「安楽死」など「死ぬ権利」の文脈でとらえるべき事例ではない。なぜなら「尊厳死」も「安楽死」も本人の自己決定が前提であり、すなわち「死の自己決定権」「死ぬ権利」の行使の帰結と捉えられるのに対して、ガードやエヴァンズの事例では患者サイドの意思に反する形で、医療サイドと司法の判断によって強権的に治療が停止されている。コトの本質を捉えそこなわないためには、「無益な治療」係争事件と位置付けるべきだ。

ガード、エヴァンズ両事件をめぐっては、タッデウス・ポウプの指摘が興味深い。「通常、医師は患者の同意なしに患者に何かをすることはないし、患者が同意できない、あるいは同意しようとしないなら、それはできない。……ある意味では、これら［英国での生命維持の強制終了事件］はみんな、長く続いてきた同意に関するルールに反している。しかし米国の医師が［「無益な治療」論で］言っているのも、英国の医師が言ったのと同じことだ。つまるところ、患者のあなたは間違った決定をしているから、私たちはあなたの言うことには耳を貸す必要はない、と言っているのだ」★4。

一方、オクラホマ州、アイダホ州、カンザス州では、患者と家族が求める治療は提供するよう医師に義務付ける法律が成立しており、ポウプによれば「それらは『反差別法』と称される。医師に思うようにやってよいと明示的に許可を与えるのではなく、医師に与えるのは明確な禁止であり、要はあなたが決めることではない、家族が決めることだ、というのである」★5。

このように「無益性」概念をめぐる議論の中心にあるのは、単的に言えば「決めるのは医師か、それとも患者サイドか」という対立なのだ。アーサー・カプランがこの論争を、「医療専門職のインテグリティ（職務完結性）」と「患者の自律（自己決定権）」の対立と捉えた★6のは興味深い。ノーマン・フォストは数々の講演で「治療については医師が決めることだ。治療しなかったことで法的責任を問われた医師はいまだかつていないし、裁判官には医療のことなど分からないのだから、裁判所にお伺いなど立てず、医師は自分の思うとおりにやれ」と、しきりに説いていた。カナダのラスーリ訴訟（133ページ）でも、医師側から「生命維持中止に患者や家族の同意が必要などと言っていたら、医師は責任ある医療はできない。仮にそれが患者の望みに反していたとしても、患者の最善の利益を判断するのは医師の責任だ」という主張があった。その背景にあるのは、無益なのに治療を提供するという行為を続けることは専門性の崩壊につながる、という危機感なのだ、とカプランは言う。

しかし、このように個別の患者の医療の無益性をめぐる議論が「医師の専門職としてのインテグリティが守られるか」という枠組みで捉えられることに、私は危ういものを感じる。「患者の自己決定権」対「専門職のインテグリティとしての決定権」という見えやすい対立構造のみが描かれて、一方で「コスト削減の要請を背負った社会や納税者の代表たれと求められること」もまた医師にとってはインテグリティの侵害であるはずだ、という対立構造は見えにくくなってしまうからだ。

「無益な治療」論には、このように医療や医療をめぐる意思決定を考える際に非常に重要な問題を覆い隠し、見えなくしてしまうリスクがあるように思う。

「医療現場での差別」を覆い隠す「無益な治療」論

第2部第2章で触れたように、「無益な治療」論に対しては障害者運動から、現場医療職の偏見が混入している、そのために障害児者が適切な医療を受けられていない、という批判が出ている（130ページ）。そして、その指摘は様々な調査で実証されてもいる。

英国では、二〇〇七年に知的障害者権利擁護団体のメンキャップが知的障害者が医療現場の偏見のために死んでいると報告書で告発したのを受け、医療オンブズマンが調査に動いた。その結果、二〇〇九年の調査報告書では、医療現場の偏見がネグレクトを招き、十分に治療可能な知的障害者の死につながった事例が「避けることのできた死」と認定された★7。

医療オンブズマンが認定した事例の一つは、マーク・キャノン（享年三〇）。大腿骨を骨折し、その痛みを訴えていたにもかかわらず、言葉のない知的障害者の痛みの表現への無理解と「知的障害者の痛みの閾値は他の人とは異なっている」との偏見により、痛みのケアが適切に行われなかった。そのためマークは食事がとれず、衰弱して重篤な気管支肺炎を起こした。最後は栄養不良から集中治療室に入り、そこで心臓マヒを起こした。蘇生はされたものの既に重篤だったため、長時間の議論を経て家族が治療の中止に同意した。

　たしかに、その段階に至った「時点」の問題として捉えれば、既に臨死期に至っていたマークにとっては、再度の蘇生も生命維持ももはや本人の利益にならない負担だっただろう。この段階では、まさに「もうどうしたって助けてあげられない患者をいまさら甲斐のない治療で苦しめるようなことはやめよう」という、本来の意味での「無益」の判断がされたということだ。おそらく家族にとっても苦渋の、けれど妥当な「本人の最善の利益」判断だったのだろう。

　しかし、その「(時)点」の手前のところにあった時間経過、いわば「線」のところで何が起こったかに目を向けてみれば、最初に骨折の痛みのケアさえ十分に受けられていれば、マークは栄養不良になることも気管支肺炎になることもなかったはずだ。いざ「終末期」の意思決定が必要になった「(時)点」の問題と考えると「いかに死ぬか／死なせるか」の判断になってしまうが、それでは、その「点」より前のところにあったはずの一般的な医療という「線」に潜む大本の問題が覆い隠されてしまう。

　これらの告発によって医療現場における知的障害者へのネグレクトの実態が明るみに出たことを受け、英国保健省は二〇一〇年から三年間の非公開実態調査に乗り出した。二〇一三年に報告された結果では、知的障害者の死亡件数のうち三七％は死を避けることができたケース、適切な医療を受けられないために死んでいる知的障害児者は年間一二三八人と推計された★8。これらの一連の動きの結果、英国では二〇一五年に知的障害者死亡率調査プログラムが立ち上げられている。

メンキャップはその後もこの問題と取り組み続け、二〇一八年にはその後の一〇年を総括する報告書『無関心による死　その後の一〇年』★9を出した。新たな報告書によると、一〇年前に報告された事態は今もさほど変わってはいない。メンキャップは具体的な改善に向けて医療専門職との協働による問題解決を呼びかけ、その後もキャンペーンを続けている。

米国でも、二〇〇一年の早くに米国公衆衛生局長官が、知的障害者では「避けることのできた死」が高率で起こっている実態を指摘している★10し、二〇一二年に the National Disability Rights Network（NDRN：全国障害者権利ネットワーク）が不当な「無益な治療」論による障害児者からの一方的な医療の中止と差し控えの実態を多くの実例を挙げて報告した★11。

ちなみに、二〇一三年に American Association on Intellectual and Developmental Disabilities（AAIDD：米国知的・発達障害協会）と the Arc of the USA（知的障害・発達障害者の権利擁護団体）が出したポジションペーパーで、知的／発達障害（英語圏の「発達障害」は「発達に障害がある人」全般を指し、日本の「発達障害」とは異なることに注意）のある人たちがタイムリーに良質な医療を受けられていない要因として挙げたのは、アクセス、差別、医療費、コミュニケーションと意思決定の四点だった。とりわけ差別の項目での「医療提供者は時として、個人的（かつ／または）社会的な偏見のみならず専門家としての無知からも、知的／発達障害のある人々に十分な治療をしなかったり、不適切な治療をしたり、適切な医療を拒否することがある」との指摘は重い。また、コミュニケーションと意思決定の項目では「代理意思決定者の支援を受けた上であったとしても、知的／発達障害のある人々の意思決定は医療提供者から尊重されない、あるいはその通りに実行されないことがある」との指摘もある[★12]。

「分配との相互正当化」を覆い隠す「無益な治療」論

前述のゴンザレス事件（125ページ）についてノーマン・フォストは、人工呼吸器がエミリオの治療として有益であることは認めながら、最終的にはその患者を救うためのコストを社会が認めるかどうかの判断だ、と主張した[★13]。カナダのゴラブチャック事件（132ページ）では、ピーター・シンガーが地方紙で「本人の意思が確認できず、何が患者の最善の利益かを判断しにくい場合には、社会のコストを考えなければならない」、カナダのように公費で医療が賄われている場合には「納税者には市民仲間の宗教的心情を支えてやる義務はない」などと述べた[★14]。

二〇一一年にカナダで植物状態のジョセフ・マラアクリ（当時一歳）の気管切開の費用をキリスト教団体が負担した際には、シンガーは「（ジョセフが）ほんの数か月だけベッドに横たわっている時間を延ばす」よりも、その金額を途上国のワクチンに使ったら一五〇人の命を救うことができたはずだ、と批判した★15。

しかし、この論理には不用意に引きずられないように気をつけたい。本来の医療をめぐる「患者の最善の利益」判断とは、「この人へのこの治療がこの人にもたらしうる利益」と「この人へのこの治療がこの人にもたらしうる危害」の比較考量であるはずだ。もしも「この人へのこの治療がこの人にもたらしうる利益」と「その治療にかかるコストを架空の他者に回した場合にもたらされうる利益」を比較するなら、どんな患者へのどんな治療であれ、常に現実の「ひとり」が負けることが宿命づけられている。

たとえば、臓器移植や遺伝子治療や生殖補助医療を受ける人について「この人にかかる医療コストを途上国へのワクチンに使えば、いったい何人の命を救うことができるか?」と問われた場合でも、マラアクリの気管切開について問われた場合と同じく、現実の「ひとり」が負けるはずだ。ただ、フォストやシンガーらがそれらの治療を受ける患者にこの問いを投げることはないから、そのカラクリが見えなくされているだけだ。この問いが問われることの意味は、そのように問われる患者と治療があらかじめ選別されていることにある。まさにトゥルーグが指摘する「無益」と「分配」の「相互正当化」のいかがわしさ(140ページ)だろう。「限りある資源を他に回したら」という問いかけは、「重い障害のある生は生きるに値しない」という価値観を持った人を「そういう人は医療コストにも値しない」という価値観へと「すべらせて」いく誘導装置として機能している。世の中の経済事情が厳しくなり、医療の効率化が進められる中では、その誘導装置は作動しやすくもなるだろう。

前述のギル（130ページ）は、米国での医療コスト削減策下に置かれた障害者の立場を以下のように分析している。

マネッジド・ケア制度［民間保険会社が医療アクセスとサービス内容を管理する医療仕組み］の下で、チェックすべきモニターの数が増え、個別に患者と関わる時間が減り、看護師に課される責任が大きくなると、時間も介助の手間もかかる障害のある患者は「歓迎されざる者」となる。これまでも、健康と正常な機能を目指す教育を受けてきた医療専門職が大きな障害のある人の生をそれ自体として厄介なものと見なしてきたことは、まず間違いないだろう。しかし、今ほどそれが一貫して公然と語られたことはなかった。まるで医療の文化における「倫理的な」閾値がだんだん低くなって、われわれ障害者の生の可能性そのものを堂々と疑っても許されるようになったかのようだ★16。

医療制度はそれぞれに違うにせよ、グローバルな新自由主義経済で財政がひっ迫し、各国とも社会保障縮減に走り医療と福祉の効率化を進める中で、障害者や高齢者が置かれている状況はギルが描き出す米国の状況と違わない。

医療の不確実性を覆い隠す「無益な治療」論

フォストやシンガー、サヴレスキュらの功利主義的な「無益な治療」論に触れるたびに私が疑問を覚えるのは、彼らの議論が医師の判断を確実視していることだ。テキサス州の「無益な治療」法が「無益」を定義せず、何が無益かの判断を医師の専門性にゆだねているように、「無益な治療」論では、医師の専門性がその判断の確実性を担保するかのように前提されている。しかし、医師の判断とは、それほど確実なものなのだろうか。それ以前に、そもそも医療というものが、どこまでいっても不確実なものではないのか。

翻って考えるなら、一方の「患者の自己決定権」という概念も、本来は医療の不確実性を前提にしていたはずではなかったか。治療の効果は決して確実なものではないから、その不確実性の結果を負うことになる患者自身を不在にしたまま医師がパターナリズムで勝手に決めないでほしい。治療の選択肢に伴う不確実性を患者が引き受けるしかないなら、自分のことなのだから納得した上で自分で決めたい、それはその結果を引き受ける患者の権利――。インフォームド・コンセントの土台にあった考え方というのは、本来、そういうものではなかったろうか？　それなのに「死ぬ／死なせる」という議論の前提が、いつのまにか「医療の不確実性」から「医療の確実性」へとシフトしてきているように思われるのは、不気味なことだ。

「科学とテクノロジーで人の身体も能力も命もいかようにも操作コントロールが可能になった」という幻想が広がることによって、私たちは「もう何でも思い通りにコントロールできる時代になった」という幻想に囚われ始めているのだろうか。科学の進歩に対する一般社会の期待と信頼が高まるにつれ、科学は確実な何かを約束してくれる絶対的な権威にでもなったかのようだ。けれど、それもまた〝コントロール幻想〟と同じく、〝確実性幻想〟とでもいうものでしかないだろう。そうした幻想の広がりにつれ、人々は一方で「不確実なこと」「思い通りにコントロールできないこと」を受け入れて生きていくことの耐性を低下させてきているのだろうか。

〝コントロール幻想〟や〝確実性幻想〟が個々の人々の中に次々に掘り起こしていく欲望が、その究極の形として自分の死をもコントロールしたいという願いに至るのは、時代の必然というものなのかもしれない。その一方で〝コントロール幻想〟にあおられる社会は能力主義・効率主義に傾き、生産性の低い者を価値なき者と見なし始めているように見える。政治経済からの要請も、それを後押ししている。生命科学の急速な発達は国際競争を熾烈化し、各国とも生き残りをかけて膨大な資金の投入を余儀なくされる。それでもグローバルな新自由主義経済ではカネは回れば回るほど一％のスーパーリッチに回収されていく仕組みが出来上がってしまっているから、各国とも貧困化する一方で、社会保障の縮減に走らざるを得ない。それらの要因が複雑に絡まり合う中で、「生きるに値する命」と「値しない命」を選別し、後者を排除し切り捨てていこうとする力動がうごめいている。

その両輪が「死ぬ権利」と「無益な治療」論なのだとしたら、「無益な治療」論において医療の不確実性が覆い隠され、そこに医療の専門性をめぐる〝確実性幻想〟や権威性が生じることには、十分に警戒しておかなければならない、と思う。それは言い換えれば、社会が「救うべき命」と「救うに値しない命」を選別する権威と権限を医療に託してしまうということだ。そして、それこそが、ナチスの障害者虐殺や優生思想に基づいた不妊手術など、歴史にいくつもあった命の選別と抹殺という不幸な過ちにおいて繰り返されてきた、国家権力と医療との共謀関係に他ならない。

家族同意へのプロセスを覆い隠す「無益な治療」論

「無益な治療」訴訟や係争事件を考える際に気を付けておかなければ、と思うのは、報道されて世間が広く知るところとなるのは、医療サイドが治療の中止を求め、家族が裁判やメディアに訴え出て公然と抗うケースに限られているということだ。どんな形であったにせよ、医療サイドと家族との間に最終的に「合意」があった場合は表面化しない。家族が非同意であっても強く主張できず結局は押し切られたケースや、抵抗したくても知識や経済力の点で訴訟に踏み切れなかったケースは、最終的に「合意に至った」ことになる。

さらに、最初から家族が医療サイドの治療中止の提案に同意した場合、もしくは家族の側から中止を提案して医師がそれに同意した場合も、基本的には可視化されることはない。実際、家族から重い障害のある人への生命維持の中止を求めるケースも少ないとは思えない。米国の調査では、ウィスコンシン州のグループホームで暮らす重い障害のある一〇代の少年をめぐって、親と主治医とが次に風邪をひいた際には治療せずに肺炎にして死ぬに任せると合意していたケースもある★17。受診させて抗生剤を飲ませていたグループホームと親が対立すると、親は男児を大学病院に移した。抗生剤のみならず栄養と水分も中止された男児は、数日後に死亡した。この事例は、たまたま障害者権利擁護団体の知るところとなり公になったが、多くの場合こうした事例は関係者の中だけで決められ、実行されて終わるだろう。

この事例は、医師の側にも親や代理意思決定者の側にも「重い障害のある生は生きるに値しない」という価値観が共有されていると、積極治療が十分に可能かつ有効な場合でも「無益だから差し控え」という「合意」は簡単に成立しうるし、多くの場合その事実は公にならない、というリスクを物語っている。二〇一八年夏の高等法院の判決によって、英国では家族と医師の合意によって最小意識状態の人からも栄養と水分の中止が可能となった（137ページ）ことを知った時、私の頭に真っ先に浮かんだのも、このリスクだった。

重い障害のある人の親や家族にも様々な考え方の人がいる。「無益な治療」論には、家族が医療と共謀関係を結んだ場合には、それを覆い隠してしまうリスクが潜んでいる。

★注

1 チャーリー・ガードは、二〇一六年に生後間もなく先天性のミトコンドリアDNA枯渇症候群と診断され、生命維持を中止すると決めた病院と米国で実験的な治療を受けさせたいと望む両親が対立して、裁判となった。両親の敗訴が続いた末に英国高等法院が七月二七日にホスピスへの移送を命じ、翌二八日、一歳の誕生日を直前に、チャーリーは生命維持装置を外されて死亡した。http://www.abc.net.au/news/2017-07-29/charlie-gard-beautiful-little-boy-at-heart-of-dispute-dies/8755714

2 アルフィー・エヴァンズ（当時一歳九ヶ月）は、診断のつかない進行性の神経症状により「準植物状態（semi-vegetative state）」と診断されて英国リヴァプールの子ども病院に入院中、生命維持を無益として中止を決めた病院とローマの病院への転院を望む両親が対立した。両親の敗訴、上訴を経て二〇一八年三月六日、高等法院の判事はこれ以上の治療は「無益」で本人の最善の利益にならないとして、病院がアルフィーへの治療を緩和のみに切り替えることを認めた。両親はその判決を受けてさらに連合王国裁判所に上訴したが、三月二一日、子どもの医療について決する基準は大人と同様、本人の最善の利益である、として、両親の上訴は却下された。https://www.theguardian.com/uk-news/2018/apr/28/alfie-evans-dies-after-withdrawal-of-life-support?utm_source=esp&utm_medium=Email&utm_campaign=GU

+Today+main+NEW+H+categories&utm_term=273049&subid=1398245&CMP=EMCNEWEML6619I2

3　二〇一八年三月にイサイア・ハアストラップ（一歳）の生命維持をめぐる同様の訴訟でも、国内の訴訟の末に行き着いた欧州人権裁判所が両親の訴えを却下している。出生時に負った脳損傷のために重い障害がある子どものケース。却下から二日後の八日、人工呼吸器のスイッチが切られ、イサイアは七時間後に死亡。https://www.belfasttelegraph.co.uk/news/uk/isaiah-lived-for-seven-hours-after-lifesupport-treatment-stopped-says-father-36685673.html

4　http://www.ncregister.com/daily-news/the-us-futile-care-debate-how-are-cases-like-alfie-evans-handled-here

5　同前。

6　ウーレット p.120

7　ブログ「Ashley 事件から生命倫理を考える」二〇一二年一月三日エントリー「NHSは助かるはずの知的障害者を組織的差別で死なせている」とMencap」

8　ブログ「Ashley 事件から生命倫理を考える」二〇一三年三月二六日エントリー「助かったはずの知的障害児者が医療差別で年間一二三八人も死んでいる（英）」

9　https://www.mencap.org.uk/sites/default/files/2018-07/2017.005.01%20Campaign%20report%20digital.pdf

10　ブログ「海やアシュリーのいる風景」二〇一五年一月三一日エントリー「「地域における知的・発達障害のある人々の医療」論文（2014）」

11　ブログ「Ashley 事件から生命倫理を考える」二〇一二年八月二日エントリー「NDRN報告書：提言」

12　注10に同じ。

13　http://www.seattlechildrens.org/research/initiatives/bioethics/events/pediatric-bioethics-conference/2007-pediatric-bioethics-conference/

14 http://www.independent.com.mt/articles/2008-03-19/opinions/no-diseases-for-old-men-205204/

15 http://www.nydailynews.com/opinion/attempted-rescue-baby-joseph-maraachli-pro-life-poster-child-deeply-misguided-article-1.121912

16 ウーレット p.115

17 ブログ「Ashley 事件から生命倫理を考える」二〇一一年六月二六日エントリー「障害者への医療の切り捨て実態　七例（米）」

第2章

日本型「無益な治療」論としての「尊厳死」

「日本に生まれてよかった」のか？

「死ぬ権利」と「無益な治療」をめぐる海外の実態について講演などで紹介すると、時に「私たちは日本に生まれてよかったですね」など、海外で起こっている出来事を「対岸の火事」とみなす感想をもらって困惑することがある。第1部で見てきたようなグローバル経済の状況を考えた時に、日本だけがその外側に安穏と存在することなど、果たして可能なものだろうか。

ブログで英語ニュースを読み始めた頃の私は「この命の線引きと切り捨ての動きは、やがて日本にもやってくる」と警戒感を持ち、「だからこそ知らなければ・知らせなければ」と考えていた。が、いつからか、実は同じことは日本でもとっくに進行しているのではないか、と気にかかるようになった。ただ、それが日本では見えにくくなっている（されている）ぶん、実は、より恐ろしい事態なのではないか、と。

新生児の「クラス分け」

たとえば、日本でも疾患名によって新生児の治療方針を決める「クラス分け」が一九八〇年代から存在してきたことは、一般にはどのくらい知られているのだろうか。もとは一九八七年に東京女子医科大学の新生児科が発表した、いわば一医療機関の治療方針決定のマニュアルでしかなかったものだ★1が、それがいつのまにか論文著者の名前を冠して「いわゆる『仁志田のガイドライン』」と称され、広く日本中の病院で治療中止と差し控えのガイドラインとして用いられるようになっていった。中心的な内容は次ページの表のとおり。

表のように疾患名は当初あくまでも例として挙げられていたにすぎないのだけれど、それらの疾患名がやがてマニュアル作成者の意図を外れて一人歩きしていく。本来は固有の患者ごとに個別具体の判断となるべき「無益」性判断が、たとえば「13／18トリソミーの新生児には積極的治療はしない」など、疾患名によって包括的に治療を差し控えるための事実上のガイドラインとして拡がっていった。後述するように（204ページ）近年、13／18トリソミーの新生児については、積極治療の対象から外されてきたから短命に終わっていただけで、実際には長く生きる子どもも

表　東京女子医大NICUにおけるMedical Decisionのクラス分け

Ciass A	あらゆる治療を行う：対象はほとんどの患児
Class B	一定限度以上の治療は行わない（心臓手術や血液透析など）：epidermolysis bullosaやcongenital myopathyのように短い生命予後が明らかな患児
Class C	現在行っている以上の治療は行わず一般的養護（保温、栄養、清拭および愛情）に徹する：trisomy13、trisomy18、無脳児、重症仮死で出生した500g未満の超未熟児、人工換気中に高度の頭蓋内出血を伴い神経学的反応がみられなくなった児など
ClassD	すべての治療を中止する（消極的安楽死）
[Class E]	[死期を早める操作を行う（積極的安楽死）]

『新生児医療現場の生命倫理　「話し合いのガイドライン」をめぐって』より引用

いることや手術で生存率が上がること、その後のＱＯＬも多様であることなどが分かってきている。しかし、今なお「13／18トリソミーの子は短命だから」という理由で医師から手術など積極的治療を拒否された、という事例を聞く。

二〇一三年一一月三日に京都市で開催された医療的ケアネットによる「医療的ケア・弱者の目線で問い直す」シンポジウムに参加した際、全く別の二つの報告の中で、「トリソミーの子は短命なので手術はしない、と親が医師から告げられた」という体験が語られた。そのため二人とも手術を受けずに退院し、自宅で母親の介護によって生活しており、一人は発表時に二歳に成長していた★2。前述のように、英語圏の医療現場に広がる「無益な治療」論に「本来は特定の患者について固有の症状と固有の状況に即して検討すべき医療判断を、障害像や病名や年齢による包括的な一律の判断に変えてしまう懸念はないか」という疑問を抱えていた私には、この二つのエピソードが気になった。果たしてその二例での判断は「この子には手術は本人の最善の利益ではない」だったのか、「13／18トリソミーだから手術はしない」だったのか……。

事実上「治療中止と差し控えのガイドライン」として長年機能してきて、日本の医療現場でも生命倫理学界隈でもよく知られている、この「クラス分け」について、日本の医療界やアカデミズムは一般社会に知らせ、広く議論を喚起する努力を払ってきたのだろうか？　そうした努力がされないまま、個々の親たちが目の前の医師からいきなり「トリソミーの子は短命だから手術はしません」と一方的に言い渡されてきた、ということはないのだろうか。そんな事情も議論もまったく知らない親には、その言葉は「ルールでそう決まっているから手術はできません」と言い渡されたように聞こえるだろう。背景について何も知らない親たちは「手術はしません」という医師の断定的な口調から、抗うことのできない決定事項を言い渡されたと受け止めて、釈然としない気持ちのまま、投げかけてみたい質問すら飲み込むしかなかったのではないか？　そんなふうに親たちは不本意なまま、我が子の治療への希望を黙って手放さざるを得なかったのではないか？

このような視点で身の回りを見渡してみれば、これまで述べてきた欧米の事態と同じことが日本でもとっくに進んでいるのに、日本ではむしろ医療内部の議論で何もかも決められてしまうために問題が見えにくく、一般を巻き込んだ議論にならないでいると思われる事例は他にもある。

たとえば、第2部第1章で簡単に触れたＰＯＬＳＴ（105ページ）は、実態としては日本でも既に広がっている。

ＰＯＬＳＴ（the Physician's Order for Life-Sustaining Treatment）とは、前述のように米国で法制化する州が増えている生命維持治療についてのチェックリストのことだ。医師の主導で患者の意思を聞き取り、医師の指示（オーダー）として電子カルテに残される。私がこのようなＰＯＬＳＴの広がりについて知り、気にかかり始めたのは二〇一一年から一三年にかけてのことだった★3。その当時、私はこの事態に強い危機感をもって様々な立場の人に熱く語っていたのだけれど、ＰＯＬＳＴを問題視する人はもちろん、知っている人にも出会うことはなかった。

二〇一四年の夏に朝日新聞がチームを組んで「死ぬ権利」を取材した際、米国取材担当の記者が前もって情報収集をしたいと訪ねて来たことがあり、その記者にＰＯＬＳＴを説明し、取材してきてほしいと要望した。その記者が取材後に書いたものが、私の知る限りではＰＯＬＳＴについて書かれた一般メディアで最初の記事ではないかと思う★4。それほど当時の日本では米国のＰＯＬＳＴに注目している人は――少なくとも私の知る非医療職の中には――いないように見えた。

ところが、私たちの身の回りではいつのまにか、自分や家族が病院に入院したり施設に入所する際に、似たような書類が出てくることが慣行化している。内容も様式も病院や施設によって大きくバラついており、たいていは緊急時の救命措置についての意思確認と称して、様々な項目へのチェックと署名を求められる。医療関係者の間で議論があって始まり広がったことに違いないが、患者側の私たちからすれば、いつどこでそういう議論があったのか、聞いたこともない。日本ではもちろん法的な根拠はないが、病院や施設でこういう書類を出されると、私たち素人は法的根拠に基づいて書かなければならない書類のように感じてしまう。どういう緊急時がありうるかを入院時や入所時に具体的に予測できる患者ばかりではなく、なんとなく嫌だな、書きたくないな、と感じても、「入院／入所させていただく」弱い立場の患者や家族にとって、記入を拒否することは、困難だろう。

そもそも、そうした意思決定とは、実際にそういう状況になった際の、あるいは実際にそういう事態が想定される中での、固有の症状と固有の状況の中で個別具体の検討でしかありえないはずのものだ。入院／入所時に漠然とした「緊急時」「終末期」などの想定で深く考えず、単なる事務手続きの一部と軽く考えて記入した文書の内容が、万が一そうした事態が現実になった際には「患者の自己決定」として「尊重」されるのだとしたら、いかにも乱暴な話ではないだろうか。私はこうした慣行についてブログで「和製ＰＯＬＳＴ」と総称して懸念してきたのだけれど、二〇一五年には「日本版ＰＯＬＳＴ」なるものが日本臨床倫理学会から登場し★5、広がり始めている。

二〇一七年に大阪で開かれた集会「世界的に生命が差別化されていく現実に抗う——改めて生命の尊厳を考える」で登壇した病院関係者は、最近では高齢者や障害者が肺炎や脱水症状で入院してきても、こうした書類を書かせるのだと嘆いていた。そこには、治療によって十分に回復可能な状態の患者たちが、前章で懸念として述べた「QOL指標」による「無益」性判断によって治療を奪われ、死ぬに任されてしまうリスクがリアルに見え隠れしている。これでは法的根拠も説明もなき自己決定・代理決定がやんわりと強要されているに等しくはないか。さらにいえば、こうした慣行が、本来は法案の対象となっていない人々までを「尊厳死」へと誘導する装置と化す恐れもありはしないだろうか。

これら「和製POLST」の中には必然的に、前述のDNR（蘇生不要）指示が含まれている。英国で本人も家族も知らないうちにカルテにDNR指示が書き込まれていた事例が相次いで告発されて社会問題となったことは、第2部第2章で紹介した。二〇一四年のジャネット・トレイシー訴訟（137ページ）の判決から、DNR指示を書く前に本人や家族と話し合いをすることが基本とされることになったものの、二〇一六年の英国王立内科医学会の調査では五家族に一家族の割合で知らされていなかった（138ページ）。

翻って、日本ではどうなのだろう。本人も家族も知らないうちにカルテにDNR指示が書き込まれていたという事態をめぐる日本の係争事件や訴訟を、私は聞いたことがない。それは、日本ではＤＮＲ指示については必ず事前に患者サイドと話し合いをし、インフォームド・コンセントをとることがすべての医療現場で当たり前となっているからなのだろうか。

日本集中治療医学会の調査と懸念

興味深い調査が二〇一六年に行われている。日本集中治療医学会倫理委員会が同学会の評議員施設、会員医師会員看護師にそれぞれ行った、ＤＮＲ（Do Not Resuscitate）指示に関する現状・意識調査である★6。そこで浮き彫りになったのは、心停止時に心肺蘇生を施行しない指示であるＤＮＲ（ＤＮＡＲ：Do Not Attempt to Resuscitate）が、終末期医療における治療の差し控えや中止と混同されたり、本来ＤＮＲの適応のない患者に様々に「誤用」されている実態だった。「医師が一人でＤＮＲ（ＤＮＡＲ）を決めたり、複数でも多職種ではなく医師のみで決めることが多い」ことも明らかになった。

たとえば、会員医師へのアンケートでＤＮＲ（ＤＮＡＲ）指示がある場合に差し控えを考慮する医療行為を複数回答可で尋ねたところ、「蘇生手技以外の医療行為についても七・三％～七九・三％で差し控えが考慮されていた」。後期高齢者であることがそれのみでＤＮＲ（ＤＮＡＲ）を考慮する理由になるかという問いでは、六六・一％で考慮する要素となっていた。ＡＤＬが低いことのみで入院時にＤＮＲ（ＤＮＡＲ）の検討に影響するかという問いでは、「ＡＤＬが低いことのみで検討する」と「ＡＤＬが低く重症である場合に検討する」を合わせると八二・〇％。ＤＮＲ（ＤＮＡＲ）指示がある場合にどのような医療行為を差し控えるかを複数回答可で聞いた問いでは、「ＡＤＬが低くても治療可能であればＤＮＲ（ＤＮＡＲ）は考慮しない」群に比べて、「ＡＤＬが低いことのみで検討する」群と「重症であれば考慮する」群で、より多くの医療行為が差し控えられていた。

患者本人と家族の意思確認については、興味深い結果が出ている。患者が判断可能で意思表示できる場合にＤＮＲ（ＤＮＡＲ）の決定に患者の意思確認が必須と答えた医師が八八・七％。患者本人に判断能力がないか意思表示が不可能な場合に家族の意思確認が必須と答えた医師は九七・八％に及ぶ。ところが、患者本人を参加させた協議でＤＮＲ（ＤＮＡＲ）を決めたことが「ある」のは、わずかに三九・八％。残りは「ない」と答えたのだ。

このあたりは、会員看護師へのアンケート調査と照らし合わせると興味深い。「ＤＮＡＲの判断は誰がされていますか」という直截な問いに、看護師の回答は「主治医と他の複数の医師だけで判断する」が四三・五％。「主治医だけで判断する」が二七・二％。家族の意思を確認する割合は九八・七％だが、患者本人に意思を確認する割合は四八・六％。

医療現場の実態と、そこで会員看護師たちが抱いている倫理的なジレンマが、看護師会員へのア

ンケートにのみ存在する自由記述に生々しい言葉で表現されている。いくつかの例を挙げてみると、

・医師が無理にＤＮＡＲに持っていこうとする状況
・患者の思いが尊重されない状況
・ＤＮＡＲが決定した後、医師が患者への興味をなくしてしまう状況
・医師からのＩＣの内容に疑問を感じる状況
・医師だけで方針が決定されていく（看護師の意見を聞いてくれない）
・医学的限界を超えた医師の治療により、患者の苦痛が緩和できない状況
・本当の終末期なのか、救命の可能性があるのに医師の判断でＤＮＲ（ＤＮＡＲ）が決定される状況

看護師への調査でも、本来の適応ではない患者にＤＮＲ（ＤＮＡＲ）指示が出され、治療が差し控えられている深刻な実態が浮かび上がっている。出されているのは終末期の人以外にも高齢、認知症、身寄りがない、日常動作が制限されている人。さらに自由記述では「家族が希望するとき」「先天性の異常がある場合」「経済的な問題がある場合」まで挙げられているから驚く。

この調査結果に、日本集中治療医学会生命倫理委員会も、当然のことながら「すべり坂」を懸

念する。

終末期ではない患者についてＤＮＲ（ＤＮＡＲ）指示が出される場合に危惧されるのは、その適応が何の指針もなく広げられることである。……次第に「高齢だから」、あるいは「ＡＤＬが低くなることが〝予想されるから〟」という理由に適応が広げられ、やがて、いわば社会的弱者と呼ばれる患者にまで適応が広げられやすい〝滑りやすい坂道〟状態になりかねない。またＤＮＲ（ＤＮＡＲ）指示のみならず、非蘇生行為にまで差し控えが及ぶとなれば、それは患者にとって不利益となる可能性がある。

こうした調査結果を深刻に受け止め、二〇一六年一二月に日本集中治療医学会倫理委員会は「Do Not Attempt Resuscitation（ＤＮＡＲ）指示のあり方についての勧告」★7を出した。「ＤＮＡＲ指示のもとに基本を無視した安易な終末期医療が実践されている、あるいは救命の努力が放棄されているのではないかとの危惧が最近浮上してきた」と指摘し、全七点の勧告を挙げて是正を求めている。また、日本臨床倫理学会が作成・公表している日本版ＰＯＬＳＴ（ＤＮＡＲ指示を含む）についても、勧告は「急性期医療領域で合意形成がなく、十分な検証を行わずに導入することに危惧があり、ＤＮＡＲ指示を日本版ＰＯＬＳＴに準じて行うことを推奨しない」とした。

前述のように入院／入所時の「機械的な手続き」と化した「和製ＰＯＬＳＴ」にも同じ危惧があるだろう。

この調査結果は、すでに多くの終末期ガイドラインが出されてきた今日でも、日本の医療現場の意思決定のあり方は旧態依然として変わっていない可能性を示唆している。前章のポウプの言葉（163ページ）を借りるなら、患者との意見の対立に際して英米の「無益な治療」論者の医師たちは「患者のあなたは間違った決定をしているから、私たちはあなたの言うことには耳を貸す必要はない」と言っているが、日本では「どうせ患者のあなたは間違った判断をするに決まっているから、医療については専門職である我々が決める。患者のあなたは知る必要も決める必要もない」と言っていることになる。知らせなければ対立も起こらない。

日本の医療現場には「患者の自己決定権」という概念そのものがほとんど存在していないのでは……といぶかってきた者として、私には日本の「尊厳死」「平穏死」をめぐる議論が欧米の安楽死や医師幇助自殺を引き合いに出して「死の自己決定権」の文脈で進んでいくことに、最初から違和感があった。実は判断しているのは医師でありながら、その判断を患者側に追認させることがＩＣであり患者の自己決定――。そういう慣行が定着している日本の医療現場では、「尊厳死」「平穏死」はむしろ日本型の「無益な治療」論として機能していくのではないかと懸念していた。日本集中治療医学会の調査があぶりだしているのは、私の懸念がすでに現実となってしまっている。

まった実態なのではないだろうか。英国の一方的なDNR指示やLCPで起こった事態（134ページ）は、決して「対岸の火事」ではないのだ。

「神経難病」と「重症心身障害者」ついに名指し

日本病院会倫理委員会から二〇一五年四月二四日付けで、「『尊厳死』――人のやすらかな自然の死についての考察」★8という文書が出ているが、どのくらいの人が知っているだろうか。公表当時、「日本病院会、延命中止で六事例　終末期医療、家族に提案」や「延命措置続けますか　家族が問われる想定六例示す」などのタイトルでいくつかの新聞で報道もされたが、さほど話題になっていないという印象だった。ほとんどの人が存在すら知らない文書ではないだろうか。

この文書を公開する意図を説明する日本病院会会長の短い文章一ページと、その後の本文四ページとで構成されており、本文の「委員会におけるコンセンサス」の中に、以下のくだりがある。

延命について以下の例のような場合、現在の医療では根治できないと医療チームが判断したときは、患者に苦痛を与えない最善の選択を家族あるいは関係者に説明し、提案する。

ア）高齢で寝たきりで認知症が進み、周囲と意志《ママ》の疎通がとれないとき
イ）高齢で自力で経口摂取が不能になったとき
ウ）胃瘻造設されたが経口摂取への回復もなく意思の疎通がとれないとき
エ）高齢で誤飲に伴う肺炎で意識もなく回復が難しいとき
オ）癌末期で生命延長を望める有効な治療法がないと判断されるとき
カ）脳血管障害で意識の回復が望めないとき

・下記の事例はさらに難しい問題で、今回は議論されなかった。
ア）神経難病
イ）重症心身障害者

不思議な点がいくつもある。まず、コンセンサスは冒頭、「尊厳死」を「自分が不治かつ末期の病態になった時、自分の意思により無意味な延命措置を差し控えまたは中止し、人間としての尊厳を保ちながら死を迎えること」と定義しているのだが、この下りで挙げられている六例のうち オ）を除く五例は「不治」ではあっても「末期」ではない。しかし、「延命については……患者に苦痛を与えない最善の選択を」という微妙な表現が意味するところは、文章全体の文脈の中で読めば、報道記事のタイトルにあった通り「尊厳死を」ということだと推測される。

同様に、前文では「認知症が進み周囲との意思の疎通もなく寝たきりの高齢者」が「重篤な心血管・脳血管障害、悪性疾患などを患われたとき、そして本人の意思確認をとることが難しいときの医療者の取るべき対応について議論すべきときが来ている」と書かれているが、実際に提示されているア）では、その段階よりもはるか手前から延命中止の対象とするよう提言されている。六例以外に「今回は議論されなかった」として挙げられている「神経難病」と「重症心身障害者」も同様に「末期」ではない。しかし「今回は議論されなかった」とは、いずれ尊厳死の対象とすべき者の射程内とイメージされている、ということだろう。言及しないという選択肢もあるはずだが、「今回は議論されなかった」対象者像がわざわざ明記されていることにも、一定の意図が透けて見える。

一言で言えば、日本病院会の倫理委員会は自らの「尊厳死」の定義には当てはまらない人たちへの尊厳死を提言しているのだ。「終末期」の人の「自己決定」で「無意味な延命」をやめることと「尊厳死」を定義しておきながら、実際には「終末期」ではない、QOLが低い人にまで「代理決定」による尊厳死が提唱されている。さらに、いつの間にか「終末期」からすりかえられた「QOL」指標によって、将来的にはその対象範囲がさらに拡大されるであろうことも暗示されている。

第2部第1章、第2章で、海外の「死の自己決定権」と「無益な治療」論で起こっている「すべり坂」現象として、対象者のなし崩し的な拡大と、スタンダードの「救命可能性」から「QOL」への変質を指摘したが、同じことがここでも紛れもなく起こっている。「委員会のまとめ」では「高齢者」の医療費の増大が皆保険制度を脅かしているとの指摘もあり、「無益性」概念が「分配の正当化」として不当に使われているとのトゥルーグの指摘を思わせる。

しかし、もっと不思議なのは、上記引用箇所の最初の部分にある「医療チームが判断したときは……家族あるいは関係者に（医療チームが）説明し、提案する」の箇所だ。日本病院会倫理委員会の「尊厳死」の定義でも「自分の意思により」とし、「尊厳死」が正当化される根拠をあくまでも「患者の自己決定」に置いているのだが、その一方で同じこの文書が提唱する「尊厳死」「人の自然な死」とは医療チームが判断し、説明し、提案するもの。事故の翌日に「自己決定」で呼吸器を外して死んだ米国のバウアーズ（99ページ）の事例のように患者の意思や判断から話が始まるのではなく、日本では医療チームの判断から話が始まろうとしているのである。

決めているのは実は医師なのだけれど、その判断が多職種に指示として言い渡されることによって「医療チームで」の判断とみなされ、その（医師の）判断が患者や家族に「説明」され「提案」されて、患者側がそれを追認すれば、それが患者サイドの「自己決定」とみなされていく――。数々のガイドラインができた今でもなお、医療現場ではそうした「日本型『患者の自己決定』」が、個々の医師の「常識」として、あるいは医療機関ごとの「文化」として、根強く残っている。

日本型「無益な治療」論としての「尊厳死」

考えてみれば、日本で「尊厳死」「平穏死」の法制化を求める声は、もともと患者サイドからではなく医師から上がったものだった。病院の医療のあり方に批判的な在宅医や施設の医師たちが、病院の終末期医療では患者はいたずらに苦しめられるだけだから、一定の状態になったら患者は自分の意思で積極的な医療を拒否して尊厳死や平穏死を選べと、医師から患者に向かって説き広められる形で議論が始まった。やがてコスト論があからさまに紛れ込み始めると、この議論の当初には批判されてきた側である病院の医師の中から患者に向けて、医療制度の持続可能性のために高齢者は自分の意思で医療を遠慮しろといわんばかりの議論まで出てくるようになった。

医療制度の持続可能性、すなわち限られた医療資源をどのように分配するかという問題は、トゥルーグが言うように、個々の患者の治療の無益性をめぐる判断とは別途、社会や政治のレベルで、公平かつ客観的な基準を定めていくべき問題だろう。一方、同じくトゥルーグが認めるように、バイオエシックスの本場の米国ですら、その公平かつ客観的な基準はなお作られていない（143ページの注26）。日本にそんな基準が存在するはずもないが、日本ではそれについて社会的な議論が喚起されるよりもむしろ、本来は筋違いである個々の患者の責に問題が落とし込まれて、患者は「問題解決のために高齢者は忖度しろ。治療放棄を自己決定しろ」と高圧的な医師に恫喝されているかのようだ。これもまた、極めて日本的な医師 - 患者関係を象徴する現象と言えるのだろうか。

英米カナダで「無益な治療」訴訟が起こされる時、多くの場合、家族は患者が入院している当の病院を相手に争う。ゴンザレス事件（125ページ）もゴラブチャック事件（132ページ）もラスーリ事件（133ページ）も、その他、無益と判断された生命維持の中止決定に抗って家族が起こした訴訟の多くが、患者の入院中に当の入院先の病院と法廷で争うものだ。その強靭な精神力を支えているのは、やはり個人の権利への強固な意識だろう。患者が治療を受ける権利。自分の医療について知る権利。自分が受ける治療について自分で決める権利――。まさに、英国のジャネット・トレイシー（136ページ）の夫が訴訟を起こしてまで「自己決定能力があるにもかかわらず患者の知らないうちにDNR指示が出されていたのは患者の知る権利、自己決定権への侵害である」と主張した、あの明快な論理だ。それは、「医療の主体は患者である自分にある」との強烈な主張なのである。この強烈な主張を土台にした「患者の自己決定権」という概念の先に、その究極の形として接続する「死の自己決定権」もまた、そうした強固な権利意識に裏打ちされたものだ。

翻って、日本の私たちが「お世話になっている」病院を相手に、自分や家族が入院中にこうした訴訟を起こすということは、私にはちょっと考えられないほど困難なことのように思える。日本の患者は今なお終末期どころか生殖補助医療の現場ですら、医師の不興を買うことを恐れて質問すら躊躇している（44ページ）。

「患者中心の医療」を提唱する医師である加藤眞三は『患者の力――患者学で見つけた医療の新しい道』（春秋社 2015）で、「重藤さん〔児玉注：乳がんの治療法を巡って主治医と二時間の激論を繰り広げた人〕のように自分の要求を主張する患者が現れたとき、ほとんどの医療職は驚いてしまうだろう。あるいは、そのような患者をモンスターペーシェントと呼んでしまう場合もあるかもしれない」（p.188）と書いている。今の日本の医療現場では、「患者の自己決定権」に基づけば当たり前に行われるべきことを求めただけで、たちまち〝モンスター〟認定を受けかねない。それは私自身が繰り返してきた個人的体験でもある。医療一般において日本の患者と家族はそうした状況に抵抗するすべを未だ持たないままだというのに、はたして終末期医療でだけは医師が患者の意思を尊重してくれるとナイーブに信じられるものだろうか★9。

昨今、日本でも欧米諸国と同じく「死の自己決定権」として安楽死や医師幇助自殺の合法化を求める声があがり始めているが、そこで言われている「死の自己決定権」は患者こそが医療の主体であるとの強烈な主張に十分に裏打ちされているだろうか。終末期の手前の日常的な医療のところから「自分の医療についてはきちんと知る権利」、「自分の医療について自分で決める権利」

を要求する強固な意志が、これまで日本の患者の中に育まれてきただろうか。そうした「患者の決定権」を求める声と、専門職のインテグリティとしての「医師の決定権」を主張する声がはたしてきちんと対立してきただろうか。その対立をめぐる長く粘り強い議論が私たちの国にもあっただろうか。

私には、日本では「患者の決定権」は「医師の決定権」に対してきちんと対立することすら未だできていないのが実情だと見える。英語圏の医療倫理の議論が「パターナリズム」から「患者の自己決定権」、そして「無益な治療」論の「医師の決定権」へと経めぐりながら、さらに「共同意思決定」へと議論を重ね、いわば「らせん状」にぐるりと一回りしてきたとしたら、日本にはその「らせん」のプロセスの内実が欠けている分、旧態依然としたパターナリズム文化の中で、「患者の自己決定」を装った「無益な治療」論がステルスで進行していく怖さがある、と私は考えている。

いまなお医師の決定権が圧倒的に強く、「患者の自己決定権」概念が医療職サイドにも患者サイドにも十分に成熟していない日本で、「死の自己決定権」という言葉だけが安直に輸入されても、それは人生の最後に患者の意思を本当に尊重するための概念としては機能し得ないのではないだろうか。むしろ「死の自己決定権」が喧伝されたり、よもや法制化された場合、それは日本型の「無益な治療」論として機能していくリスクが大きいと思う。

★注

1 「東京女子医科大学新生児集中治療室における治療方針決定のクラス分け」については、たとえば櫻井浩子 2008「障害新生児をめぐる『クラス分け』ガイドライン——その変遷と課題」*Core Ethics* Vol.4、松永正訓 2018「トリソミーの赤ちゃんに『積極治療するな』クラス分けで見捨てられる命」ヨミドクター https://yomidr.yomiuri.co.jp/article/20180202-OYTET50005/

2 この時の発表者、小児科医の島津智之が二〇一六年に出した著書『スマイル 生まれてきてくれてありがとう』（クリエイツかもがわ）では、この子は五歳になっていることが報告された。

3 ブログ「Ashley 事件から生命倫理を考える」二〇一二年一一月二六日エントリー「医師が主導して考えさせ、医師の指示書として書かれる終末期医療の事前指示書ＰＯＬＳＴ」：二〇一三年六月一六日エントリー「一方的な「無益な治療」拒否のアリバイ化するＰＯＬＳＴ」

4 http://globe.asahi.com/feature/side/2014081400024.html

5 http://square.umin.ac.jp/j-ethics/workinggroup.htm

6 日本集中治療医学会倫理委員会 2017「日本集中治療医学会評議員および会員医師の蘇生不要支持に関する現状・意識調査」『日本集中治療医学会誌』24, 227-43; 日本集中治療医学会倫理委員会 2017「日本集中治療医学会会員看護師の蘇生不要支持に関する現状・意識調査」『日本集中治療医学会誌』24, 244-53

7 日本集中治療医学会倫理委員会 二〇一七年「Do Not Attempt Resuscitation（DNAR）のあり方についての勧告」『日本集中治療医学会誌』24, 2008-9

8 https://www.hospital.or.jp/pdf/06_20150424_01.pdf

9 山本洋子著『死に場所は誰が決めるの？ ＥＶウイルスＴ型悪性リンパ腫の夫を看取った妻の記録』（2016 文芸社）には、患者自身は積極治療を辞めて家に帰りたいと繰り返し訴えているにもかかわらず、次々に検査と治療を強要されて無念の死に至った経緯が詳細につづられている。筆者は患者の妻で保健師でもあり、この体験を経て尊厳死の法制化を望んでいるが、私はこの事例での問題のありかはそこではないと思う。患者自身が治療方針に納得していなくてもここまで無力化され意思を黙殺されてしまうほどに「医療については医師がすべてを決める」という感覚が根深いなら、患者が尊厳死についてどのような考え方を持っていたとしても、それもまた尊重されることはない。すべては個々の医師の考え方次第で決められてしまうということだ。この事例の本質的な問題は「尊厳死が法制化されるべきか」にあるのではなく、むしろ「医療の主体は誰か」という、医療のあり方そのものへの根源的な問い直しの問題。それを踏まえて「誰がどのように決めるべきか」という意思決定のあり方の問題だと思う。

第3章

意思決定の問題として「無益な治療」論を考える

「対立」の中で家族を傷つけるもの

英語圏の「無益」をめぐる議論を追いかけていると、「決定権を患者に明け渡すと医師のインテグリティが損なわれる」とか「決定権はどちら側にあるか」といった防衛的で敵対的な問題設定に、だんだん息苦しくなってくる。マクマス事件（144ページ）での「医師が脳死と診断した以上、ジャハイはもう死体。それが理解できないのは科学に対する無知蒙昧。死体に治療をしろと言うのか?」と親に詰め寄るような激烈な批判と、そこに滲む露骨な蔑視には、ここには「医学」はあっても、もはや「医療」は存在していないのではないか、という気すらした。

問題は「死の定義」ではなく、決定権がどちらにあるかという問題ですらなく、本当は誰かの身に思いがけなく起こった重大な事態をどのように受け止め、その中でいかに本人と家族の苦悩に寄り添うか、という問題だったはずではないのだろうか。そういう姿勢が欠落した合理一辺倒の強権的な姿勢、医師の決定権やインテグリティを守ることを第一とする防衛的対立的な姿勢、その中で「無知だ」「愚かだ」と家族を見下すまなざしに、家族は尊厳を奪われ、最も傷ついているのだと思う。

近年の英国のガード、エヴァンズ（162ページ）など、裁判所の命令によって親の目の前で強権的に新生児から治療が引きあげられていく事件のニュースに接するたび、いつも感じるのも、大きく深い悲しみだ。確かに、子どもにとって何の利益もなく苦痛にしかならないことを親が理解できず、理不尽に治療を求める事態はあるだろう。そういう事態で治療が続行されることは、患者本人のために避けるべきだと思う。誤解しないでもらいたいのだけれど、どんな時でもすべての人を生かし続けるべきだと私は考えていない。今のようにコスト論がらみで変質する前の本来の意味での「無益な治療」論、つまり米国複数学会が定義しなおした「生理学的無益」――トゥルーグの言う「資源の利用可能性や関係者の価値観を問わず、どの患者にも行うべきではない治療」――に立ち返ったうえで、あくまでも個別の患者の個別の症状や状況に即して決めることだと考えている。もうどうしたって助けてあげることができないのに今さら甲斐のない治療で苦しめるようなことは、家族にもしたくないし私自身もそんなことをされるのはごめんだ。

難しいのは、固有の患者にとって何が最善の利益かを見出すことが簡単でないことだろう。医療そのものが宿命的に不確実性を逃れられないのであればなおのこと、所詮すべては結果論になってしまう。それほどまでに不確実なのが医療というものだからこそ、その不確実性の結果を一身に引き受けるしかない患者本人の思いや意思が、せめて尊重されてほしい――。それがそもそもの初めに「患者の自己決定権」や「インフォームド・コンセント」という概念が登場してきたココロだったはずだ。

それを思うとき、チャーリーやアルフィーの事例で親が体験するもののむごさを改めて思わざるをえない。対立と争いが続いた果てに、無力感と敗北感、納得できない思いを抱えた両親の目の前で、委員会の決定や裁判所の命令によって強引に生命維持装置が取り外され、子どもが死んでいく――。仮にその決定が医学的あるいは合理的には「正しい」のだとしても、そんな形で我が子を失った記憶を抱えて生きていかなければならない親たちの胸のうちを想像すると、頭で考える「正しさ」だけでいいのか、と突き上げてくる思いがある。そういう残酷な事態を回避し、親が心で納得できるための話し合いの努力を、もう少し丁寧に時間をかけて続けることはできないものか、とやり切れない。

13／18トリソミーの子どものＱＯＬ

興味深い調査結果が、二〇一二年にカナダの小児科医で生命倫理学者のアニー・ジャンヴィエらから報告されている★1。

あまりに障害が重く短命であるために積極的治療は無益とされてきた13／18トリソミーの子どもをもつ（すでに子が死亡している場合も含む）親たちに調査をしたところ、ほとんどの親たちが障害告知の際に医療職から非常に悲惨な展望を描かれていた。「その子がいたのでは生活できない」と告げられた人が八七％。「その子は生きている限り苦しむことになる」と言われた人が五七％。「植物状態となる」が五〇％。「その子がいたのでは家族生活が台無しになる」と言われた人が二三％。

ところが、子どもと暮らしている（かつて暮らした）親自身は、ほとんど（九七％）が我が子はハッピーな子どもである（あった）、と感じていた。生きた年月の長さとは無関係に、子どもは家族や夫婦の生活を豊かなものにしてくれた、と答えたのである。主著者のジャンヴィエは「我々の研究が示しているのは、医師と親とではＱＯＬとは何かという点で考え方が違う可能性」である、という。

近年、13/18トリソミーの新生児については、積極治療の対象から外されてきたから短命に終わっていただけで、実際には長く生きる子どももいることや手術で生存率が上がること、その後のQOLも多様であることなどが分かってきている★2。それにも関わらず、「13/18トリソミーだというと一律にすぐに死んでしまうから治療は無益だとする姿勢と、そうした姿勢に基づくものの言い方が不幸にも多くの対立を生んできた」と、ジャンヴィエは翌二〇一三年の論文★3で書いた。重い障害のある生を価値の低いものと見なす医療職の価値観が親への説明姿勢に影響し、たとえば、「もうできることはない」「望みはない」「致死的」「無益」「植物状態」「次の子どもを作ったほうがいい」「こういう子はうちのNICUでは受け入れない」などの医療職の言葉に親は傷ついている。医師が家族と子どものウェルビーイング（身体的・精神的・社会的に良い状態にあること）に寄与することができるためには、生存年数と重い障害だけしか見ない自分たちの視点と親の視点とは異なっていることを理解し、一律に「致死的」とする姿勢を改めて個別の患者中心のアプローチをとるべきだ、と主張した。

常になにがしか、私たちにできることはある。……（治療が量的には無益だとしても）こうした悲劇的な時にも私たちは常に家族を支えるためにそばにいてあげることができる。子どもの痛みや不快にできる限りの対応をすると約束することができるし、お子さんにとって一番大切なことは愛してくれるご両親がいることなんですよ、と親に伝えることもできる。……（もちろん非現実的な希望を与えてはならないにせよ）私たちには、お子さんが可能な限り最善の生を送ることができるように力を尽くしますと約束することができる。★4

「生存年数と重い障害」にくぎ付けになった眼が、親子の人生の時間と、そこで生きられてきた固有の関係性へと放たれた時に、そこで初めて見えてくるQOLというものがある。それはおそらくトゥルーグが言う（131ページ）ように、相手が間違っていると確信があってもなお他者の選択を許容してみようとした時に、「自分の正しさ」から他者である相手への視点へと目が投じられて、そこで初めて見えてくるものなのだろう。「正しい」か「間違っているか」という問題ではなく、それは、これまで見てきたものの「違い」、あるいは同じものの見え方の「違い」なのだ、ということが理解できた時に初めて、重い障害と病態だけを見て「どうせ、もうできることは何もない」と切り捨てる姿勢が、ジャンヴィエが説く「せめて、なにがしかできることを」と最後まで最善の生を支えようとする姿勢に転換するのではないだろうか。

ホームレスの両親が望んだ「あらゆる手段」

トゥルーグが二〇一〇年二月にNew England Journal of Medicine（ＮＥＪＭ）誌の論考〝Is it Always Wrong to Perform Futile CPR?（無益な心肺蘇生を行うことは常に間違いなのか？）〟[★5]で紹介して、大きな批判を浴びた事例がある。

二歳の先天性脳ヘルニアの男児。手術後も神経障害が重く、将来的にもなんら意味のある神経発達はないだろうと両親には告げられていた。両親はホームレスだった。病院に来るなり「まさかウチの息子を殺しちゃいないよな」と口走るほどの根深い医療不信があった。医療スタッフは何度も説明を繰り返しては、本人の安楽を第一とする緩和的な治療への方針転換を勧めてきたが、両親は頑として受け入れようとしなかった。ＤＮＲ（蘇生無用指示）にも同意せず、とにかくできることはすべて手を尽くしてほしいと望み続けた。

そのため、心停止が起きて駆けつけた時、トゥルーグはこの子はもう死んでいると直感しながらも、スタッフの誰から見ても無益な心肺蘇生を命じた。もちろん、助けることはできず、一五分後に中止を指示。関わったスタッフには耐え難く、大きなストレスとなった。

病院に駆けつけてきた両親のもとに説明に向かいながら、トゥルーグは救命できなかったことをさぞ責め立てられだろうと覚悟した。しかし、小さな亡骸を抱いた両親は思いがけず穏やかだった。父親は息子のシャツを開いて、心肺蘇生による痣だらけの胸を見せ、率直な感謝の言葉を述べた。「お礼を言います。これを見れば、本気で助けようとしてくれたことが分かる。さっさと諦めてこの子を死なせたわけじゃないと分かります」。それを聞いた時にトゥルーグは、自分たちは正しいことをしたと感じたという。そして、「無益な心肺蘇生を行うことは常に間違いなのか?」と問う論文を書いたのだった。

もちろん、この心肺蘇生の決断に多くの倫理上の問題があることはトゥルーグ自身も認識している。たとえば、患者の最善の利益よりも家族の利益を優先したこと、明らかに医学的に無益な医療を親の希望だけで実施したこと、貴重な人的資源を内実のない医療行為に従事させた判断、個々の医療職の燃え尽きに繋がりかねない行為をスタッフに強いたリーダーとしての判断の是非などの問題を、彼自身が論文で羅列している。それにも関わらず、彼は論文の最後に「ほとんどの疑問に対して、自分が説得力のある答えを持ち合わせていないことは承知している。私がしたことを批判する議論は私にも理解できる。が、あらゆることを考慮してなお、この患者と家族に私たちはあの晩正しいことをしたのだという確信が私にはある」と書いた。

彼はこの論文で多くの批判を浴びたが、その後もこの事例について考え続けた。二〇一一年一一月に行った〝Medical Futility: When is Enough Enough? (医学的無益性：どこまでやれば

enough〔もう十分〕なのか?〕〟という講演★6でもこの事例に触れて、「もちろん医療職には無益な治療も無益な心肺蘇生も申し出なければならない義務はないが、時にはそうしてよいケースというものがあるのではないか」と、またも煮え切らない締めくくり方をした。

私がこの講演をウェブで聞いた時に最初に考えたのは、生命倫理学者である以上、彼には「時には」がどういう場合であるかを明確にすることが求められるはずだ、ということだった。けれど同時に、それを明確にすることは極めて困難だろうとも思った。「無益な心配蘇生は場合によって是か」という枠組みで「正しさ」の問題と捉えている限り、彼の煮え切らなさの根底にあるものは認識できないという気がしたのだった。そのことについて、私もずっと考え続けてきた。

誤解されては困るのだけれど、私はこの事例での心肺蘇生実施の判断を肯定はしない。本人には利益がなく苦痛にしかならない措置を家族のためにのみ行うということには基本的に反対だし、表現できなくなっているだけで万に一つでも苦痛を感じる可能性が残っているとしたら、死にゆく時に自分なら余計な苦しみを与えられたくないし、また家族に与えるような判断もしたくない。

私がこの事例に強く惹きつけられて考え続けたのは、「ある医療措置をすべきかどうか」という問題設定の枠組みでは見えなくなっているものがあるのではないか、という疑問だった。こうした事例を提示されて、この判断を是か非かと事後的に問われれば、誰だって「非」と答えたくなるが、それは同時に「どちらが正しいか」という、その問題設定の枠組みに取り込まれてしまうことでもある。むしろ、この事例では「何が正しいか」という枠組みを外してみるべきだったのではないか……。そのことを考え続けてきた。

医療職と親も関係性の中で揺らいでいる

トゥルーグは「子どもが何度もＩＣＵに入院するにつれ、私は一家のことをよく知るようになった」と書いているが、もし一家がトゥルーグにとって、いきなり運び込まれてきた見ず知らずの患者とその親だったとしたら、同じ状況下で彼は果たして心肺蘇生を「やってあげよう」と感じただろうか。はっきり論理的に説明はできないけれど、主治医として特定の親子に対して「やってあげたほうがいいんじゃないか」と感じてしまう気持ち。その相手との関係性の中でそこはかとなく生じてくる、数値化も差引勘定もできない気持ち――。トゥルーグの割り切れなさの根底にあると思うものを私なりの理解で言葉にしてみると、固有の医療職の心理は固有の親との関係性の中にあるということだ。他ならぬ、この両親と固有の関係性の中にあるために、「何が正しい選択か」と頭で考えるトゥルーグと、「やってあげたほうがいいんじゃないか」と心で感じるトゥルーグは引き裂かれてしまう。それはトゥルーグがその一家のことを「良く知るようにな」るうちに、一家といつのまにか「出会って」しまったということだ。いまだ「出会って」

いない、いまだ関係性が結ばれていない親子であれば、迷うことなく「無益だからやらない」と決断できたのだろうに。

トゥルーグはジャーナル上での批判に応えて「いずれにせよ、単純化された倫理上のルールや原理では、終末期医療においてしばしば働く複雑なダイナミクスにきちんと対応できるとは限らない」と書いている。その「複雑なダイナミクス」の一つが「関係性」だろう。逆に言えば、親の心理もまた、病院や医師をはじめとする医療スタッフとの関係性の中にあり、常に一定ではなく揺らいでいる。それならば、むしろその「複雑なダイナミクス」の中にこそ、事態が変化する希望もあるということではないのだろうか。

親と病院や医療職との関係性はまた、それ以前の親と社会との、より大きな関係性の中に包み込まれており、それら関係性のいわば「入れ子構造」の中で、日々の体験や状況によって常に揺らいでいるものなのだと思う。病院に来るなり「まさかうちの息子を殺しちゃいないよな」と言わないでいられないほどの猜疑心とは、医療や目の前の医療職への不信より以前に、ホームレスとして生きざるを得なかった両親の社会への不信であり猜疑ではなかっただろうか。おそらくは社会から enough を得たと感じたことが少なかっただろう両親の「まさか殺しちゃいないだろうな」という猜疑の言葉の裏にあったのは、我が子がまたも enough を奪われて「さっさと」死なされてしまうという怖れではなかったろうか。その怖れのさらに奥底にあったのは、我が子が差別的な扱いでケアを減じられることなく他の子どもと同じように手厚く遇されてほしい、という願いだったろう。

それなのに、ただ一方的に「医学的にはこれが正しいのだよ」という姿勢で説明され、DNRへの同意に向けた説得ばかりを繰り返されても、この両親にとっては「我が子はここでもenoughを奪われようとしている」としか感じられなかったことだろう。本当の意味で両親を意思決定の主体とするためには、「何が医学的に正しい選択か」と医療職が頭で考える問題設定の枠組みをはずして、「両親が求めているのは何か」を心で感じとろうとする姿勢へと転じることが必要なのではないだろうか。それは医療専門職が「医学に無知な親」を一方的にまなざす姿勢が、同じ人としての平地で「この子の親である、この人たち」と出会おうとする姿勢に転じられること、と言い換えることもできる。そうすればこの両親が切望しているenoughに気づき、日々のケアや両親との対応の中でその願いに応えようとすることもできたのではないだろうか。

一方が変われば、それを受けて他方もおのずと変わっていくのが人と人の関係性の妙というものだろう。ずっと昔の母子入園で高いところから「指導」する人たちばかりの中、A先生の「正直なところ、僕にも分からない」という一言が私の迷いを吹っ切ってくれた（75ページ）ように、人は他者との関係性の中で相手の態度や言葉によって思いもよらぬ形で変容させられるものだ。医療職の姿勢や対応が変われば、おのずと両親との関係性も変わった可能性があるのではないか。そこにこそ、トゥルーグのいう「臨床現場での複雑なダイナミクス」の妙味があり、人と人との関係性の中にある臨床現場の希望があるのではないか、という気がする。そして、おそらくは、その希望の先にしか家族の姿勢が変化する可能性もないと思う。少なくとも「親が頑なだから／無知だから、せっかく医学的に正しい選択肢を提示してやっているのに理解しない」と専門性の高みから一方的な判定の眼差しが向けられている限り、そこにある固有の親と固有の医療職との関係性が変わることはない。

医療職と患者の関係性をいかに問い直すか

海外の「死ぬ／死なせる」をめぐる議論を追いかけてきて、いつからか、これは実は「いかに死ぬか／死なせるか」という問題ではなく、終末期医療の問題ですらないのでは……と私は考え始めた。むしろこの問題の本質は、終末期よりも手前のところの医療一般において「医療をめぐる意思決定はいかにあるべきか」という問題、さらに言えば、もっと根本的なところで「医療職と患者（家族）との関係性をいかに問い直していくか」という問題ではないか、と考えるようになった。

昨今は「共同意思決定（shared decision-making）」や「意思決定支援」の大合唱で、アドバンス・ケア・プランニング（ＡＣＰ）が大流行のようだし、終末期の意思決定をめぐってもガイドラインがいろいろできている。けれど、それこそトゥルーグが言うように「単純化された倫理上のルールや原理では、終末期医療においてしばしば働く複雑なダイナミクスにきちんと対応できるとは限らない」だろう。それは、手法や手順やアプローチやツールさえ整えられれば解決できる性格の問題ではなく、私が三〇年前からずっと感じてきた、医療職と患者・家族との「溝」はいかに超えていけるのか、という問題なんじゃないだろうか。医療職と患者の「関係性」はいかに問い直されるべきか、という問題。「医療職と患者はいかに『出会う』ことできるか」という問題と言い換えてもよい。

その本質的な問いに目を向けなければ、どんなに善意によって練り上げられた「共同意思決定」や「意思決定支援」のツールやガイドラインであっても、すでに大きな時代の力動が作動している中では「死ぬ／死なせる」方向へと命を押しやっていく力動に回収され、医療サイドの「無益な治療」判断を専門職主導で追認させる手続きとそのアリバイに堕しかねない。そうなれば、英国のあのＬＣＰ（134ページ）と同じ道をたどることが宿命づけられている。

★注

1 Janvier, A., Farlow, B., Wilfond. B.S. 2012: "The experience of families with children with trisomy 13 and 18 in social networks." *Pediatrics*

2 たとえば、Nelson, K.E., Rosella, L.C., Mahant, S., et al. 2016: "Survival and Surgical Interventions for Children With Trisomy 13 and 18." *Journal of American Medical Association*

3 Janvier, A., Watkins, A. 2013: "Medical interventions for children with trisomy 13 and trisomy 18: what is the value of a short disabled life?," *ACTA PAEDIATRICA*

4 同前

5 Truog, R.D. 2010: "Is It Always Wrong to Perform Futile CPR?" *The New England Journal of Medicine*

6 ブログ「Ashley事件から生命倫理を考える」二〇一一年一二月一五日エントリー「Truogの『無益な治療』講演（二〇一一年一一月一〇日）前」

第4章

「出会い」から意思決定を問い直す

医療の世界との出会い

二〇〇七年にブログを始めてからの一〇年余りの間に、多くの研究者や障害者運動の関係者や医療関係者と出会ってきた。自宅に引きこもってほとんど読む人もないブログを書き続けていた当初ぽつりぽつりと出会ったのは、アカデミックな世界の人たちだった。そして二〇一一年に『アシュリー事件――メディカル・コントロールと新優生思想の時代』という本を書いたのをきっかけに矢次早に出会ったのは、障害者運動の関係者だった。それまで活字の中にだけ存在していた世界が、いきなり生身の人たちの人間臭い世界となって目の前にダイナミックに開けていく、鮮烈な体験だった。私がアシュリー事件を知るよりもはるか前から身体を張って実際に闘い続けてきた人たちの世界――。引きこもりブロガーがいきなりそんな濃密な世界に足を踏み入れてしまった戸惑いを覚えつつ、いろんなことに目を開かれ、学び考えさせられることの多い日々だった。

医師の世界との出会いは一番遅れてやってきた。二〇一四年のことだ。『アシュリー事件』刊行直後に出会って親しくなった滋賀県のびわこ学園の元園長、高谷清先生による基調講演が秋の重症心身障害学会で予定されていた。「死ぬ権利」の議論や「無益な治療」論への言及があるということだったので聴きに行くつもりにしていたところ、思いがけない展開から私自身がその学会でシンポジストとして登壇することになった。その打ち合わせの場が、私にとって「医師の世界」との初めての出会いとなった。

高谷先生以外の二人の医師とは初対面。それだけでも気が張るのに加えて、シンポジウムのテーマは「利用者の権利・最善の利益と治療方針決定～重症心身障害医療における家族・医療現場の思いとディレンマ～」。そのテーマを聞いた時から私の頭には「来たぞ。日本でも『無益な治療』論がついに表面化してきたッ」と警戒心が強く働いていたものだから、極度の緊張状態で出かけた。ところが実際に打ち合わせの席で話を聴いてみると、予想とまったく逆に、その場にいる医師にとって、意思決定のディレンマの中心課題とは「医師がやりたい医療を親がやらせてくれない」ことらしい。え……？？？　「無益な治療」論への警戒で気負いこんでいった私は、肩透かしどころか、まるきり想定外の事態に頭がとんでもなく混乱してしまった。

最初の発表者であるB先生の手元にはすでにパワーポイントが準備されており、そこで取り上げられている事例は三つ。そのうちの二つは、医師が提案する経管栄養の手術を家族が拒否した事例だった。一例は、横隔膜ヘルニアで気管が狭まって食事のときに頻繁にチアノーゼを起こしている成人女性。二三年前の手術で大変な思いをした家族がもう手術はこりごりだと拒否したために、本人は食事のたびに窒息するほどの苦しみを味わい続けている。もう一例は手術で救命できるのに親が拒否して在宅で看取った一四歳男児の事例。どちらも衝撃だった。

Ｂ先生のパワーポイントは、まず、これらの事例や、家族の中でも意見が異なる場合や身寄りがない場合など、様々な家族環境の人の医療を決めざるを得ない現場の悩ましさを解説する。その後で、複数関係者で結論を出し文書に残して公開性を維持することや、学会で事例を集積・検討して参考資料を作成することなどが提案されていた。

会議ではそれらの事例をめぐって、どんな状況下でも決めざるを得ない現場の悩ましさが口々に語られていく。それを聞いていると、まるで自分が、呼ばれたからといって一人前のつもりでオトナたちの前にのこのこ出てきた愚かなコドモのように感じられて、忸怩たる思いになる。それなのに、どこかの段階で水を向けられると、口は勝手にマシンガンのような勢いで言葉を弾き出し始めた。

「あのぉ、ちょっとびっくりしているんですけど、先生方にとって意思決定のディレンマって、『医師がやりたい医療を親がやらせてくれない』という話なんですね。私たち親からすると、逆に『親がやってほしいことをお医者さんがやってくれない』と、ずっと感じてきたんですけど……」と前置きをするや、日本の『本人の最善の利益』ではは、その場にいる一番エラくて声の大きなお医者さんがこれが最善の利益だと言ったら誰も反論せずそれで通ってしまう『最善の利益』に過ぎないのでは……日本の医療機関のＩＣ文化は、トップの医師のＩＣ観によって決まっていて、きわめてバラつきが大きいのでは……私たち親の体験としては、施設側の都合や職員配置の都合でしかないことが、親に向かっては『本人のため』と説明されてきたわけで……日本版ＰＯＬＳＴが普及して入所段階で緊急時の医療について意思確認がされていますけど、日本では法的根拠もないのに、あれでは決めることの強要にならないでしょうか……先生方のご事情もよく分かるんですけど、でも医療について誰がどのように決めるかという意思決定の問題が単に医療機関が困っている問題を解決するための手続き論になってもらったのでは、親としては困るんです……などなど。今から振り返っても冷や汗が出るほどの言いたい放題を繰り広げてしまった。

それでも三人の医師は最初から最後まで紳士的だった。時には「確かにそういう一面はあるかもしれない」とまで受け止めてもらった。でも、もちろん「児玉さんの言っていることは理解できるのだけど、外部の当直医の協力を仰がなければならないことなど諸般の事情から、医療現場としては何も決めておかないわけにはいかない」。打ち合わせの席が、まさにシンポのテーマの「ディレンマ」をそのまま浮き彫りにするような場になった。

その会議は私にとって、「医師が立っている場所からは意思決定のディレンマはこのように見えている」と、生々しい現実を丁寧に描いて見せてもらうような体験だった。それは、たとえばそれがビデオ作品だったとしたら、イヤも応もなく共感し、そこで言われていることに全面的に同意してしまうくらい説得力のある、完結した世界だった。そこで描き出されるのは、確かに「重症児者の命を救おうとする医師」vs「医師の提案する医学的正解を拒否して、あたら助かる我が子を見殺しにする親」という構図でしか捉えられない現実の数々。そこには生々しいリアリティがあった。困るのは、親である私が身を置く場所にも、これまで体験してきたものが独立した世界としてリアリティをもって成立していることだ。両者は互いにあまりにも遠く隔たっていて、隔たったままにそれぞれ説得力のある世界を描いて自己完結している——。そのことに私は驚愕し、打ち合わせから帰って来ても惑乱し続けた。

トラウマ

惑乱するのは、私自身にも覚えがないわけではないからだ。ちょうど、その一年ほど前、海の状態が悪くなって、医師から「さらに悪くなるようだったら、転院も考えないといけないかもしれません」という話が出たことがあった。その時、転院先の総合病院の名前を聞いて、私は瞬時にパニックをきたした。さかのぼること一〇年ほども前、海はその病院に転院して腸ねん転の手術を受けた。その時に、術後の痛みの管理も栄養と水分の補給も十分にしてもらえずに親子ともたいそう苦しんだ。その体験が私にはトラウマになっている。その病院への「転院」という話の不意打ちに、前回の体験がわっと奔流となってよみがえり、平静さを失った。その病院で外科スタッフの重症児に関する無知と偏見によって私たち親子がどんな体験をしたかを、その場で猛烈な勢いでまくし立てずにいられなかった。

ただ、その時はさいわいなことに、その直後から投与が始まったステロイドで海は急速に回復に向かったので、「転院」の話はそのまま立ち消えになった。そのため、私の中でその一件は「暫定的な転院の打診はあったけど、実際に検討する必要はないままになった」というエピソードとして記憶された。ところが後日、その時のことが療育園スタッフ間では「医師が転院を提案したのに、お母さんがその場で断固拒否した」という話として伝わっていることを知り、絶句した。私には「その場で転院を決断しろと求められた」覚えもなければ「転院はしません」と「拒否」した覚えもないのに。あの時、私は過去のトラウマ体験が一気によみがえってパニックし、「その場ですぐには対応できなかった」だけだったのに……。釈然としない思いが残った。

一方では、今後も同じような状況が起こりうるのだとしたら、このままではいけない、どうしたらいいのだろう……と、その後ずっと途方に暮れている。海のためには、今回のように自分の過去のトラウマに左右されることなく冷静に判断できるようにしておかなければならない、と思う。ただ、そのためには何をどうしたらいいのかが分からない。分からないまま、矛盾に満ちた思いの間をぐるぐると行ったり来たりしている。

かつて命を救うために送られたはずの病院にあったのは、外科スタッフが重症児者について「自分は知らない」ことを自覚すらできないほどに「知らない」ために、繊細な判断が必要な場面で乱暴となり、大胆に判断すべき場面で「こんな子は何が起こるかわかったもんじゃない」と臆して必要な治療が手控えられてしまう医療だった。その判断のことごとくが海には無用な苦痛や不快として、あるいは生命のリスクとなって降りかかった。それなのにまともな説明となく、説明や障害への配慮を求めれば「迷惑な患者を引き受けてやっているのに要求の多い親だ」と露骨な白眼視を受けた。結果的に生還できたからよかったものの、海の入院中の私は、こんな酷い目に遭い続けた挙句に万が一のことがあったら、これではなぶり殺しじゃないか……と、夜毎に歯ぎしりする思いだった。あれを海にもう一度経験させるのか……と想像しただけで、そのむごさに気持ちが折れてしまう。

「行った先にあるかもしれない命のリスク」と「行かなかった場合の命のリスク」を秤にかければ、後者が圧倒的に大きいに決まっていると医師は言うのだろう。でも、それは「そこで行われる治療の内容」だけを天秤にかけた結果だ。親の天秤は「そこでなにが行われるか」と同じくらい「その治療がこの子の固有のニーズに配慮してどのように細やかに行われるか」を問題としている。プロセスが我が子にとってどんな体験となるかも、重症者では命にかかわる重大問題なのだ。困るのは、親が求めている天秤の答えは、きっと本当のところ誰にも予測できない性格のものだということ。それは行った先でたまたま引き受けてくれる医師がどのような知識と考え方と姿勢の持ち主であるか次第なのだから。

医師が「丁寧に見てくれる良い先生だから」と言うから行ってみたらそうではなかった、という話はごろごろ転がっている。そこでも医師から見た「良い先生」と患者から見た「良い先生」とでは、求めている「良さ」の内容が異なっているということだろう。そんな、行ってみなければ分からない、しかも分かった時にはもう遅い、「転院」という「くじ引きの箱」を目の前に突き出された時に、海の命を早々に見限ることにならず、同時に見知らぬ（重症者のニーズに無知無関心な可能性のある）専門職によるむごい医療の挙句に苦しんで死ぬかもしれないリスクも回避してやれる決断は、一体どうしたら可能になるのか。それが、いくら考えても分からない。

思い悩んで一年が経ち、シンポの打ち合わせに出かける頃には、「お母さんが断固却下した」と伝えられている場面にいた医師の一人と一度きちんと話をしてみたい、と考え始めていた。そもそも、なぜ総合病院に送らなければならないのかが、私には理解できていない。療育園でできることがどこまでなのか。総合病院の医療でなにができるのか。逆に総合病院では応えられないこの子のニーズとは何なのかという問題も、前回の体験がある私には重大な問題だ。そして、もし転院しないとしたら療育園で可能な対応は何なのか。そんなことを説明してくれる人はこれまで誰もいなかった。それなら、一年前のあの「転院が打診された」場面にいた医師にそのあたりのことを一度きちんと聞いてみたい。シンポの打ち合わせに出席した頃には、そう考え始めていたところだった。

そんな事情を抱えていた私は、打ち合わせの会議でB先生のパワーポイントに出てきた事例に大きく動揺した。じゃぁ、やっぱり私も一年前のあの時、「医師が提案する『正解』を拒否して、あたら助かる命を見捨てた親」だったの……？　打ち合わせから帰ってきて、頭にグルグルと回り続けるのはその自問ばかり。帰ってきたらすぐに発表原稿を書き始めるつもりだったのに、とてもそんな精神状態ではなかった。家族が手術を拒否して本人が食事のたびに苦しんでいる事例や、十分に助けられる子どもなのに親が自宅での看取りを選択した事例が頭から離れない。惑乱する私の頭はグルグルと同じつぶやきへと繰り返し戻ってくる。じゃぁ、やっぱり「あたら助かる命を見捨てる」のは、親……なの……？　苦しかった。

私はシンポでは二番目に発表することになっており、最初の発表者であるB先生からパワーポイントの改訂版を送ってもらうよう頼んであった。届いたお礼のメールに「この二つの事例の家族の決断は、親である私にも理解できない」と書いたのは、苦し紛れだったのだろう。思いがけない返事が返ってきた。家族とのやりとりの実際はもっと複雑なものだったという簡単な説明の後で「ご家族はよほど手術に懲りておられたのでしょう」。「難しい課題で、正解はないのかもしれない」とも書かれていた。

がーん、と頭を殴られたような衝撃があった。医師のほうが、同じ親である私よりもよほど家族に共感的だということに。「その人」や「事情」を具体的に知らない私自身の決め付けがいかに皮相的で残酷だったかということに――。

ほんの一年前に「医師が提示した正解を拒否した」と誤解を受けたことに手ひどく傷ついている私自身が、他の家族の決断については「正解」があると無意識に前提していた。手術体験のトラウマという同じ痛みを抱えた家族でありながら、表面的な「手術の拒否」だけに目を奪われて、その背景にあるはずのその人の痛みや葛藤に想像力を働かせようともせず、平然と「正しくない」「私には理解できない」と断罪してかかっていたのだ。私自身が同じ痛みをかかえた親のはずなのに……。

ふっと海が生まれてからの長い年月の中からよみがえってくる声があった。こんなに幼い子どもを施設に入れるなんて、ひどい親ね……。自分が好きなように働きたいから、子どもを施設に捨てたんでしょ……。親は本人の意思を無視して勝手に施設に入れるから、障害者の一番の敵だ……。子どもを施設に追いやって、親が自己実現しているじゃないか……。

そうした断罪の指を突きつけられるたび、私はその指に一瞬で心を切り裂かれる。その瞬間、あまりの痛みに声も出せない。そのため、その場できちんと事情や思いを説明できたことなど、一度もない。でも、仮にその場で痛みに耐えて冷静にものをいう力が私に残っていたとしたら、その「事情」をきちんと説明することができただろうか。そんなこと、できるはずがない。「重い障害のある子どもが生まれました」、「親は施設に入れました」という二つの「事実」だけしか見ようとしない人に、いったい何を言えばいいというのだろう。何を言えるというのだろう。だから、多くの親はうつむいて口を閉ざしたまま、誰に言われるまでもなく自分自身が心のうちに抱えてきた罪悪感をさらに懐に深くしまいこむことを繰り返してきたのではないか。

それと同じように、「医師はこういう説明をしました」、「そして、親はこういう意思決定をしました」という「事実」の羅列からは、本当のことなど何も見えはしない。「親がどういう選択をしたか」という結果だけを問題にして「正しくない」と決め付けてかかる人には、なぜ、その親がそういう選択をせざるをえなかったのか、その選択までにあっただろう親の葛藤や痛みは、いとも簡単に見えなくなってしまう、そして見えないまま、それらは存在しなかったことにされてしまうのだ。同じ親である私ですら、そうだったように――。

「あたら助かる命を見捨てるのは親なのか」という問いに縛られていた私にとって、「よほど手術に懲りておられたのでしょう」「正解などないのかもしれない」というB先生の言葉は、親の立場に向けた「理解の言葉」だった。一年前の私を含め、親に対する「赦しの言葉」でもあった。

その赦しを得た時、私の中でゆるりとほぐれるものがあった。その瞬間、頭の中で「あたら助かる命を見捨てるのは親なのか」という問いが、くるりと反転した。

なぜ、重い障害のある子どもをもつ親は、医師からも障害者運動からも「正しくない」と見える選択をしてしまうのだろう？　その背後には、親たちの、どのような体験や痛みや思いがあるのだろう？　なぜ、親にとって「決める」ことは、こんなにも痛く、難しいのだろう？

シンポで発表すべき内容を掴みきれずに苦しんでいたけれど、やっと突破口が見えた、という手ごたえがあった。専門職に対して硬くこわばっていた対立的な視線が、親の立場への「理解」と「赦し」を得たことによってほぐされ、その瞬間に親としての「自分の内面」へとくるりと反転した。「なぜ」を語る言葉たちが、ゆるりとほぐされたものの中から立ち上がってきた。シンポの発表原稿の最初の数行が、するっと形になった。

シンポジウムにて

B先生のお話をうかがって、ちょっと胸がいっぱいになっております。先生方のディレンマも分かる。ご家族のディレンマも分かる。そこにある大きなギャップがとても切ないです。B先生が施設長の立場で率直なホンネをお話してくださいましたので、私の役割は親の思いをなるべくありのままにお話しすること、それによって、そのギャップを埋められる可能性をさぐることかな、と思います。

まず最初に、私自身がずっと感じてきたギャップのことをお話しすると、先生方にとっては重症児者施設は第一義的に病院であり、よって「医療の中に生活がある」んだな、という印象なんですけど、本人と親にとっては、生活の中にあくまでその一部として医療がある、重症児者施設は第一義的に生活の場であってほしい。そこにすでにギャップがある。

それを意思決定でいいますと、先生方にとっては「この人の医療をどうするか」は、「今」という「点」の問題であり「医療」の問題なんですね。親にとっては、この子が生まれてからあんな目にもあった、こんなことも乗り越えてきた、そういう親子の人生にあった出来事の連なりの先っぽとしてしか「今ここ」はありえない。つまり親にとっては「線」の問題であり、「親子の人生」の問題なんですね。

その「線」のところで、私たち親にとって、障害は常に我が子から「奪っていくもの」でした。それを防いでやりたいと、子どもが小さい頃には必死でリハビリに励みますが、成長と共に我が子は重度化していきます。それをなすすべもなく見ていることしかできなかった親にとっては、やるせない日々のつらなりでした。

たとえば、ここへ来て口からの食事を諦めるという選択肢が出てくることも、親にとっては、これまで奪われてきたあれやこれにさらに追加される喪失なんですね。ここへきて、まだこのうえ、これほど大きなものを奪われなければならないのか、という我が身を切られるような深い嘆きになります。先生方にとっては、医学的リスクと医学的な利益の比較検討なのかもしれませんが、親にとっては「生活上の利益」と「生活あるいは人生における喪失」の相克なんですね。

また障害は我が子に「痛み・苦しみをもたらすもの」でもありました。生まれた直後から、何度も命の危機を体験しては、そのたびに耐えがたいほどの痛み苦しみを強いられて、生き延びてきました。それを共にしてきた親にとっても、それは痛苦の体験であり痛苦の記憶として積み重ねられます。そこにも「線」の問題があるわけです。

「なぜ」親は決められないのか、ということを考えてみた時に、先ほどご家族の「とにかく手術はこりごり」という言葉が出てきましたけど、私も一五年前に娘がイレウスで総合病院の外科に転院した体験は、今でも生々しいトラウマになっています。詳細はここでは触れませんが、その傷つき体験があまりに生々しいので、去年、娘が体調を崩して転院の打診があった際にも、なかなかいいお返事ができませんでした。先生方は命を救うために転院させるのだというところで目が止まっていますが、私たちにとっては転院することが命のリスクだった。そういう体験だったんです。またあんな目に合わせるリスクを考えると、とうてい承服できないです。

もちろん、それで確実に助かる保障があるなら考えようもあるんですけど、こういう人たちは急性期がいつ終末期に転じるかわからないという体験も散々してきましたので、万が一となった時には、この子はまたあんなむごい目にあった挙句に、見ず知らずのスタッフに囲まれて死ぬことになる。そのくらいなら、この子のことをよく分かってくださっていて、ずっとケアしてくださっているスタッフに看取ってもらう方が幸せなのではないか……。でも、それは一方では、あたら助かる命を親が見捨てることにもなるのだと思えば、そんなこともできない。

結局、親にとっては、どちらも選べない「インポシブルな選択肢」なんですね。だから身動きが取れない。さっきのB君のお母さんの手紙にあったように「決心できない」。途方に暮れて、立ちすくんでしまう。

この立ちすくみを乗り越えるためにはどうしたらいいのか、去年からずっと考えてきました。その後いろいろあった出来事を経ての私の考えを言わせていただくと、まず親にとっては今お話したような「線」の問題だということに、先生方が気づいてくだされば、と思います。そして、その傷を語る親の声に、まずは否定も批判もせずに耳を傾けてくださらないでしょうか。

親をこれほど傷つける医療の何が問題なのかを、共に考えてください。問題を「誰の判断が正しいか」の「判定」に持ち込まないでください。問題は「親が主観的にそういう体験をし、傷を負っている」という事実です。親が立ちすくみを乗り越えられるために必要なのは「判定」ではなく「共感」のまなざしです。「なぜ」この親はこんなことを言うのか、その背景にある体験や痛みを知り、理解しようと「判定」のまなざしを「共感」のまなざしへと転じてくださったときに、たぶんそこで初めて、本当の意味での話し合いがスタートするのだと思います。

ところが、たいていの場合、親が立ちすくんでいる姿は、先生方には「自分は医学的に正しい提案をしてやっているのに、親がそれに理不尽な抵抗する」と映るんじゃないでしょうか。中には、「親が医療について無知だから」と苛立ちを露わにされる方もあります。確かに親は無知かもしれません。でも、それもまた「点」ではなく「線」の問題だと思うんですね。

この点では、私たち親子は早くからドクターに恵まれました。赤ちゃんの頃から検査のたびに生データを示してもらって丁寧な説明をいただきました。家での観察や親の思いも十分に聞いてもらい、常にともに考えともに決めさせてもらった。だから私だけではなく母親仲間もみんな、データの意味から薬の名前まで、無理なく知識を身につけ、判断力も養うことが出来た。それは先生方に親として育ててもらったんだと思っています。その過程で自ずと信頼関係も築かれました。だから、それがデフォルトだと私たちは思いこんでいたんですね。ところが、そうではなかった。

施設の文化もドクターの意識も本当に様々です。そして、それがすべてを決めてしまうから、親としてはとても困っているんです。施設に入れたら、知らないうちにけいれんの薬が変わっていた、という人もいます。気がついたら歯が二本も抜かれていて驚いた、という声を聞いたこともあります。でも、たぶん、そこの施設長やドクター個々に聞けば、「十分な説明をしている」とおっしゃると思います。そりゃそうなんです。なにが「十分」かの定義権はご自身が握っておられるわけですから、どなたもみなさん十分に説明しておられる。

では何が「十分な説明」で、「どの医療について同意が必要か」を決めるのは誰なのでしょうか。私の友人に面白いことを言う人がいて、うちではね、大事なことはみんなお父さんが決めるの。でね、何が大事なことかはお母さんが決めるの――。重症児者施設の親の決定権というのは、こんなものになってはいないでしょうか。もしも「施設だから説明なし」がデフォルトで、「うるさい親にだけ例外的に説明しておけ」という文化が日常的な医療にあるとしたら、いざ先生方が「この医療にだけは同意が必要だ」とお考えになった時に、その時点で親が無知だから困ると責められても、その無知は本当に親だけの責任なのでしょうか。

子どもの障害を告知する段階から、あるいは入所や支援開始の段階から、「ともに考えともに決められるパートナー」を「育てる」という視点をもっていただけないでしょうか。思春期の子どもと同じで、ある程度まで育ったら扱いにくくなります。批判がましいことも言い始めるし、思い通りにもならない。でも、本当はそうなってからが対等なパートナーです。

そこから先は、専門職と親とが互いを尊重しつつ、ともに信頼関係を築いていく、ということじゃないかと思います。

そうやって日常的に小さな意思決定をめぐって、ともに悩み、ともに考え、ともに決める体験が「線」として積み重ねられていることが、いざ大きな意思決定という「点」の場面に必要な信頼関係を築いてくれるんじゃないでしょうか。

親が「選べない」「決心できない」ということについては、子どもとの距離が近すぎるという面が一つあると思うんですけど、逆に医師は距離が遠すぎる、と思います。医師は子どもたちの生活の場に「くる人」であって、そこに「いる人」ではないんですね。だから、その人がどういう人で、どういう生活をしているかは、そこに「いる人」である看護職や支援職、リハ職、学校の先生のほうがはるかにご存知です。

私は自分たち夫婦が死んだ後、娘のことを誰がどのように決めてほしいかを考えると、娘がどういう人として生きてきたかを一番よく分かっている人の声が一番尊重されてほしい。それが誰かを決めるのは職種でもポストでもないですよね。あらかじめ決めておけることでもないです。そこが柔軟に判断できるチームで、みんなで、ともに悩みともに決めてもらいたい。単に医療の問題としてではなく、その人の人生の問題として考えてほしい。それがいざ大きな意思決定が必要になった「点」のところで可能になるためには、「線」のところで何が必要になるのか。

私は二つのことが必要ではないかと思います。まず一点目、多様な職種の人たちの知識や考えが柔軟に尊重されて、意思決定に反映されるチームが日ごろから機能していること。次に、そのチームの中に日ごろから親や家族だけではなく、本人がきちんと位置づけられている、ということもやはり大事ではないかと思います。

なぜ本人がチームに位置づけられていなければならないのか。私はこの八年間、ブログを通じて重症児者と医療の倫理問題について親の立場で考えてきましたが、一番痛感しているのは「本人のため」というのがいかに欺瞞に満ちた恐ろしい言葉であるか、ということです。私たちは、本当は本人のためではないこと、少なくとも本人のため「だけ」ではないことを「本人のため」と言い換えてきたのではなかったでしょうか。施設や専門職は、本当は資源や労働環境の都合であることを「本人のため」と言い換えてこなかったでしょうか。親もまた「これだけ重度だから施設で暮らすのが本人のため」といって、自分の罪悪感から目をそらせてきました。アシュリー事件については抄録に簡単に書きましたので説明は省きますが、アシュリーの親と主治医は「頭の中につりあった体にしてあげるのが本人のため」と言ったんです。重症児の娘を殺したカナダのロバート・ラティマーという人は「こんな状態で生きるより、殺してあげるのが本人のため」と言いました。「本人のため」というのはこんなにも恐ろしい言葉です。

その恐ろしさを、私たち重症児者の代理決定に関わろうとする者は、本当にしっかりわきまえられているでしょうか。日ごろから、私たちはこの子たちこの人たちの意思や思いや尊厳と、どこまで真摯に向き合ってきたでしょうか。それを考えると、専門職も親も「自らを問い返す」視点を忘れてはならないのではないか、と思います。そこにもまた「線」のところで考えるべき問題がある。

そこで提案させていただきたいのが、「重症児者における本人中心の意思決定とはなにか」という問題です。それをみんなで模索してみませんか、という提案をしたい。たとえば「侵襲的医療」とか「緊急時」とその「対応」といった言葉には、その内容が人によってバラついている可能性があります。また個々のドクターの考え方によっては恣意的に使われてしまうリスクもあります。それを防ぐために何ができるのか。もしも「重症児者における本人中心の意思決定とは何か」を、多くの職種と保護者とがフラットに声を出し合い、それぞれ自らを問い返しながら一緒に模索していくことができれば、そのプロセスが何よりのセーフガードになるのではないかと思うのです。

ささやかな一つの試みとして、我が家では日常的な医療についての説明に本人を同席させていただく、ということをお願いしています。本人がそこにいることで、多くのことが変わります。自分が尊重してもらっていること、みんなが自分のことを一生懸命考えてくれていることを娘は誇らしく感じていますし、専門職の方も自ずと本人の表情を気にしたり、本人に話しかけ質問することが増える。エルカルチン★1を飲むかどうかの話し合いの際には、看護職、支援職のアイディアで本人を含めたみんなで試飲してみる、ということもありました。こういうのは本人がその場にいないと起こらないことです。なによりも本人がそこにいることで、私たちの側の意識が変わるように思います。スタッフの受け止めはまだ様々ですが、粘り強く理解を求めながら、「重症児者における本人中心の意思決定とは何か」という問題を親なりに考え、提起し、共有していければ、と思っています。どうぞ、この指に一人でも多くの方が止まっていただければと思います。

……（中略）……

言いたいことも言い足りないこともいっぱいあるんですけど、放っとくとこのまま一週間くらい平気でしゃべり続けますので、とりあえずここで黙ります。ありがとうございました。

（二〇一四年九月二七日。第四〇回重症心身障害学会〔於京都テルサ〕シンポジウム3「利用者の権利・最善の利益と治療方針決定～重症心身障害医療における家族・医療現場の思いとディレンマ～」にて）

いくつかの後日談

この学会からしばらくして、「お母さんが断固拒否した」と伝わっている場面にいた二人の医師の一人に療育園の廊下でばったり会った。あの時のことについて一度ゆっくり話を聞きたいので、いつか時間を取ってもらえませんか、と話すと、そのまま詰め所にUターンしてくれた。当時のカルテを間に挟んで向かい合い、それから一時間くらい話をしたろうか。

当時の海の状態について質問しては、答えてもらった。当時の私が事態について十分に分かっていなかったことがあるなら、それは何だったのかを知りたかった。自分があの時の出来事を機に、海のためにかつてのトラウマをきちんと整理して乗り越えておくべきだと考え始めたことについても、説明した。転院をめぐっては、看取りへの思いと重なって、相矛盾する思いの狭間で答えが出ない、だから苦しいのだということも、みっともなく涙をボロボロこぼしながら必死に伝えた。

「総合病院で何ができて療育園では何ができないのか」についても、何度も質問をした。答えを聞いて氷解したことも、やっと分かった気がすることもあった。なおもよく分からないことも、納得できないことも残った。そのまま看取りになる可能性をはらんだ重症者の医療をめぐる判断の複雑さ、不確実さ、微妙さを改めて痛感した。そこでは、生命倫理学のテキストにあるような純粋な「本人の最善の利益」検討などあり得ず、関与する複数の医療現場の物理的また人的資源、それぞれの関係性や利益や思惑が複雑に関わらざるを得ない。その現実を再認識させられもした。

医療専門職と親との立場の違いと、そこにある溝の存在を改めて確認した面もあったけれど、その医師が誠実に事実をきちんと伝えようとしてくれたこと、親の揺らぐ思いを否定も批判もせずに聞いてくれたことは、ありがたかった。知りたいと思うことはさらに増えたし、考えなければならないこともあまりに多いと再認識した。けれど苦しみながらも考え続けるしかないのだし、求めればこうして説明してくれる医師がいるのだと知ったことは救いだった★2。

学会から一年半ほど経った頃、B先生から論文の抜き刷りが送られてきた。二〇一四年の学会での発表に、基本的な概念整理や本人への意思決定支援という視点を加えるなど、さらに多面的に掘り下げた内容となっていた。

重症児者の多くは自分で意思決定をすることが困難で、「表出が不十分なため、意思表明のみならず、理解、判断もできないと即断しがちであるが、実際にはかなりの判断力を有していることがある。そうした例には、時間をかけ、最大限の意思決定支援を行い、意思を確認する必要がある」と書かれていた。さらに「本人の意思決定への支援」、次いで「家族の代行」の項目で、「家族の考えが本人を医療で護る方向とは異なる」場合に、本人の利益を家族が代弁しているのかに疑問を呈した後で、以下のように書かれていた。

……しかし、児玉は重症児の親の立場から、医師は「助けるために」という「点」で止まっているが、親は子どもが生まれてからのできごとのなかの「線」の問題として捉えており、「医学的に正しい医師の判断に親が理不尽な抵抗」をしているようにみえても、その裏には子どもの障害に傷ついてきた親の痛みがある、と述べている。そして、それを理解しようとする共感の姿勢をもってほしいと訴えている。医療側としては、単に否定するのではなく、対話の糸が切れないようにする継続的な努力が求められる。★3

実際、B先生にはその後もそうした姿勢で接してもらっている。そんな中で聞かせてもらった嬉しい話がある。あのシンポで、家族がもう手術はこりごりだといって拒否したために本人が食事のたびに苦しんでいると紹介された横隔膜ヘルニアの人には、思いもよらない展開があった。その人はその後、食事中にげっぷをすることを覚えた。それにより苦しまずに口から食べることができるようになり、ゼロゼロもほとんどなく、もう二年ほど誤嚥性肺炎も起きていないという。

それを聞いた時に、私は「それはケアの力だ！」と直感した。何年か前に海のムセがひどくなったことがある。その時に、家での食事を含めて食形態から食器類、介助方法まで全面見直しをしようと必死になった母親に、現場の支援職、看護職がていねいに付き合ってくれて、海はまた上手に食べられるようになった。その人の事例でも、直接処遇スタッフが食事介助の中でいろいろ本人に働きかけて、その本人との共同作業が達成したことに違いない。そう考えた私はB先生に頼んで、その人を担当した現場のスタッフに会わせてもらった。やはり摂食認定看護師を中心に、姿勢をはじめ食事介助の方法も食形態も、粘りづよく試行錯誤と工夫を重ねての成果だった。

すばらしい！　こうした「ケアの力」のポテンシャルが認められていくことにこそ、「手術をするかしないか」という二者択一の意思決定の枠組みをはずす可能性がある！　熱っぽく力説する私にB先生が語ってくれたのは、できるだけ口から食べさせてやりたいとの思いから決断の時期を逃したために命が失われてしまった事例の数々だった。決断できなかった自分を責めながら「先生に叱られるために来ました」と挨拶に来た母親もいた。「もちろん叱ることなどできるはずもなく、一緒に泣くことしかできなかった」というB先生の言葉から、私は現実の決断の計り知れない厳しさと重さ、医師の中にも積み重ねられている慙愧の痛みを知った。

そうした対話はその後に新たに出会った医療専門職との間でもいくつか始まり、続いている。それらの対話は、どちらにとっても決して容易ではない。立場が違い、身に着けてきた知識も価値観も違い、経験してきたこと見てきたものがことごとく違っている者同士の間には、どうしたって溝も壁もある。互いに相手のあまりの知らなさ、想像が及ぶ範囲の狭さに苛立ちを覚えることも少なくないし、その隔たりが絶望的なほどに大きく感じられることもある。それでも、やはりB先生が言う「対話の糸」を、私もまた細く長くつないでいく努力を、と念じている。

ただ「初めて顔を合わせる」というのでも「知り合う」というのでもなく、誰かと誰かが出会い、誠実に相手と向き合おうとする時に、何か、お互いの中にある「本当のもの」のカケラがそこに行き交う。そういうことが、時に起こるんじゃないだろうか。その時、その状況においてだけ、その人たちの間でだけ可能な、不思議な気づきや変化がもたらされる。そういう「出会い」――。

私はあのシンポの打ち合わせの席で初めて「医師の側から医療をめぐる意思決定という問題を見ると物事がどう見えるのか」を知り、衝撃を受けた。それは私があの時初めて、「医師の視点」と出会ったということなのだと思う。そんな出会いをした以上、もう私はそれをまったく知らなかった時と同じように医療について考えることはできない。それはもちろん「医師の立場が理解できるようになった」ということでも「それまでの考えがたちどころに変わった」ということでもない。知った、気づいたということが、私自身にとって大切なのだと思う。医師の視点と出会い、そこにさらにB先生との個人的な「出会い」が続いたことで、私は自分自身の中にある複雑な思いや痛みと向かい合う必要に気づかされた。思いがけない「理解」と「赦し」を得たことが、それと取り組む勇気になった。

気づくということは、誰にとっても痛みを伴うことだ。だから、誰かと正面から向かい合うことを拒絶し、「出会う」ことから逃げ続けていれば、気づくことの痛みからも逃れていられる。実際、「専門職」の権威をまとい、その陰に身をひそめることで自分を守り、本人たちや親との出会いから逃げている人はたくさんいる。権威や強さを装おうとする人ほど、本当は自分を閉じて守ろうとする弱い人だ。けれど、恐れずに自分を開いて「出会い」の痛みを引き受けようとする専門職だってたくさんいることを、今の私は知っている。

そんな専門職との「出会い」から気づき、その痛みの中で煩悶していると、ある時ふっと自分の中で何かがくるりと反転する。そして、風が雲をぬぐうように、目の前にすっと新しい風景が開けていく。そんな体験が、これまでも、いくつもあった。それは、いつも、とても心地よい清々しい瞬間だった。そんな瞬間に至るまでのプロセスにはもちろん大きな痛みが伴うから、無理をせず少しずつでなければ「誰かと出会う」などという難事業はやっていられない。時には距離を置き、時間をかけて傷を癒しながらでなければ続けられもしないけど、それがたぶんB先生の言う「対話の糸が切れないようにする継続的な努力」なのだろうと思う。

問題を「いかに死ぬか／死なせるか」に安易に落とし込むことをせず、本当の意味で「本人の最善の利益」を見出すための「共同意思決定」が実現されるためには、一人ひとりの専門職と親とがそうして互いに傷を負いながら、対話の糸を切らさないよう「出会い」続けることが本当は一番必要なことなんじゃないだろうか。それがきっと、立場の違う者同士が互いに人としての敬意を払いながら「きちんと対立する」ことに向けた、まず最初の足掛かりになる。そうして一人ひとりが「誠実に対立する」ことを通して、それぞれ専門職として親として自分の器を広げていく努力を続けることができるなら、それがきっと「医療職と患者との関係性をいかに問い直していくか」という問いを引き受けていくことでもあるんじゃないだろうか。

★注

1 脂肪酸を燃焼してエネルギーにかえる必要不可欠な体内物質であるカルニチンを補充する薬

2 この数日後、別の医師から「あの先生と話をしたんだって？」と話しかけられ、その内容をかいつまんで伝えようとすると、その言葉尻を捉えて言われたのは、「ほらみろ。やっぱり医者が言っていることの方が正しいと言われたんだろう？」。一体なんなのだろう？　この「正しさ」の頑迷は？　そして二〇歳近くも年上の相手に向かって、この傲慢なタメ口を叩かせる「医師の世界の文化」とは？

3 麻生幸三郎「インフォームド・コンセントと権利擁護」『小児内科』Vol.47 NO.12（2015-12）：2144-2146

第4部

親であることを考える

第1章

強い者としての親

強い者、支配する者としての親

二〇〇七年にアシュリー事件と出会うまで、私は母親である自分のことを、誰よりも娘のことをよく分かっている、誰よりも優秀な娘のアドボケイトだと疑いもなく信じ込んでいた。アシュリー事件を追いかけ、事件が孕んでいるさまざまな問題を考えることを通じて初めて、親と重い障害のある子の間には権利の相克、利益の相反があるのだという紛れもない事実を初めて突きつけられた。ものに憑りつかれたようにアシュリー事件を追いかけずにいられなかったのは、そこで突き付けられたものが私にとってあまりにも痛かったからだったのだと思う。

寝たきり全介助の娘との間で、介護し介護される関係性の中には、ちょっと言葉では表現しきれないほど豊かなものがある。長い年月にわたって身体をまるごと全面的にゆだね、ゆだねられる関係性には、言葉で表現できるものや論理をはるかに超えて、肌感覚とか人間存在のレベルで伝え合い、わかりあい、通じ合う、根源的で濃密なものがある。それは、もう豊穣と呼ぶしかないほどに、とてつもなく豊かで満ち足りた関係性だ。けれど、その豊穣のすぐそばには、それが容易に支配し支配される関係性に転じてしまうリスクが潜んでいる。

そのあられもない事実を、私はアシュリー事件によって突き付けられた。いったん突き付けられた以上、そこから目をそらせることができない。「ケアする者」である私は紛れもなく海に対して「強い者」の側に立ち、時に問答無用で「支配する者」だった。障害者運動が「親は敵だ」と言ってきたことは知っていたけれど、その言葉を固有の親である自分自身に向けて正面から突き付けられた、という思いになった。

アシュリー事件と向き合った数年間、私はずっと、我が子を施設に入れた自分にアシュリーの親を批判する資格があるのか、と自問し続けていた。もしかしたら「施設に入れた親」である自分を意識し、その痛みに耐え続けながら事件が孕む問題を問い続けることによって、批判する資格を得ようとしていたのかもしれない。そこに痛みがあるからこそ、いじくり回さないではいられない――。アシュリー事件を夢中で追いかけた年月には、そんな自虐的なところがあった。

その自問から出てきた考えや思いについても、アシュリー事件に関する本の中で多少のことを書いた。それ以来、自分が親であり「強い者」であるということと、どのように向き合っていくのか、という問いを抱えこんでいる。ただ、その問いが海との日常生活でリアルな問題となって目の前に立ち現れてくるまでには、しばらく頭の中でいじくりまわしている時間が必要だったのかもしれない。「強い者」である自分と初めてもろに直面したのは『アシュリー事件』が出た翌年のことだった。

その年の秋のある週末、海が暮らす施設の行事でおやつにケーキが出た。ちょうどその前日に家で海の誕生日を祝ったばかりのタイミングだった。我が家ではバースデイ・ケーキの「バチ当たり食い」が恒例となっている。親子三人がカレー・スプーンを手に、皿にのせた丸ごとのケーキを掘っては、できるだけ行儀悪く食らう。恒例とて海も段取りは先刻承知だから、ホール・ケーキが登場した段階で「スプーンは?」とやる気を見せるし、この時ばかりは不思議なことに、わずかにアシストしてやれば自分で掘って自分で口に運び、自分でほおばることができる。ついつい、けっこうな量を食べてしまうので、親には年々ちょっと命がけのようにも思えてきたけれど、まぁ年に一度だけの背徳の快感。翌日の食事に気を付ければ、と今なお恒例行事となっている。

その翌日に療育園で出てきたケーキのワゴンを前に、母親はちょっと悩ましい思いをした。当時、娘は園でおやつを食べたことがなく、結局は母が食べるハメになる。その母は当時コレステロールが高かった。「あんた、チョコと生クリームとどっちがええ?」。一応、海に訊いてみるが、案の定まるきり興味なし。やむなく代理で取りに行くと、みんなに急かされながら早苗ちゃんがワゴンの前に陣取っていた。チョコにするか生クリームにするか迷って決められないらしい。ふむ。それなら……。

「早苗ちゃん、チョコにしんさいや。海の生クリームのと半分こにしよう。そしたら両方とも食べられるよ」

早苗ちゃんは納得し、やっとワゴンの前から離れた。しかし彼女は存外にしたたかだった。生クリームのを半分切って皿に載せてやっても、自分のケーキを寄こそうとはしない。

「……じゃぁ、いいよ。あげるよ」

海がもし食べたとしても、昨日あれだけ食べたのだから半分でいい。そう、母は考えたのだ。しかし、そのやりとりを見ていた海のところに戻って、皿の半切れを食べさせようとすると、ウチの娘は猛烈に機嫌が悪かった。頑として食べないのは予想通りにしても、私たち夫婦にはその時なんでそんなに機嫌が悪いのか、さっぱり分からなかった。チョコの方がよかったのか。ケーキ以外のものを持ってこいと言っているのか。ケーキがいらないならジュースがいいのか。あれこれ聞いてはみるのだけれど、ロクに答えもせず、ひたすら怒りまくっている。結局ワケが分からないまま彼女が何かに猛烈に憤っていたことだけは頭に残り、ずっと気になった。三日後に突然、父親が気づいた。

「もしかして、勝手に早苗ちゃんに半分あげたこと……？」

「わたしのケーキなのに……？」

——解せた。衝撃だった。私がやったことは立派に侵害だったのだ。

それはもう食べるか食べないかとか、チョコか生クリームかとか、一個か半分かという問題ではなく、また彼女の権利とか自己決定などという問題ですらなく、彼女の「私がここにいる」ことそのものの端的な否定であり侵害だった。だから、あんなに猛然と怒っていたのだ。勝手に誰かの存在の中に取り込まれ一方的に存在を消されてしまうことは、首を絞められ息をふさがれるのと同じだ。それは相手への憎悪で窒息しそうなほど憎たらしく許しがたいことだ。なぜなら、「私がここにいる」ことを否定されることは殺されることと同じだからだ。そのやりきれない息苦しさと憎悪を、虐待的な親の元で育った、いわゆるアダルトチルドレンである私はイヤというほど知っているはずなのに……。

しばらく立ち直れないほどの衝撃だった。「親は敵だ」とはこういうことなのだ……。そのことを、呆然とするような思いで考え続けた。自分が意図せずとも娘の敵になってしまう現実が、選別的中絶でも医療をめぐる意思決定でも施設に入れる決断でもなく、一切れのケーキほどに何でもない日常の中に潜んでいたことが衝撃だった。

ここまで読んできた人は、なんで気づかないんだ、なんて鈍い親なんだと思われるかもしれない。でも、それは、気づいた後からそのことにフォーカスして物語っているのを読む人の感想にすぎない。実際にはその他多くのことが輻輳し同時進行している中での出来事だ。それに障害のある人の親でなくても、本当は親なら誰でも気づかない内にこういうことをやっているのではないだろうか。こうした抑圧性を完全に免れている親は、たぶんどこにもいないと思う。親でなくとも、夫婦の間で、家族の間で、職場で、様々な人との関わり合いの中で、自分に対して弱者の位置に置かれている人に向かって、人間は気づかないうちに案外にこういうことをつるりとやらかしてしまうものではないだろうか。恐らく誰にとっても一番難しいのは、強い側に立っている時の自分の気づかなさに気づくことだ。そして、誰の中にもある、その気づかなさこそが抑圧性そのものなのだ。私もアシュリー事件と出会い、それを通じて日本の障害者運動の「親が一番の敵」という言葉と改めて出会い直していなかったら、気づくことはできていなかったと思う。

次の週に帰ってきた海に謝ったら、海は「そんなこと、あったかしらん?」てな顔をしていた。

「強い者」である自分に気づき、問い返す

一度「強い者」である自分が見えてしまうと、同じような場面は生活の中にいくつも立ち現れてきた。というよりも、私の目に見えるようになってきた。

「お母さん、寝る時に履くフリースの靴下どうしましょう？　そろそろ出しましょうか？」

寒くなってくると療育園で職員さんが訊いてくれる。考えてみれば、家では実物を見せて「あんた、これ履く？」と本人に聞くのが当たり前になっているのに、療育園では問われるままに親が勝手に決めてしまっていた。改めて気づいてみれば、療育園でも海が自分で決められそうなことは結構あるのに。

週末、詰所わきの「奥の院」に入るほどではないけど風邪気味で帰園すると、看護師さんたち数人があちこちの部屋を移動しながら相談の後、私に訊く。

「お母さん、今夜は海さんに、あそこで寝てもらってもいいですか？」

「あそこ」というのは、いつもの居室の隅っこにある、カーテンで囲うことのできる空間のこと。詰所わきの「奥の院」に入るほどでもないけど、一応の感染予防で、というのは分るけど、ふむ……。

「じゃぁ、すみませんが、それ、本人に説明してやってもらえますか？」

みんなで居室に向かい、その隅っこの空間を前に看護師さんが説明してくれると、海はイヤーな顔をした。それを見て他の看護師さんが「じゃぁ、カーテンにちょっと隙間を作ってテレビはちゃんと見えるようにしてあげる。それでどう？」。海は「それならいいかなぁ……うーん……」という顔つきで渋っている。そこでもう一人の看護師さんが「分かったよ。じゃぁ『おかあさんといっしょ』のＤＶＤをかけてあげ……」。海は「おかあさんといっ」のあたりでパッと笑顔となり、「それならいいですリョーカイです、そーそーそーしましょー」とばかりに片手を振り上げ「ハ！」と快諾した。

状況から考えれば、あの晩の海はいずれにせよ、そこで寝る以外になかったのだろうけれど、そうやって説明してもらい、自分で交渉し納得してからそこで寝るのと、自分の知らない間に親と職員とで勝手に決められて、何も分からないままにいきなりそこで寝かせられるのとでは、本人にとっては全く違う体験になったことだろう。

そんな気づきを繰り返すうち、「意思決定支援」とは実は、何らかの大きな意思決定が必要になった「(時) 点」でどのような手続きを踏んでその意思決定を「支援」するか、という問題ではないのではないか、と思えてきた。それはきっと、そういう「(時) 点」よりも手前の日常生活という、いわば「線」のところで本人がいかに主体として尊重されているか、という問題なのだ。日常生活でのその問い返しの積み重ねなしに、いざ大きな意思決定が必要になった「(時) 点」での「意思決定支援」など、所詮は「つけ刃」にすぎない。それどころか、ことによっては「支援」する側が都合よく「決めさせる」ための言い訳やアリバイにすらなりかねない。

日常的な医療の説明の場面に海本人を同席させてほしいと頼んでみた時、療育園スタッフの反応は様々だった。親の意図を汲んで海に「どう？」と話を向けてくれる人もいれば、逆に「海さんは『よきに計らえ』だよね?」と親の意図を暗に否定してみせる人もいた。多くの人は、面倒な親が言うことだから適当に付き合っておこうという姿勢だったかもしれない。

新任スタッフに意図を説明しようとしたら、言葉途上で「どうせ『本人の自己決定』とか言うんでしょ?」と、せせら笑われたこともあった。「点滴だと言えば嫌だというに決まってる。この子にどうして決められるというの」と決めつけて聞く耳もたない相手には「嫌だというのは感情であって意思ではありません」と反論した。「私たちだって手術だと言われたら嫌だと感じるに決まっていますよね。でも、それは手術を受けるかどうかの判断とは別のもの。海は数えきれないほど点滴をされてきましたけど、二歳くらいからはもう泣きもしない。嫌だといって点滴を拒否したり抵抗したことは一度もありません。それがこの子の『意思』です」と精一杯のミエを切った。

もちろん私だって、何でもかんでも本人に決めさせればいいとは考えていない。知的障害が重く言葉を持たない海が自分で決められる範囲がどこまでなのか、本当のところ私にも分からない。ただ「どこまでかが分からない」からこそ、身近な小さな問題から確認していくしかないんじゃないか、と思う。特に重症児者の場合には、問題はどこまで本人が分かるか分からないか、決められるか決められないか、というところにあるわけではない、という気がしている。

そもそも説明されたことが全部理解できるなら、重度の知的障害ではない。でも逆に、どんなに重度、重症の人でも何も分からないということはないはずだ。少なくとも、みんなが自分のことを一生懸命に考えてくれている、自分が尊重されている、ということは伝わる。どんなに重度の人にも、そういう空気感として伝わる。そんなふうに、尊重された、聞いてもらえた、自分で決めた、という体験が、喜びとなり自信となり、人への信頼になり、また次に思い切って表現してみようとする意欲や勇気を産んでいくのではないか。

そして何よりも、それはまず私たちの側の問題なのだと思う。その人のことなのに「どうせ本人はわからないから」と言って、その人抜きに勝手に決めているのではないか――。日常生活の中で私たちの側が、そのように自分を問い返していけるかどうかの問題ではないんだろうか。

重い障害があって自分で決めることが難しい人への「意思決定支援」にしても「最善の利益」を見出そうとする試みにしても、そのスタートはまず、私たちの側が自分を問い返すことにあるはずだと思う。気づかないうちに「強い側」に立ってしまっている自らを私たち自身が問い返すことからしか、そんなものは始まらないはずだ。そうした問い返しが日常生活の支援の場面で繰り返され積み重ねられていった先に初めて、いざ大きな意思決定が必要となった「(時)点」のところで、つけ刃ではない「意思決定支援」ができる。そういうものなんじゃないだろうか。

せめて問い返す痛みを手放さないでいたい

もっとも、その問い返しは親にとって、とりわけ母親にとって恐ろしく困難なことでもある。「お昼のランチに飲み物がついているので、オレンジジュースとグレープフルーツジュースとコーヒーと紅茶とどれがいいか、子どもさんの分と親御さんの分とをここで決めてください」。療育園から出かけた日帰り旅行のバスの中で、職員さんがマイクを通して言う。後ろのほうに座っている私は即座に反応し、身を乗り出して持ち前の大声でおめく。「はーい。ウチの子は、グレープフルーツジュース!」。車イスの娘の頭越しに――。おめいて、どすんと座った瞬間に気づく。あちゃあ、またやってしまった……。

日ごろ一緒にでかけた先で海はまず水分を取ろうとしない。よほど喉が渇くか気まぐれを起こして飲んでくれるものがあるとしたらグレープフルーツジュースなので即断してしまったのだけど、目の前に本人がいるのだから、せめて「あんた、グレープフルーツジュースでええ?」くらいの確認をしたってバチは当たらない。もしかしたら今日はみんなとのお出かけだからコーヒーでも飲んでみようかな、と思っていたかもしれないのに……。

しかも、こういう時の母親の口調は「私が決めます、誰にもモンクは言わせません」とばかりに、いかにも抑圧的なのだ。なんて、いやらしい口調だろう。そばにいる本人にすればどんなにか腹立たしいことだろう。

いかん！　私はこの子ではない！　この子は私ではないのだ！　またも自分に言い聞かせ、まだまだダメだなぁ、と頭を抱える。

振り返ってみれば、園で親と過ごしている時に海が急に不機嫌になる場面が急増したのは二〇歳を過ぎたあたりからだったろうか。海の目の前で親がスタッフと話をして勝手に何かを決めたり、自分だけの判断でスタッフに何かを頼むような場面だったと思う。急に目をとがらせてイラつき、憤然と怒り、唸った。「自分の全存在をかけて憤っている」という感じの怒り方だった。「私はここで一人でちゃんとやってますっ。親は余計な口出ししないでっ」と訴えているように見えた。

娘からの異議申し立てを、きちんと受け止めてやらなければ、と思った。ただ、あまりにも長い年月にわたって自分こそが娘の最良のアドボケイトだと思い込み、自分こそがそうやって体を張って我が子を守ってきたのだと自負している母は、あまりにも我が子と一体化し、我が子を飲み込んでしまっていて、その一体化をどうしたら解いていけるのか分からなかった。あのケーキの一件は、そんな海のイラ立ちがピークに達していた時期の出来事だった。私にとっても、アシュリー事件との出会いから考えてきた諸々が本を書く作業を通じてやっと整理できた直後の出来事でもあった。人生で起こる出来事には、時にこんなふうに意図をもって仕組まれたとしか思えないようは不思議な偶然の一致がある。

とはいえ、あのケーキ事件から後、私が少しずつ気づこうと意識するにつれて海がイラ立ちを爆発させる場面が減っていったように思うのは、私がまた自分に都合の良い解釈をしているのだろうか。家族の問題を中心に支配−被支配の関係に詳しい臨床心理士の信田さよ子は、権力とは「状況の定義権」のことだと言う★1。強い者と弱い者との力関係においては、状況は強い側が定義し、勝手に問題など存在しないこと、存在してもうまく解決されたことにしてしまう。

アシュリー事件（第1部第1章）では父親が、娘から臓器を摘出し身長の伸びを抑制することが「本人のため」と言った。脳性まひの娘を殺したロバート・ラティマー（59ページ）は、殺してやることが「本人のため」と言った。多くの施設で、本当は職員や組織の都合でしかないことが親に向かって「本人たちのため」と説明されてきた。親が抗議すると「本人たちの安全と健康のため」とつっぱねられてきた。そして親の私たちもまた、我が子を施設に入れている罪悪感から目をそらせるために、ここで暮らすことが「本人のため」なのだと自分に言い聞かせては勝手に納得してきた。

抑圧性に気づいたからといって、これまでの親子の暮らしを根底から変えてやれるわけでもない。「本人が決めることを尊重してやりたい」などと言ってみたところで、現状維持の範囲内でのことにすぎない。現実には親と療育園の職員の都合の良い範囲で「本人に決めさせ」ているだけだ。

そもそも、こうして我が子との間のことを親が文字でつづろうとする行為そのものが、親である自分に都合よく状況を定義しようとする、いやらしい自己欺瞞に他ならない。私はこれまでに海の子育てについて二冊の赤裸々な手記を書いているけれど、もし海が文字を読んで理解できる子どもだったら、あんなものは書けないはずだった。親が我が子について書くものなど、どうあがいてみたところで所詮は『積み木崩し』★2の欺瞞を逃れることはできない。

最近の海が以前のように、おなかの底から憤り唸るようなイラ立ち方を見せなくなったのは、親の気づきとわずかながらの努力が娘に届き苛立ちを和ませたのだという解釈もまた、親のエゴなのだろう。もともと母よりもはるかに人格が成熟している海がさらにオトナになり、なかなか変わらない親に見切りをつけて期待することをやめたにすぎないのかもしれない。が、そうだとしても、親である私にできることは、親の抑圧性に気づいてしまった以上、延々と生きている限り続く修行だと覚悟を決めて、少しずつ自分を問い返していくこと以外にはない、とも思う。

もちろん、それはとてつもなく痛いことだ。いつも真摯に自分を問い返し続けたりしたら、人間は簡単に壊れてしまう。だから、自己欺瞞の助けを借りながら、自分に都合のいい言い訳をしながら、「今ここ」にいる自分の足元で、できる範囲で少しずつ。できることは、それしかない。

それでもせめて、気づかないままでいるよりも、と思う。アシュリー事件と取り返しがつかない出会い方をしてしまった以上は、少なくとも海に対して「強い者」である自分を問い返す痛みを、せめて手放してしまわないでいたい。そう念じている。

★注

1　信田さよ子 2003『愛しすぎる家族が壊れるとき』岩波書店

2　一九八二年に俳優の穂積隆信が非行に走った娘との格闘を親の目線でつづってベストセラーとなった手記。

第2章

相模原事件

二〇一六年七月二六日

二〇一六年七月二六日の未明、相模原市の知的障害者施設津久井やまゆり園に元職員の男が侵入し、就寝中の障害者たちを次々に刺し、一九人を殺害し、二六人に重軽傷を負わせた。私が知ったのは当日の朝六時半だった。起き抜けにつけたテレビが異様だった。ただならぬ出来事が起こったことはすぐに分かった。障害者に関わる事件らしいことも分かった。それでも、何が起こったかを頭できちんと理解するにはしばらくかかった。それほど想像を絶する事件だった。

事態を把握できた瞬間におなかの底から突き上げてきたのは、絶叫しそうなほど生々しく圧倒的な恐怖だった。真夜中にベッドで寝たきりの重症者が何度も刺されるところが、頭の中で映像化されていた。そして、その血なまぐさい「映像」で無抵抗なまま何度も刺されている「重症者」は、娘だった。

自分の娘に重い障害があるということ、とりわけ自分の身を守ることにおいて非力であるということについては、私の中に長年ずっと巣くっている恐ろしい想念がある。たとえ焼き鏝を当てられたとしても、この子は抵抗することも逃げることもできない……。最初に頭に浮かべたのは、海の幼児期だっただろうか。初めて「親亡き後」を考え、自分はこの子を残して死んでいけるだろうか……と自分の胸の内を覗き込んでみた時に、真っ先に頭に浮かんできたのが、これだった。

身体障害だけが重い人なら、自分の身に危険が及ぶ状況に対して回避を試みることや言葉で抵抗することもできる。また事後的に被害を訴えることもできるだろう。知的障害だけが重い人なら、身体的に抵抗することも逃げることもできるだろう。どちらも重度のうちの娘は、誰に何をされようと、されるがままになってしまう。この子は誰かの悪意に直面した時には、それほどまでに非力なのだという恐れは、それ以来「この子は、たとえ焼き鏝を当てられたとしても……」という形で私の心に住み着いてしまった。この子には、腕を上げて防ごうとすることもできない。身をよじって避けることすらできない。その先を考えようとすると、とうてい耐えがたい想像が浮かんでくるから、その比喩が連れてくる視覚的な想像には目を向けないよう努めてきた。

その恐ろしい想念が、あの七月の朝、いきなり現実となって目の前に突き付けられたのだった。まぎれもなく現実に起こった事件だったから、私は目をそらせることができず、頭の中で我が子が無抵抗なまま刺され続ける想像の場面を正視してしまった。見てしまったものから深い傷を負い、自分自身が大きな身体的な侵襲を受けたような身体感覚が長いこと抜けなかった。

その半年ほど前、ＥＴＶの番組を見た時に似たような体験をしていたことも影響したのかもしれない。ナチスが障害者らを計画的に虐殺したＴ４作戦について詳細に追いかけたドキュメンタリー番組「それはホロコーストの〝リハーサル〟だった〜障害者虐殺七〇年目の真実〜」で、現地を訪ねた日本障害者協議会代表の藤井克徳はハダマーのガス室の壁に触れて「殺された人たちはどれほど悔しかっただろう」とつぶやいた。ほとんど全盲だと聞く藤井は、手のひらの感触からその場で殺された多くの人たちの心の声を聞き取ろうと、全身で耳を澄ませている、と私は思った。

その瞬間だった。ガス室に身体的にも知的にも重い障害のある人たちが裸ですし詰めにされて、ガスで窒息して死んでいく「映像」が頭に浮かんだ。おそらくは家畜同然にトラックで運ばれてきたのだろう。乱暴に投げられたり押されたり、引きずられたことだろう。その間に多くの人が身体のあちこちを傷めていたのではないか。変形したまま固まった身体を乱暴に扱われれば、骨が折れた人もいたのではないか。そんな身体でむき出しのコンクリートの上にぎゅう詰めにされたら、毒ガスが出る前から、どんなに痛く寒く辛かったことだろう……。そう想像した時に、裸で捻じれた身体を折り重ねる重症者の中に私は自分の娘を見た。思わず想像の世界で駆け寄り、助け出すべく腕を掴もうと手を伸ばした。肌に触れたその瞬間に、すっと自分が娘の内面に入り込んでいく感覚があった。そして、私は直感的に知った。この子もこの人たちもみんな自分がこうして社会によって殺されていくのだということを、ちゃんと分かっている……。そんなふうに殺されていった人の底知れない孤独と絶望が生々しく迫ってきて、息苦しかった。自分の想像力が勝手に生み出した体験のリアリティに手ひどく傷つき、その時も心の傷が癒えるのにしばらくかかった。

もうものを言えなくなった

相模原での事件の直後、恐怖で金縛りにされたまま日々テレビの報道にくぎ付けとなった。その間ずっと事件の背後に、ブログを通じて見てきた酷薄な世界を凝視し続けていたような気がする。頭に繰り返されるのは「ついに、こんなことが起こってしまった……」というつぶやき。日本病院会倫理委員会の「尊厳死」をめぐる文書（191ページ）で「重症心身障害者」という文言が明記されたのを見た時には「ついに『うちらの子』が名指しされてしまった……」というつぶやきが口をついて出たけれど、それが今度は「とうとう、うちらの子が殺されてしまった。こんなにたくさん殺されてしまった……」というつぶやきになった。社会にじわりじわりと広がり始めていた声が、ついに公然と解き放たれた。とうとう社会の隅々にまで響き渡ってしまった……。

けれど身の回りには、その切迫した危機感を共有してくれる人はいなかった。田舎で暮らす私の身近には、極端な思想をもった異常な男がしでかしたことにすぎないのに、という見方をする人が多かった。今すでにグローバルな規模で命の線引きと切り捨てが進行しているとの認識をもち、その「大きな絵」の中に事件を位置付けて考える人と、そうでない人とでは事件の見え方がまるで違う。その違いを地元で痛感するたびに私の思いが向かっていくのは、『アシュリー事件』の出版からの数年間に次々に出会ってきた障害当事者や障害者運動の関係者たちだった。犯人の「障害者は不幸しか作れない」「障害者は安楽死させるべき」などの発言から、私と同じようにナチスの障害者虐殺を連想したり、社会に蔓延してきた命の線引きを思って「ついに……」とつぶやいているだろう、あの人やこの人のことを思った。いつもなら障害者に関連する事件に機敏に反応する多くの論客たちが沈黙していた。みんなあまりに大きな衝撃にフリーズし、言葉を失っているのだ……と、私はその胸の内を思った。

やがて、フリーズしていた人々が少しずつ口を開く。最初はまだ戸惑いながらものを言ってみる、という体の人たちも多かったが、やがて言葉が氾濫した。強い言葉、激しい言葉が渦巻き、事件後の議論は私には思いもよらない方向に進んでいった。私は茫然とし、言葉を失った。

事件の真犯人は「施設」と「施設に入れる親」だと指弾するような議論が日増しに勢いづいていくのを見ながら、もうものを言うことができなくなったな……とつぶやいては、心を閉じていくーー。そんな気分の日々が続いた。私のような無名のブロガーが何事かを言ってきたつもりになるのはおこがましいけれど、心を閉じていきながら未練がましく振り返り、繰り返しなぞってみるのは、かつて自分なりに勇気を奮い起こして投げかけてきたつもりの言葉たちだった。

……親から子への支配を科学とテクノロジーによって強めていく方向へと強力に世の中を変容させていこうとする、この、ものすごい勢いは、「親の愛と献身」という、これまでも散々使い古されてきた神話を盾に、ゴリ押しで突き進もうとしているかのように感じられます。……(略)……障害学や障害者運動の人たちにお願いしたいと思うのは、こういう時だからこそ、障害児・者と親の関係を「親は敵だ」と対立関係で考えることを、いったん外してみてもらえませんか、ということです。

うちの娘にとって自分は一番の敵なのだと、私は本当に、痛切に、そう思います。……でも、それは「娘にとって私は一番の敵だという面は確かにある」ということであって、「全面的に敵である」ということでも「敵でしかない」ということでもないと思うのです。

……障害を社会モデルで捉えるように、親の様々な思いや行動もまた、社会モデルで捉えてもらうことはできないでしょうか。「親は一番の敵だ」で親をなじって終わるのではなく、「親が一番の敵にならざるを得ない社会」に共に目を向けてもらうことはできないでしょうか。……

（ブログ「Ashley事件から生命倫理を考える」二〇一〇年三月一二日エントリー「親の立場から、障害学や障害者運動の人たちにお願いしてみたいこと」）

溝は、事件が起きる以前からあった。それでも事件前にあったものは、まだ分断というより、むしろ障害の違いや立場による溝と呼ぶべきものだったろう。私も勇気を振り絞れば、こんなメッセージを投げかけてみることができた。『アシュリー事件』を書いたことによって次々に出会った障害者運動の関係者のほとんどとは、そこに溝があることは意識しながらも、互いに敬意を払いながら繋がることができた。事件を境に、それらの日々が、もう二度と戻らないところに飛び去ってしまったように思えた。

一方で、こんなふうに誰かがものを言いにくくされていくことへの反発も芽生え始めていた。もともと障害者こそが、社会から声を封じられてきたのではなかったか。それに対して「ものを言わせろ」と要求してきたのが障害者運動だったのではないか。

私がアリシア・ウーレットの著書を翻訳紹介したいと考えたのは、そこにある中心的なメッセージが、医療と同盟関係を結び医療に根深く埋め込まれた生命倫理学に対して、障害学や障害者運動に謙虚に耳を傾けて彼らの声から学べ、と呼び掛けているからだった。社会も医療職も生命倫理学者も、障害者運動の言動に滲む怒りや敵意だけを問題視しては、あんな攻撃的な連中は相手にできないとばかりに黙殺を決め込んできた。私自身も、娘の施設で生活を不当に制約してくる医療の過剰な管理に親として異議申し立てを試みるたびに、「何を言おうとしているか」を正面から受け止めてもらえることは少なく、一方的な〝モンスター〟認定をされることが多かった。そうやって強い側が定義権を行使して自分たちに都合よく問題をすり替えては、「ものの言い方が悪い」「人格が悪い」と言って私を「加害者」に仕立てあげ、自分たちは体よく「被害者」になりすます。そういう個人的な体験を重ねてきたからこそ、障害者運動の「怒りの話法」の背景には一方的な「聞く耳持たず」の不誠実な態度で尊厳を傷つけられてきた体験の積み重ねがある、と指摘するウーレットの著作に私は惹きつけられた。「そのメッセージの形態に目を奪われず、その向こう側にあるものにまで目を向けてみれば、……（中略）……いったいどうしてこの人たちはこんなに腹を立てているのか、と問うてみるくらいできるのではなかろうか」★1と書き、医療専門職や生命倫理学者に向かって障害者運動の声から学べと説くウーレットの本を翻訳紹介したいと考えたのだった。

そうして社会や専門職からものを言えなくされてきたはずの障害者運動が、今はこうしてものを言いにくい立場を創り出していくのか……。

もう一つ、重症者の親として、より現実的な懸念もあった。いま声高に施設否定論を説いている人たちには、重症児者のニーズの特異性や現在すでに「地域移行」で家族が追い詰められ疲弊している実態が見えていないのではないか。一方、ネット上には「親が施設に厄介払いしていたくせに」「障害児者の親は我が子のことは自分で何とかしろ」「社会に迷惑をかけるな」といった内容の、心ないメッセージが溢れている。これでは、すでに追い詰められている重症児者の親は、障害者運動からも世論からも助けを求める声を封じられて、自分たちが困っている事情を発言することもできなくされてしまう。そんな危機感が切迫してくる。

重症心身障害児者のニーズ

身体障害も知的障害も重度であるということは、決して「身体障害単独の人のニーズ」を1とし「知的障害単独の人のニーズ」を1として、その二つを足して2にしたら、それが重症児者のニーズになる、というような単純なものではない。両方の障害が重いということは、身体障害単独とも知的障害単独ともまるきり違う、複雑な独自のニーズが生じてくるということだ。また、身体障害者や知的障害者の支援をしてきた人がよく誤解しがちなように、重症児者は「身障者のニーズと知的障害者のニーズ」に単に「医療」さえプラスされればOK、ということでもない。

医療であれ看護であれリハビリであれ「発達に障害を持っている人」としての重症児者について理解し、身体各所の拘縮や変形、それにともなう呼吸を中心とした健康状態の悪化、さらに年齢と共に生じやすい重度重症化、誤嚥性肺炎、尿路感染症、イレウス（腸閉塞）など合併症の詳細まで見通せる十分な経験と知識が必要となる。逆に言えば、適切な医療とリハビリテーションの介入によって、それらはある程度防げるし、姿勢の調整一つで呼吸状態が改善したり、身体の緊張が取れてラクになったり、口から食べることが安定したりもする。

療育園での娘のリハビリテーションを見ていると、海の足を片方ずつ理学療法士が両手の中にくるみこみ、じわーっと力を加えていく。すると、不用意に開くと骨折しかねないほどに固まった股関節がゆるくほぐれていく。マジックのように見事にゆるゆるになる。本人にとっても、うっとりするほど気持ちの良いことのようだ。海がデイルームで過ごす時に上半身の下にマットが一枚入っただけで、進行していた側弯が改善し、呼吸状態がよくなって健康度が目に見えてアップした時には、誰もがびっくりした。誰もが年齢に伴う重度化でやむを得ないことだと考えていたのだ。一時は増えていたムセも収まり、施設で提供される「なめらか食」をまた安定して食べられるようにもなった。かつて「正常」に近づけることをひたすら目指そうと医学モデル一辺倒だった重症児者のリハビリテーションは、身体を少しでも安楽にできよう、身体をほぐし姿勢を整えて「健康と生活を支える」リハビリテーションへと様変わりしてきている。

また、重症児者の「食べる」は、状態によっては大きなリスクを伴い命に直接かかわる大きな問題だが、近年では摂食機能のアセスメント技術や食形態、姿勢、介助方法の専門的な研究が進み、できるだけ長く口から食べられるように、また仮に胃ろうになっても胃ろう食で「食べる」ことを楽しめるように支援する知見が急速に積み重ねられてきている★2。実際、地域生活移行後に口から食べられなくなって胃ろう造設を提案された人が重症児者施設に戻り、丁寧な経口摂取のケアにより口から食べられるようになった事例も報告されている★3。

このような重症児者領域での医療のあり方について、愛知県の社会福祉法人明世会信愛医療療育センターのセンター長で小児神経科医の麻生幸三郎は「重症児者医療は生活に深く溶け込んでいる」と表現している。「『治す』のではなく、合併症に対処し、ＱＯＬを高めるような生活に寄り添う医療、支える医療が重症児者医療のほとんどを占めます」★4。

愛知県が、重症児者領域でノーマライゼーションの理念に基づいた「地域移行」を目指したことがある。平成一九年三月に発表された「愛知県心身障害者コロニー再編計画」だ。平成一八年度から二七年度にかけて、コロニー内の重症児者施設こばと学園の入所者一七四人のうち一一〇人を地域に出すことが決められた。結果、平成一七年から二五年にかけて三五名が「地域移行」したが、半数以上は他の重症児者施設への転院。グループホームや重症児者施設以外の障害者支援施設に移ったのは一九名。その内の三名はまたコロニーに戻った。重症児者施設以外への「地域移行」はその間も先細りとなり、平成二五年以降はほとんどなくなってしまう。こうした実態から、愛知県は結局、一宮市に新しい重症児者施設の建設を決定。それ以前から計画されていたものを含めて県内四ヶ所に新たに作られた小規模の重症児者施設が「地域移行」の受け皿となった。

こばと学園の前学園長である麻生は、この再編計画について「『濃厚な医療』を必要としていない重症児者は、重症児者施設にいる必要がないので、したがって、『地域で生活する』ことが可能だ、と安易に考えられていた」のだろうと推測し、その結果は、「生活に溶け込んだ医療」を地域で提供できる仕組みを欠いて重症児者の地域移行がいかに困難かを物語るものだと捉えている。

この時、地域に出て胃瘻を勧められ、こばと学園に戻ってまた口から食べられるようになった人★5について、麻生は次のように書く。


医療というと、胃瘻などの『目に見える』処置をさすようにみられがちです。しかし、『濃厚な医療が必要』ではないようにみえても、この方の場合、摂食介助という生活支援の中に、胃瘻以上に高度で『濃厚』な、しかし、目に見えない医療が溶け込んでいたのです。超重症児にみられるような『濃厚な』医療だけが重症児者の方たちの医療ではないのです。★6

しかし、そうした複雑かつ繊細なニーズは専門性も個別性も高いために、直接体験や十分な知識がない人からは理解が難しく、見えにくい。そして「見えない」ものは簡単に「必要がないもの」になってしまう。怖いのは、介入ニーズが見えないために適切な対応をされなかったことの結果は、常に「障害が重いからやむを得ない」に終わってしまうことだ。そして、それが仮に死を早めることにつながったとしても、それもまた「重症児者だから、あっけなく死んでしまった」ということになりかねない。

「見えないニーズ」は「ニーズがない」ことになる

ずっと以前に、かつての母親仲間を久々に訪ねた際に、彼女の二〇代の息子がまったく身体に合わないバギーに不安定な姿勢で座らされているのに驚いたことがある。たいていの人は自分の身体に合わせた車椅子を作ってもらっているから、いくら年齢の割には小さいとはいえ、その年齢で市販のバギーに乗っている人を見るのは初めてだった。バギーの中で体が大きく傾いて、私の目にはかなり辛そうに見える。が、母親は見慣れているからか、まったく気になっていない。見かねたので「理学療法士か作業療法士に一度ポジショニングの相談をしては？」と提案してみたところ、「え？　なに、それ？」とびっくりされて、またびっくりする。子どもの時からケアしてきた自分の手馴れた介護で暮らしながらデイに楽しそうに通っている生活に親も子も満足しているのに、なんで？　という反応だった。

「リハビリには、もう行ってないのん？」と聞いてみると、幼児期には一生懸命に通ったけど、結局この子の障害は治してもらえなかった、だからリハビリには今さら何も期待しない、とのこと。「障害を治す」ことはできなくても、安楽に快適に日々を過ごすための手立てはたくさんあるよ、と話してみたのだけれど、今の生活で親子とも満足していて今のままで問題はない、と考えているようだった。「知らない」ものは自動的に「必要のないもの」になり、「ない」ものは「ない」ことそのものが見えなくなってしまうのだ。

その後、身体障害者と知的障害者を中心に支援してきて最近は重症児者も受け入れるようになったという各地の事業所に見学に行った際にも、形はいろいろ違っても同様のことを見聞してきた。医療やその周辺に専門性の高いケア・ニーズがある人たちがニーズを満たされないまま暮らしているのに、あるいはもう少し楽にしてあげられる専門的な手だてがあるのに、周囲の支援者が自分で思っているほどには重症児者について十分に知らず、介入ニーズが「見えていない」ために、「ヘルパーと一緒に自分らしく楽しく暮らしていますよ」ということになってしまっている……ということは、本当にないのだろうか。

それほどに、重症児者の高い専門性と個別対応を要するケア・ニーズは、分かりにくい。知らない／分からない人には「満たされている」と見えるほどに、分かりにくいのだ。身体障害者と知的障害者がマジョリティである事業所に重症者を受け入れてもらった場合に、事業所側に十分な専門的知識がなければ、それだけ細かいニーズに対応を求めざるを得ない親は「理不尽な、要求の多いモンスター」と受け止められかねないな、と感じさせられる場面もいくつかあった。

地域の支援職の「医療」専門職一般へのあまりに素朴な信頼に、ただ病院であり医師であり看護師であるというだけで重症児者に適切な医療が可能なわけではないのに……と思いながら、その背景の複雑さを簡単に説明できるとも思えず言葉を飲み込んだことも少なくない。医療との葛藤はないのかと問おうとすれば即座に「うちには理解のある嘱託医がいるから大丈夫」と明快な応答が返ってくることにも、個々の医師の資質や姿勢の問題をはるかに超えた医療の仕組みや教育や文化など、根深く構造的な問題がここではまだ捉えられていないのではないか、と懸念を覚える。

障害者の権利擁護の議論に地域の支援者と協力関係にある医師だけが登場しがちなことや、支援者側が医療を「生活を共に支えるパートナー」と捉え、医療と「良好な協力関係」を目指していることにも、医療に対する姿勢があまりにもナイーブなのではないか、と気がかりになる。前述のように日本でも「無益な治療」論の包囲網がめぐらされてきている中、成年後見人の「医療同意」が今後認められるとしたら、そこで期待されているのは、医療職の判断による治療中止への免責としてのシャンシャン手続きだろう。神経難病患者と重症心身障害者はすでに名指しされているのだ。日本の障害者の「権利擁護」にいま問われているのは、むしろ米国のNDRNやAAIDDのように（167ページ）医療の世界と対峙する覚悟がどこまであるのか、という問題の方ではないのだろうか。

地域資源整備と重症児者施設

誤解しないでもらいたいのだけれど、私は「だから重症児者は施設で暮らすべきだ」と主張したいわけではない。誰がどこでどのような暮らし方をするのかいいかは、あくまでもその人の固有の状態とニーズと思い、地域での資源の整備状況や家族のあり方を含めたその人固有の環境の中でしか、判断できないことだ。もちろん暮らしの場の選択肢が、私たち親子の周りでは二〇数年前にそうであり今でも同様であるように「施設以外には何もない」というのではなく、多様にあってほしいと思う。

けれど、重症児者ケアの専門的知見と物理的・人的資源は、これまで長い年月をかけて重症児者施設に集積されてきた。単に「入所施設」である以上の多様な支援機能と人材育成を含めた、いくつもの役割がそこでは担われてきた。それをただ「施設だから」という理由で壊したり、資源を散逸させたりするのでは、希少な資源の取り返しのつかない損失になってしまう。重症児者施設がこれまで提供してきた専門性の高い多様なサービスと広範に果してきた役割が、グループホームと地域の既存の資源だけでにわかに代替えできるとは思えないし、そもそもグループホームが本当に重症者の生活の場としてニーズを満たせるのか、看取りまで含めた終の棲家として十分に機能できるかどうかも、いまだ十分に検証されてはいない。

ＮＰＯ法人医療的ケアネット理事長で小児神経科医の杉本健郎は、グループホームが重症児者にとって終の棲家となれるかどうかについて考えておくべき問題として以下を挙げる。

・基礎疾患（元々の病気）は落ち着いているか？
・先を見通せているか？→退行していく。
・てんかん発作が起こる→対応は？
・悪性疾患を発症する→入院治療を必要とする・その後、自宅へ？　グループホームへ？
・急性の感染症や外傷の場合→医療へのアクセス？
・仲間とのトラブル・エキサイト　落ち着かない
・そして瀕死の状態が起こる（急性か、ゆっくりか）グループホームでの看取りは可能か★7

地域の支援資源を整備していくにあたっても、これらの点が慎重に検証される必要がある。

ここ数年の娘の様子を見ていても、機能が低下していく「退行」や、体力が目に見えて落ちていくこともまた、「どんなに重度の人でも地域で自立した一人暮らしができる」と主張する人たちが見落としている問題のように思えてならない。寝たきりの人が退行したり体力が落ちていった先に、限られた人との限られた空間での一人暮らしやグループホーム生活はどういうものになっていくのだろうか。

最近になって重症者を受け入れたというグループホームを見学して気になることの一つは、重症者のてんかん発作に関する十分な知識がスタッフにあるのだろうか、ということだ。「親が通院時に付き添えなくなったら職員がついていって医師の説明を聞いている、だから問題はない」と見学先のグループホームで説明されたことがあるが、しかしそれでは医師の説明を文字通り「聞く」ことしかできないのではないか、と気になる。

その他、悪性疾患、急な感染症や外傷の際に、地域で重症者の障害特性を踏まえて診てくれる医療資源があるのかどうか。重症児者のニーズの複雑さ、医療的配慮の専門性の高さ、個別に要する配慮の多様性を考えれば、やはり重症児者施設を中核施設と位置付けて、地域やグループホームの事業所のバックアップ機能を担わせ、緊急時対応と親亡き後の受け皿としてもその専門的知見と資源を活かしつつ、段階を踏んで地域の支援を整備していくべきだろう。もちろん十分な予算措置も必要になるはずだが、今の政治状況でそれが可能だとナイーブに前提できるものだろうか。

実際、地域か施設かを問わず、どこの事業所でも制度改変による兵糧攻めで、現実と理念の板挟み、利用者とスタッフの利益の板挟みとなり、苦しみぬいている。どんどん深刻化する人手不足で、多くの地域で障害者支援制度そのものが空洞化し始めているのが現状ではないのか。

ある地方では、重症心身障害者がグループホームで暮らす事例が市内で一つだけあったが、最近になって親が施設入所の申し込みをしたという。もともと病院の受診もリハビリの通院も親が担ってきたし、体調を崩して日中活動に出かけられない日はグループホームが昼間は無人となるため家に連れ帰ってケアしてきた。最近それに加えて人手不足から週末の帰省を求められるようになり、高齢の親の体力不足から、もはやグループホームでは無理だと判断したという。実際、障害種別を問わず、週末には帰省を求められるグループホームが増えていると聞く。健康な間は引き受けるが病気になったら出てもらう、と条件を提示された人もいる。このように地域のグループホームにとっても厳しい実態が存在しているし、その事態は悪化しているはずだ。

あったものが急速に切り崩されていこうとしている、与えられるべきものがじわじわと奪われていこうとしている時だからこそ、壊すのではなく、せめてあるものを守り生かしていかなければ、とりわけ地方では重症児者のケアに当たることのできる資源はあまりにも限られている。グループホームと地域の医療資源さえあれば「どんなに重度の人でも地域生活・自立生活はできる。だから施設は無用」と説かれることに、地方の重症者の親が我が子の命を脅かされるような不安を掻き立てられるのは、そういうことだ。さまざまな地域でさまざまな生活状況を暮らす重症児者の家族にとって、地域の医療と福祉の資源整備は「施設か地域かの二者択一」でどちらかだけを肯定するのではなく、「施設と地域がどちらもあって相互に補完し合う」という形で進んでいくのでなければ、現実問題として安心して暮らせるだけの地域資源は整備できない。

「できた」人たちが「できなかった」人に向けるまなざし

このような重症者のニーズの複雑さについて時間をかけて説明することは、相手がよほど腹を据えて聞いてくれる姿勢でなければ不可能だから、個人的に誰かとの話でそういう場面になれば、まずは「でも地方には都会ほどの資源も、自治体の財力もないのです」と言ってみる。そうすると決まって「自分たちのところだって初めから資源があったわけではない。資源は自分たちが苦労して作ってきたのだ」という論法で返されてきた。そのたびに、私はおなかの中で「でも私は今あなたたちの話をしているわけではない」とつぶやく。地方と都市部の違いという問題をそんな一言で簡単に自分たちの手柄話にすり替えられては困る。それは、「だから、やらなかったあなたには資源がないことに文句を言う資格はない」あるいは「だから、やってきた私の前に、やらなかったあなたはひれ伏せ」と言っているに過ぎない。

もちろん、その人たちの努力も苦労も並大抵のものではなかっただろう。その努力と苦労がなければ実現できなかったことに相違はない。親の一人として、そういう人たちが苦しい思いをして闘い、創り、道を開いてくれたからこそ今の制度が形づくられてきたことへの認識も感謝もある。その人たちが作ってくれたおかげで先駆的なモデルがあることは、親にとって希望でもある。けれど、その人たちにはその努力ができる環境があったというのもまた一面の真実のはずだ。

どこかの誰かには「できた」のだから、あなたにもできたはずだ、「できなかった」のはやらなかったあなたが間違っていたのだ、と誰かを責める資格がその人にはあるというのだろうか。一人の人間がそれぞれ固有の環境で固有のいきさつとしがらみに絡みつかれて一定の年齢まで生きてきた人生というものは、その人本人にとってはみんな「そのようにしか生きられなかった」人生ではないのだろうか。当事者も親も家族も、それぞれに矛盾に満ち、どこを取っても正しくないことだらけの目の前の現実を生きる以外にない。「架空の正しい社会」を生きることのできる人間など、どこにもいない。

それでは、「どこかの誰かにできているのだから、どこでもどんなに重度な人でも、できる」と主張する人たちが理想とする「地域生活」や「自立生活」を実現「できない」のは、個々の親が怠慢だったせいなのだろうか。それとも個々の事業所の頑張りが足りなかったためなのだろうか。けれど、そのまなざしこそが、障害者運動が批判してきたはずの「個人モデル」ではないのか。

事件の前から、「できない」他者に向けられる「できた」人たちのまなざしに、私はずっと釈然としないものを感じてきた。

事件後に決定的に変わったもの

そのまなざしは、相模原での事件後にはっきりと糾弾の色を帯びた。

相模原での事件をテーマにしたある議論の場に出かけた際、障害当事者の女性の激しい発言に凍り付いたことがある。

「障害者がたくさん殺されたというけれど、私たち障害者は誰だって子どもの頃に親から殺されそうになった。障害者は昔から殺されてきたのだ。社会に優生思想や差別があるから実名を出せないと親たちは言っているが、そんなのは優生思想を言い訳にしているだけだ。実名を出すと自分が施設に放り込んだことがバレるから出せないだけだ」

怒りに満ちた激しい口調だった。会場から沸きあがった拍手と賛同の声に包まれて、私は凍り付き、身体が震え出しそうだった。その人が言う「親に殺されかけた」というのは、多くの人にとって紛れもない事実だろう。殺しかけた覚えがある私には、ぐうの音も出ない。

その当事者にとっては、施設での辛い体験がトラウマになっていることも十分に理解できる。今は施設だって当時と同じではない、今の施設では多くのスタッフが一人ひとりにできるだけ豊かな生活をと願って働いている、とも思うけれど、施設には施設でしかないことの限界があるのも事実だ。それは、施設の中で〝モンスター〟視されながら、その限界と闘い続けてきた私自身が骨身に染みて知っている。その女性が施設で経験した痛みと基本的には同質のものを、私も我が子に背負わせていることに間違いはない。だから、この拍手と賛同の声の中で、私はじっと身を固くしているしかない。

が、それにしても……。事件で我が子をあんなむごい形で殺されて傷つき苦しんでいる人に向かって、こんな言葉を投げつけるのか。あなたたちが「親」から傷を受けた「被害者」だから、我が子を殺された被害者である固有の親に、こんな言葉を投げつける資格があなたたちにはあるというのか……。心が冷えた。

また同様の場で、ある人と名刺交換をした際、「これは児玉さんにも関係する問題です。そうやって、すぐに施設に入れてしまうからいけないのです」と言われたことがある。私たち夫婦が娘を施設に入れる選択をせざるを得なかった事情を知るはずもない、初対面の赤の他人から面と向かってそんなことを言われたのは、初めてだった。

ではその人は、海を施設に入れる選択をせざるを得なかった事情を私がつぶさに語ってみせれば、その時々の私のどの行動が「そうやって、すぐに施設に入れ」た「過ち」だったのか、そこで私はどのように行動することが正しかったのかを、逐一指摘してみせてくれるというのだろうか。

海を施設に入れる決断をせざるを得なかった当時の私は、言語道断なほどに虚弱な海の壮絶な子育てと、非常勤となってかろうじて残した教師の仕事とのジャグリング、助けてくれるはずの人たちから日々責め続けられるストレスとで心身ともに消耗しきっていた。生きることに必要な心身のエネルギーを急速に失いつつあった当時の私は、病気ばかりしている海を抱えた過酷な生活の中で、それでもなお、いつか海が自立生活を送れるよう、社会的な活動を始める、あるいは既存の運動を探して参加し、地域に資源を作るべく働くべきだったのだろうか。どうやったら当時の私の生活の中でそんなことが可能だったのか、私には今もって分からない。私に「そうやってすぐに施設に入れてしまうからいけない」と言うその人には、分かるというのだろうか。

事件後に、何かが決定的に変わった。事件によって、以前からあった溝が丸裸の剥き出しになった。恐れや怒りや苛立ちを乗せた激しい感情や言葉が噴出し、剥き出しになった溝が広がり、分断となった。「すぐに施設に入れてしまうからいけないのだ」と事件前にも思っている人たちはいくらでもいただろうけれど、それを初対面の相手にむきつけに言ってしまえる空気は、あの事件後に醸し出されたように。

けれど、「できた」強い人だけが肯定されて「できない」弱さが叩かれるなら、それもまた「できる」人たちの社会が「できない」障害者を差別してきたのと同じ「能力主義」ではないのだろうか。

「施設に放り込んだことがバレるから実名を出せないだけだ」というものの言い方や、「施設に入れているか」「施設を肯定するか」だけを踏み絵に個々の誰かを断罪する姿勢は、「森」がしてきたことの責を「一本の木」に刃物で切りかかりながら問うような議論だと思う。それでは、本来は社会や政治に問うべき問題の責が、地域や個々の事業所や個々の家族、当事者個々へと帰されて終わってしまう。「森」の責はきちんと「森」に帰し、「森」に問うべきなのに、分かりやすく叩きやすい敵が作られることによって、本当の敵のありかが見失われていく――。それは恐ろしいことのように思えた。

そもそも、あの事件で最も憎むべき「敵」は、本当に「施設」と「施設に放り込む親」だったのだろうか。

本当の敵

二〇一一年に『アシュリー事件』を書いた時、私はその副題を「メディカル・コントロールと新・優生思想の時代」とした。既に本書の第1部、第2部で紹介したような方向に世界が向かっていくことは予想されたし、懸念もしていた。その懸念を副題で示唆したつもりだった。そこで「優生思想」に「新」がくっついていることの含意は何か、と何度か問われたことがある。まず、科学の発達に伴う圧倒的な技術力が背景にあること。次に、かつて国家施策として進められたことが今は個々人の自由意思による自己選択・自己決定として行われてしまうこと。さらに三点めとして、それがグローバルな新自由主義の市場原理にゆだねられてしまうこと。それらの結果、何が起こっているかが見えにくく、誰にもコントロールできにくい形で今の時代の優生思想は広がっている――。自分なりの「新」の含意を今のところ、そのように整理している。

もちろん、その三つはそれぞれに繋がり互いに影響しあっている。それは第1部、第2部で描いたとおりだ。科学技術の利権構造は敢えて〝コントロール幻想〟をバラまいてはマーケットを創出すべく人々の欲望を掘り起こしているし、格差の拡大が人を「科学技術の恩恵に浴する人」と「そのためのバイオ資材や奴隷労働の提供者となる人」とに線引きしていく。科学技術開発の国際競争は激化する一方だけれど、カネは回れば回るほど、ごく一部のスーパーリッチに回収されてゆく仕組みが出来上がってしまっているから、おのずと国家はいずれも貧困化・弱体化していく。各国とも社会保障の縮減へと舵を切って久しい。

もはや社会全体が弱い者、貧しい者に手を差し伸べることを「無益」だとして医療も福祉も引き上げ、「死ぬに任せる」と決めてしまったかのようだ。そうして、さまざまな形で「生きるに値しない命」が選別され、さまざまな形で「死ぬに任され」始めている。「社会が殺す」方法は一つではない。

相模原での事件の直後に、「知的障害者である我が子は地域で十分な支援を受けて暮らしているから、自分は事件が起こってもぜんぜん恐ろしいとは感じなかった」という人の発言を読んで、びっくりしたことがある。「地域」も「施設」もまるで抽象的な記号であるかのような「地域か施設か」の二者択一で、「地域生活」は無条件に○、「施設」はすべて×、と短絡的に丸バツしていく段でいけば「地域生活なら安心。施設は危険」ということにもなるのだろうか。

しかし、優生思想と社会保障縮減という政治の要請が手を結んだ命の切り捨ては、まさか誰があの事件の犯人のような人間を雇って障害者施設を次々に襲わせるような、そんなやり方で来るわけじゃない。それは、上述のように兵糧攻めという形で、施設にも地域にもとっくにやってきている。医療でも福祉でも制度がどんどん切り詰められていくのに加えて、深刻な人手不足で制度そのものが急速に空洞化していく。地域か施設かを問わず、どこの事業所でも制度の切り詰めに加えた人手不足と利用者のニーズの板ばさみになって苦しんでいる。障害特性に応じたケアの専門性の確保も危ぶまれている。本当は、今まで「できた」ところでも、今まで通りを維持することは苦しくなってきているのではないか。本当は、今までは「できた」人たちも少しずつ「できない」ところへと、じわじわと追いつめられているのが現実ではないのか。現に、重症児者では当人にも家族にも極めて過酷な形で「地域移行」が進められているし、すでに犠牲者は出ている。

重症児者・医療的ケア児者で進む「地域移行」の現実

近年、医学の発達で新生児の救命率が上がり、経管栄養や痰の吸引、呼吸管理など医療的ケアを必要とする子どもが増えている。そのため病院ＮＩＣＵや小児科でベッドが不足し、「退院支援」「地域移行」という方向性が打ち出された。しかし帰っていく地域では支援資源は不足したまま、家族介護者、主として母親たちが過重なケア負担に喘いでいる。厚労省の実態調査★8によると、医療的ケアが必要な一九歳以下の子どもは全国に推計約一万七〇〇〇人。二〇〇五年度の推計九四〇〇人から一〇年間で約一・八倍に増加。在宅人工呼吸器を必要とする未成年患者は、二〇〇五年度の約二六〇人から約三〇〇〇人へと、一〇倍以上に急増している。

二〇一六年の児童福祉法改正では、こうした子どもたちを「医療的ケア児」と定義し、地方自治体に支援の努力義務が課せられた。医療的ケアを必要とする子どもたちが安定した生活を送るためには、医療と福祉と教育が連携して支援していく必要があり、ＮＩＣＵから十分な移行準備を経たうえで地域に帰す「退院支援」に加えて、生活を支援するための地域の支援資源整備と連携ネットワークが不可欠となる。二〇一八年の障害福祉サービス等報酬改定でもそれらに向けた加算がわずかに設けられたのに伴い、各地で関係者が努力を進め、メディアでも取り上げられつつあるが、資源もネットワークもとうてい十分ではない。

二〇一四年の一般社団法人全国訪問看護事業協会の報告によると、小児の訪問看護を実施している訪問ステーションは約三〇%に留まっている。子どもによっては数分おきの痰の吸引など二四時間三六五日の医療的処置や管理が必要になり、同報告書には「多くの処置管理が母親によってなされバーンアウト寸前です」と書かれている★9。

医療的ケアを必要とする「児」の問題の一方に、重症「者」の高齢化問題もある。高齢化・重度重症化により、それまでと異なる医療やケアを必要とするようになるが、医療制度の効率化、成果主義への移行につれて、重症者の受け入れを断る病院が増えている。調査が行われておらずデータはないけれど、私の身近では病院から診療を拒まれた体験を耳にすることが増えている。

「地域で十分な支援を受けて暮らせているから安全」と書いたのは知的障害者の親だったけれど、やがて本人の高齢化とともに医療を必要とするようになり、地域で制度の切り詰めや空洞化が進めば、知的障害者にとっても無縁な話ではない。第2部第4章で見てきたように、もともと重症児者を含め知的障害者は専門医療の領域の外では「迷惑な患者」としてネグレクトのリスクに直面してきた。その医療がさらに効率化と成果主義で切り詰められていく中で、障害に関する領域の外で医療を必要とするようになった時に、適切な医療を受けられる環境はすでに奪われ始めている。ついでに思い出してもらえれば、日本病院会は「重症心身障害者」をすでに「尊厳死」の射程に捉えてもいる（191ページ）。今後、こうした動きはますますあからさまになっていくだろう。重症児者の親にとっては、比喩でもなんでもなく、我が子の命はリアルな危機に直面している。

もちろん、見かねた専門職によって各地で資源の新たな掘り起しやネットワークづくりの努力が始まっている。しかし、やりきれないのは、心ある専門職の尋常ならぬ尽力によって優れたモデルが作られていけばいくほど、そうして個々に資源を整備していく責任は結果的に各地域に帰されていくように思われることだ。

数年前、重症児者の地域生活を考える集まりで、会場の親から「地域で我が子を診てくれる医師が見つけられないで困っているのだけど、どうしたらよいか」と質問が出たことがある。それに対して地域生活支援事業所のスタッフから、「日ごろからワクチン接種とか、ちょっと風邪気味というような場面で地域の開業医にこまめに足を運んで関係を作っておくとよい」とアドバイスがあった。もちろん、それは的確なアドバイスだ。現に困っている人には現実的なアドバイスが必要なのだから、そういう人や場があることはありがたいことだ。けれど私は、そのやりとりを聞いて釈然としないものが残った。

こうして地域で我が子に必要な医療を調達する責が個々の親へと帰されていく。そして、地域ごと家族ごとに資源整備と確保が自己責任化されていく。いったん重症児者が効率主義の医療から切り捨てられる大きな力動がうねり始めてしまったら、まるで何もかもがその大きな力動の中に回収されていくかのようだ。

親たちが老いてなお担っている介護

一方、介護を担っている親たちの高齢化が深刻だ。

障害者の生活と権利を守る全国連絡協議会が二〇一四年から二〇一五年に行った障害児者・家族の暮らしと健康実態調査によれば、主たる介護者の九〇％以上が母親。そのうち六〇歳以上が六七％を占めている★10。「都市部を中心に多くの入所施設では定員数を超える待機者がある状況で、親の入院や急死等で家庭での生活が立ち行かなくなった人たちを受け入れられず、人権侵害とも思われる『ショートステイのたらい回し』や先が見えずに命を絶つ出来事も後を断たない深刻な事態」。「特に、入所施設やグループホーム等を活用できず、在宅介護を余儀なくされ「老障介護」と言われている家庭介護の実態、知的障害者の主たる介護者である母親の健康状態は憂慮すべき課題」★11。

また埼玉県の社会福祉法人みぬま福祉会の理事で重症者の親である新井たかねは「私のすぐ近くで母親が命を絶つ事件が続いています。……政治や行政の不作為によって悲劇が起きていることにもしっかりと向き合うことが必要です」★12と述べている。
これらの事態のどこに「自己決定」や「自己決定権」が存在しているというのだろう。

似て非なる二つの「地域移行」「共生社会」

相模原での事件後に、似て非なる二つの「地域移行」「共生社会」という言葉が区別なく使いまわされていることが、私には危うく思えてならない。日本では、命の線引きも切り捨ても表立った議論にならないし、あからさまに「生きるに値する／しない」という言葉が横行することもない。むしろ、社会の空気と社会福祉制度の改変を通じて、それと分かりにくい形でじわじわと進められていく。ありていに言えば、「ノーマライゼーション」「地域移行」「自助・互助・共助」「地域包括支援」「共生社会」という美名のもとに、家族の自助と資源なき地域での互助共助の中へと高齢者と障害者の棄民はとっくに始まり、粛々と進行している。

一方、相模原での事件後の議論では、優生思想や命の線引きと抗い闘ってきたはずの人たちが、しきりに政治と同じ「地域移行」「共生社会」という言葉を使って「脱施設」を説く。障害者運動が説くのは、むろん目指すべき社会のあり方としての「地域移行」であり「共生社会」だ。しかし、政治主導、社会保障縮減策のアリバイとしての「地域移行」や「共生社会」との乖離は一体どこまで意識されていたのだろう。政治と同じ「地域移行」と「共生社会」という言葉によって誤った対立関係が描かれて、「地域移行」「共生社会」によって進行している地域と家庭への棄民の実態は議論の射程から外れていく。「手段」でしかないはずの「地域移行」や「脱施設」を実現することがあまりにも困難だったために、いつのまにかそれを「目的」と見誤ってしまった人たちがいるのではないだろうか。本来は連帯して同じ敵に向かうべき者たちが、敵と同じ言葉で分断され対立させられていくなら、「地域移行」と「施設削減」そのものを最初から「目的」としている人たちには好都合なことだろう。

このまま重い障害のある人たちからじわじわと医療が奪われ、介護が家族の自助と地域の互助共助に押し戻されていけば、重い障害のある人と家族の生は耐え難いものとなる。極限まで追い詰められた時には、「死ぬ／死なせる」という方向にのみ開かれた「自己決定権」行使の選択肢が差し出されるのだろうか。いや、むしろ、そのためにこそ、その選択肢が用意されている、とも言えるところまで事態は至っているのかもしれない。第2部で紹介した「大きな絵」とは、「死ぬ／死なせる」へと人を導いて「殺す社会」でもある。

極限に追い詰められた時、家族にはもう一つの選択肢も暗黙裡に提示されてくるのかもしれない。私は老いに直面する家族介護者の一人として、海外で家族介護者による「自殺幇助」事件が起こり、それが「愛による行為」として称賛され免罪されるのを見るたび、「死ぬ／死なせる」

ポリティックスの狡猾に絶望する。「殺す社会」とは「家族に殺させる社会」でもある。

◆注
1　ウーレット p.124
2　たとえば、浅野一恵「私たちは何のためにこどもの食事を支えるのか」『小児リハビリテーション』二〇一八年六月創刊号：66-73。重症児者施設つばさ静岡における浅野らの胃ろう食の取り組みについては、http://www.pegsupport.net/
3　たとえば、重症心身障害療育学会の学術集会 in 神奈川 二〇一七年一〇月一九日 一般演題「地域生活移行後に経口摂取が継続不可能と判断された2事例への対応」愛知県心身障害者コロニー こばと学園 岩田直子 抄録：82
4　『こばと学園のあゆみ』No.48 平成二九年度 巻頭言
5　4の麻生の「巻頭言」によれば、コロニーに戻った三名のうちの一名は、ケアホームに「地域移行」したものの、誤嚥性肺炎を起こして入院した急性期病院で胃ろう造設を勧められて、拒否してこばと学園に戻ったというケースだった。病棟職員、リハビリ職員が一体となって食事内容と摂食方法を工夫し、口から食べ続けることができるようになった。
　この事例についてはNHKハートネットTVで取り上げられた際に、ある障害者運動のリーダーから「自分の摂食能力を見定めたうえで介護をしてくれるパーソナルアシスタントさえいれば何の問題もない話」という発言があった。私たち、重症児者の摂食の問題の難しさに長年悩みながら、専門職との協働でありとあらゆる試行錯誤を重ね多大なエネルギーを注いで我が子の食を守ってきた親からすれば、あまりにも重症児者の摂食ケアについて無知な人の不用意な決めつけと言わざるを得ない。むしろ、摂食嚥下に関わる専門的な介入のニーズが十分に認識されていなかったために、「この人はもう胃ろうにする以外には手はない」「口から食べるのを諦めるのもやむを得ない」と判断された事例だったのでは、というのが私の理解だ。

もちろん「胃ろうにしてケアホームで暮らし続ける」か「施設に戻って、口から食べ続ける」ことを選ぶかは当人が固有の環境と固有の価値観などを元に決めることだろうし、この人も身体状況の変化や地域での資源のありようによっては、いずれまた地域に戻る決断もありうるだろう。が、その移行の際にも、再び食べられるようになったプロセスに寄与した専門職が重要な役割を担う必要があるだろうし、その後の経年的な変化を見越して考えた場合には、その専門性が継続的に地域の資源ネットワークの中に組み込まれていないと、この人の健康とＱＯＬは維持されにくい。決して「ＰＡの介護さえあれば何の問題もない」といった単純な問題ではないし、もともと、そうした複雑で微妙な側面がちゃんと見えている人には、こんなに簡単に「摂食能力をわかって介助するＰＡさえいれば何の問題もない」と言いきることなどできない。その意味では、個人的にとても尊敬している人の発言だけれど、たとえば生活保護受給者に対して「単にまじめに働くつもりさえあればいいだけの話」と決めつけるに等しいものと感じざるを得なかった。「知らない」人には、「自分はもしかしたら十分に知らないのかもしれない」と気づくことそのものが難しい。

6　4に同じ

7　親亡き後を考え学ぶ会 第一回学習会二〇一七年八月二三日　枚方市総合福祉会館ラポールひらかたにおける講演「グループホームは終の棲家か⁉」資料

8　田村正徳 2015「医療的ケア児に対する実態調査と医療・福祉・保障・教育等の連携に関する研究」中間報告　https://www.mhlw.go.jp/file/06-Seisakujouhou-12200000-Shakaiengokyokushougaihokenfukushibu/0000147259.pdf

9 ブログ「海やアシュリーのいる風景」二〇一六年八月三一日エントリー「在宅重症心身障害者の介護者に関するデータ整理」

10 中内福成 2019「障害があっても幸せに暮らすために大切なこと」、『みんなのねがい』No.634: 30-31

11 中内福成 2016「家族依存からの早期脱却を――障害児者・家族の暮らしと健康実態調査から」『みんなのねがい』No.605: 20-22

12 神奈川新聞二〇一六年一〇月二日「時代の正体　相模原殺傷事件考」討論会㊥

第3章

弱いものとしての親

「弱い者としての親」という視点

アシュリー事件と出会ってから、自分が娘に対して「強い者」であることをどう考えるか、という問いを自分なりに考え続けてきた。その後、年月とともに自分自身の老いと心身の衰えを切実に感じるようになった。一年半の間に両親と兄を相次いで看取るという経験もした。海もこの間にずいぶん重度・重症化した。様々な意味で、親亡き後が切実なリアルになってきている。さらに相模原での事件の衝撃と、その後の議論からも、改めて様々な角度から自分が親であることについて考えさせられてきた。

そうした変化に伴って、最近は、「弱い者としての親」について考えるようになった。「弱い者としての親」についてというよりも、「『弱い者としての親』という視点」と、その必要について考えている、という方がより正しいかもしれない。

アシュリー事件との出会いから「強い者としての親」にくぎ付けになっていた視点が「弱い者である親」へと転じたのは、相模原の事件後に「施設に入れた」と責められ続ける痛みに耐えかねて思わず「でも、その責を個々の親に背負わせるのは『個人モデル』ではないのか？」と反発したことがきっかけだった。二〇一〇年に書いたブログ・エントリー（264ページ）を思い、『なぜ』へと視点を転換することによって親も「個人モデル」から解かれるべきだ、という視点にもう一度立ち返った時、それが自分自身への「なぜ」へと反転した。

「強い者としての親」である自分を意識し「私はこの子ではない。この子は私ではない」と呪文のように自分に言い聞かせてきたつもりだけれど、私自身にとって今なおそれを身体で会得することは、なぜこんなにも難しいのだろう。なぜ母親は重い障害のある我が子を飲み込み、我が子と一体化し、無意識のうちに支配してしまうのだろう……。そう問い続けてしばらく経った時に、ふいに口をついて出てきたのは「そんなの、当たり前じゃない？」と、自分でも意外な答えだった。だって、密着したり一体化してしまわないとできないほどの密接な介護を、私たち母親たちは長い年月の間ずっと担ってきたんじゃないの？

いったん言葉になってみると、それは私がずっと前から言いたかったことだった。

母親たちが担ってきたもの・今も担っているもの

昨今、地方自治体を含め様々な団体による在宅重症児者の実態調査が相次いでいるが、それらによると主たる介護者の八割から九割が親、主に母親だ。高齢化は顕著で、九〇代でなおも介護している人もいる。ほとんどが子どもが生まれた時から同一の介護者が介護を続けている事例だ。慢性的な睡眠不足、腰痛や肩痛や慢性疲労など健康状態も良くない。月に一度程度の短期入所の利用を希望している人が多いが、実際には数か月に一回程度以上の間隔でしか利用できていない。半数近くが一年以上も介護から丸一日離れられるような休息をとれていない、というデータもある★1。

これだけの介護を私たちは自分の生涯をかけて続けてきた。自分の体を張って、時には命がけでわが子を守ってきた。率直に言わせてもらえば、「この子のために必死でがんばってきた」「自分こそが身体を張ってこの子を護ってきた」というのが、私を含めて多くの母親の正直な気持ちだと思う。

かつて子どもの障害ゆえに初めて足を踏み入れた、あの「白い人の不思議な世界」だって、決して自ら進んで通いたい場所ではなかった。我が子のためだから、その世界を日常の一部として受け入れ、あちこちの訓練や診察に通い続けた。病院でも役場でも学校でも、専門職の心無い言動にズタズタに傷つけられてきた。障害のある子どものことを理解してくれない誰かと出会うたび、なんとか分かってもらおうと必死で訴えてきた。障害のある子どもの親になったとたんに手のひらを返した世間の無理解や冷淡やあからさまな差別にも、時に腹を立て、時に傷つき、時に我が子を護るために立ち向かった。憤りに身を震わせながら、それらにたち向かい闘ったことだって、一度や二度ではなかった。それ以前には考えられなかった理不尽をいくつも体験し、多くのことに耐え、多くのことを諦め、多くの思いを飲み込みながら、この子のために身体を張ってきた。それぞれの地域で資源を作るために身を削るように奮闘してきた親たちもたくさんいるし、施設に入れた親たちの多くもまた面会や外出や帰省によって施設暮らしの限界を補う努力を払ってきた。それぞれに固有の人生において、我が子のために多くのものと闘ってきた。そうやって、この子を守ってきた。精一杯を注ぎ込んで、がんばってきた――。そんな思いが誰の中にもある。

重い障害のある我が子の介護には、自分と我が子と二つ分の生命を一つの身体で引き受けるようなところがある。他者の生命をまるごと我が身に引き受ける重圧の中で、一日に何度も抱きかかえ、常時その肌に触れては親密なケアを長年に渡って我が身に引き受けてきた。それは、自分の身体以上に親しく馴染んだ身体だ。隅々まで知り尽くし、その肌の感触から匂いから排泄物の状態まで生理的感覚として知悉している。そんな私以外のいったい誰が、私以上にこの子のことを分かるというのだろう――?

我が子をずっと介護してきた母親なら、誰しもそういう思いがあるのも当たり前だろう。あまりにも親しく馴染んできた我が子の身体を自分の身体の延長のように感じてしまうように、一人の人としての我が子の存在までを、重い障害のある子どもの親はいつの間にか自分のうちに飲み込んでしまう。それは、それだけの日々を過ごしてきた長い年月の必然的な結果として、ほとんど生理的な感覚として獲得されてしまったものではないのか。その年月に私たち母親が注ぎ込んできたものと精神的な一体化というのは表裏であって、都合よく「どちらか一方だけにしろ」といわれても、人間のサガとして無理な話だ。そんなものは、酒を飲まされて「でも酔っ払うな」と命じられるくらいに無理な要求だと思う。

もちろん、それだからこそ、個々の親が自分の強者性・抑圧性・支配性に気づき、自覚し、問い返し続けることが必要になってくるし、そのことは何度も繰り返し説かれるべきだと思う。けれどその反面、私たち母親がそうした年月の中で我が子を飲み込んでいくプロセスにおいて、私たち自身に選択肢があったのだろうか。私たちの多くは選択できない状況に置かれた中でそうしてこざるをえなかったし、すでに親自身が老いて自身が要介護状態になろうかという今も、前述の調査で明らかなように、そうあり続けている。

日本の障害者福祉はずっと母親の介護機能を含み資産としてきたし、それは今もちっとも変わっていない。私たち親、特に母親は子どもとの関係で「強い者」「支配する者」であると同時に、そうならざるを得ないところに社会的に追い詰められてきた、という意味では「弱い者」でもある。

ある父親の手紙

二〇〇七年の〝アシュリー療法〟論争の時に、人権侵害だと強く批判し反発した重症児者の親たちの一方に、自分たちにもやらせろ、と声を上げた親たちがいた。前者の親たちが冷静な言葉で論理的に批判を展開したのに対して、後者の親たちの主張は激しい言葉と乱暴な論理に満ちているように見えた。「自分たちはこんなにも大変な思いをして介護しているのだから、助けてくれるつもりもないくせに外部から余計な口出しをするな、思い通りにさせろ」。声高にそう主張する彼らの姿は、〝アシュリー療法〟に反対する人々の目には、我が子の人権を平気で侵害する強い者の居丈高な姿と映った。

シアトル子ども病院が二〇〇七年五月にこの問題でシンポを開いた際、最後のあたりで、息子の介護で会場に来ることができない父親の手紙が代読された。徹夜でウェブのライブ中継を聞いていた私は、胸が苦しくなった。

「うちの子が生まれたとき、あなた方はどこにいたのですか？　この子が手術室から出てきたとき、あなた方はどこにいたのですか？」と始まり、長い手紙が読み上げられていく。あなたたちが助けてくれたことはなかったじゃないか……と、言葉がどんどん激しくなっていき、「どんなに年をとっても私はこの子を施設になど入れない。親はそれだけのものを背負っているんだ。一緒に背負うつもりがないなら、黙ってすっこんでいろ！」。最後は聞くものをひるませるほどの敵意に満ちた言葉になった。その箇所を代読者は静かに読んだのだけれど、私には、それは金切り声に聞こえた。悲鳴に聞こえた。

それまで私は、この人たちの言葉の激しさを、アシュリー療法をやらせてくれない社会への怒りとフラストレーションだと受け止めていた。そうではなかった。その激しさは、長い年月の間に積み重ねられた社会への絶望の深さだったのだ。本当はこの人は、誰か一緒に背負ってほしいと、三〇年間ずっと言いたかったのではないか……。その思いを、こんなに激しい言葉でなければ表現できないところまで抑圧せざるを得なかった、その人の長い年月を思った。親がどんなに老いようと施設に入れずに自分の手でケアし続ける、自分は愛の力で不可能を可能にしてみせると断言し、胸を張る姿が悲しかった。どんなに深い愛があろうと、どんなに壮絶な努力をしようと、生身の人間である限り、そんなことなど誰にもできはしないのに……。それは、助けを求めることを自分に禁じることでしか生きられなかった、弱く脆い親の姿に見えた。

親に殺させる社会

しかし、世間の人はこの手紙に別のものを見て感動する。こんなにがんばっている親がここまで言うのだから〝アシュリー療法〟をやらせてあげようよ、と反応する。でも、それは、おそらく慈悲殺の肯定論へとつながる、おそろしい論理だ。

前述のように、「死ぬ権利」「死の自己決定権」という概念の広がりに伴って、家族介護者による殺人に社会も司法もどんどん寛容になっていっている（115ページ）。合法化されているのは一定の条件を満たした人が一定の法的手続きを経た場合の医師による安楽死や自殺幇助なのに、家族介護者による恣意的な行為までが、愛情と思いやりに基づいた自殺幇助として容認されていく。判事が思いやりを賞賛する事例も増えている。密室である家族介護で、自殺幇助と殺人の区別がどこまで可能なのか。これでは、一定の年数の介護実績が殺人の免罪符にもなりかねない。

負担を背負わせ、「家族愛」の神話と「献身」への称賛で悲鳴を上げる声を封じ、親や家族介護者自身の基本的な人権が侵害された生活を強いておきながら、追い詰められた親や家族介護者が虐待や殺害に至ってしまえば、人権侵害や犯罪行為を「献身」や「愛」で免罪するのは、「殺させる社会」の薄汚い欺瞞だと思う。介護負担によって介護者による人権侵害を正当化するのも

「殺させる社会」に加担する行為だ。

同時に、老いて身体を傷めた親が介護負担のために自身の心身の健康を維持できない事態という人権侵害からは目を背けたまま、「森」の責を「一本の木」に帰して「個人モデル」で固有の親を指弾して終わることもまた、「殺させる社会」に加担する行為ではないのだろうか。そこにもまた、当たり前に疲れ、老い、病んでいく「一人の人」であることを許されず、「殺させられる者」へと追い詰められていく、「弱い者」としての親たちがいる。

「弱さ」を語る言葉で出会い繋がるということ

「弱い者」としての親の姿は、いまだきちんと可視化されていない、と私は思う。だからこそ私たち親、とりわけ母親たちには、まだまだ語りにくくされたままのもの、これからまだ語るべきものがたくさん残されている。私たちの多くは「母として」「我が子のために」語る言葉はたくさん獲得してきたけれど、「母でもある私」を語ることには慣れていない。長い間「母性神話」のもとで自分自身を語る声を奪われてきた私たち母親が、自分自身を縛ってきた頸木を解いて「私」を語る声を取り戻すには、まだ時間がかかる。語りにくいものを少しずつおずおずと語り始めようとする時、私たちの言葉は正しくもなければ、けなげでも美しくもないだろう。弱さ醜さと矛盾に満ちてもいるだろうけれど、それでもやっぱり誰かがものを言えないようにだけはしてはならない。私たち母親が黙らされたままでいることは、私たちに殺させようとする本当の「敵」にとって好都合なことなのだから。

「できる」人、「できた」人に、なぜそれができたのかを問い、それを知り、考え、様々な立場でそこから学ぶことは、もちろん大切なことだ。けれど、その時に安易に「だから、どんな人でもできる」と強い者の言葉で短絡し、「できない」人の言葉を封じてしまうのではなく、できない人が語ろうとする言葉に耳を傾ける姿勢をもつことも、同じように大切なことだろう。「今この時」に一番苦しんでいる人は、たいてい私たちの眼と手の届く範囲の外にいる。今この時に一番苦しんでいる人たちは、自分では声をあげられなくなっている人たちでもある。それはそのまま、自分では痛いということもできず意思決定から取り残されていく重症児者でもある。命を一つ丸ごと我が身に背負い引き受ける介護負担があまりに重く大きくて、まともに眠ることも休むことともできずに、今この時にもどこかで苦しんでいる医療的ケア児の母親の姿でもある。老いて病んだ身の痛み苦しみをかばいながら、障害のある我が子の介護のために自分の通院をあきらめて暮らす高齢の親の姿でもある。そういう人を置き去りにしないために、私たちもまた、「正しさ」や「強さ」や「美しさ」だけを語ってこなかったか、強さや美しさを称える言葉だけでつながろうとしてはこなかったか、と問い直すことが必要なのではないだろうか。

医療職に「正しい医学的知識を与えてやれば親は正しい選択をするはずだ」という思い込みがあるように、障害者運動には「自立生活の実例があると知らせてやれば、親はその正しい道を目指すはずだ」という思い込みがあるように思えてならない。その思い込みが裏切られると「頑なだ」「無知だ」と医療職が親を上から目線で決めつけてきたように、障害者運動もまた「正しさ」による判定のまなざしで「できない」親を断罪し、それによって親の側の事情を語ろうとする声を封じてきたのではなかったか。「できない」背景にある親の体験や思いは、誰にとっても簡単には語ることができない複雑なものばかりだ。まずは否定も批判もせずに聞いてみようとする姿勢と出会うことがなければ、それらの「なぜ」はこれからも語られないままだろう。

「弱さ」を語る言葉を「正しさ」や「強さ」を語る言葉で封じるのではなく、「弱さ」を語る言葉からこそ、それぞれが「強い者」である自分を問い返し、弱さを語る言葉を通じて繋がっていくということは、もうできないのだろうか。相模原での事件から後、立場の違う者同士が分断させられずに繋がり合おうとするなら、私はそれぞれが「強い者」としての自分を問い返すこと、その問い返しを引き受けつつ「弱い者」としての自分を率直に見つめ語ること。いずれも難儀なことではあるけれど、その二つの努力をひたすらに続けることしかないのではないか、と少しずつ考えるようになった。

「二つのぶつかり合う論点を一体化して深める」

ドイツに赴き、ETVの番組「それはホロコーストの〝リハーサル〟だった〜障害者虐殺70年目の真実〜」を作った藤井克徳は、二〇一八年九月に『私で最後にして――ナチスの障害者虐殺と優生思想』（合同出版）という著書を出した。あの番組は、藤井が二〇〇三年にドイツで戦前に作られた盲人のための共同作業所跡を訪れ、その作業所を作ったオットー・ヴァイトについて知ったことから人がつながり、時間をかけて丁寧に作られたものだった。藤井はこの本をヴァイトとの出会いから書き起こし、T4作戦やナチスによる障害者虐殺、優生思想について、さらに障害者権利条約について、やまゆり園事件について、語っていく。

私はやまゆり園事件についてのある個所を読んだ際に、ほとんど精神的な棒立ちとなった。本から目を離して、しばらく呆然とするほかないほどの棒立ち状態だった。

藤井は、二〇一六年七月二六日の事件について知った時にやはりナチスの優生思想に基づく障害者の虐殺を連想した、という。そして、事件を捉えるにあたってはポイントが二つある、それは「障害ゆえに見られる特別の現象」と「現代日本にはびこる社会の歪み」だという。その「障害ゆえの現象」の小見出しで一三一ページに書かれているのは以下だった。

一つ目から考えてみましょう。以下に掲げる事がらは、もし障害がなければあり得ないことだと思います。事件を通して表面に浮かび上がった事柄です。

まず多くの人が疑問に思ったのは、大型の入所施設の存在ではないでしょうか。やまゆり園には一五〇人近い障害者が住んでいました。こうした入所施設は、やまゆり園以外にもたくさん存在します。

大勢の大人が集まって、しかも長期に暮らすというのはどうみても不自然です。ノーマライゼーションの理念ともかけ離れます。北欧を中心に先進国の多くが、こうした入所施設の縮小もしくは廃止の方向を打ち出しています。そればかりではありません。もし多人数での生活様式でなかったら、あのような短時間のうちの大量虐殺には至らなかったのでは……、ついそんなふうにも考えてしまいます。

ここまでを読み、表現には配慮してあるけど、そうか、やはり藤井さんもここで止まるのか……と私は思った。優生思想や社会の差別に対しては同じ方向を向けても、この一点にくると溝の深さを思い知らされるなぁ……と気持ちが沈んだ。棒立ち状態になったのは、重苦しい気分でページをめくった次の瞬間だった。

しかし、問題はそう単純ではありません。もし、やまゆり園のような生活施設が消滅したとしたら、障害者にとって譲ることのできない、「安心」がたちどころに奪われてしまいます。家族への心身の負担も一気に押し寄せます。入所施設に頼らざるを得ない背景に、地域で暮らすための支援策の貧しさや家族にのしかかる負担があることを忘れてはなりません。この問題は、「安心」というキーワード抜きには考えられないのです。(p.132)

この箇所に次いで、さらに匿名報道の問題が取り上げられている。警察が実名を明かさなかった理由を遺族の意向としたことが説明された後、以下のように書かれている。

ただ、ここでも遺族を一方的に責めることはできません。「なぜ一般市民と同じように実名報道にしないのか」という疑問と、氏名を伏せざるを得ない背景とを同時にとらえる必要があります。このぶつかり合う二つの論点を一体化して深めるなかに、問題の本質とあるべき方向性が見えてくるのではないでしょうか。(p.132)

ぶつかりあう二つの論点を一体化して深める……。この言葉を噛みしめていると、藤井の苦衷がそこから染み出してくるような気がした。

藤井自身の中に、障害者が施設に入れられることや匿名にされてしまうことへの怒りや悲しみがないわけはない。一三一ページに書かれた立場に立ってしまいたい思いだって、胸の内にはどんなにか強くあるはずだと思う。「ぶつかりあう二つの論点を一体化して深める」という、より困難だけれど新たな可能性は、それでもなお痛みを伴う多大な努力によって「向こう側」の立場へと想像力を投じ、「なぜ施設に入れざるを得ないのか」「なぜ本名を隠さざるを得ないのか」と問いながら、苦しく深い思索を経て初めて達成されたものだ。ここにもまた、対話の糸を切らさないための痛みを伴う努力を続けようとしている人がいる、と思った。

藤井はその後、二〇一九年三月八日にNHK名古屋が放送した「調査報道プロジェクト　障害者と家族~四二六六の声から~」において、成人した障害者が大型施設で大勢で暮らすことを「ありえない」として地域移行の必要を説きながら、同時に「今の地域生活は親の負担と本人の我慢という二つの含み資産でかろうじて成り立っている」と現状の危うさを指摘した。「〝地域移行〟とか〝地域生活〟は言葉としてはきれいだけれど、内実は今の状態ではむしろ厳しい状態に移りゆく。私自身は危機意識を感じています。地域で隠蔽状態にしてしまう。かつての私宅監置に近い、あるいは〝新私宅監置〟と言ってもいいかもしれません」と発言している★2。

「親の負担と本人の我慢という二つの含み資産」という捉え方は、藤井が「ぶつかりあう二つの論点」の片方にのみ留まっていたら出てこなかっただろう。「ぶつかり合う二つの論点を一体化して深める」という、より困難で苦しい思索から、藤井は〝新私宅監置〟という言葉に至った。そして今また新たな形で「親と地域に抱え込ませて殺させる社会」が進行していることに鮮やかな警鐘を発してみせた。藤井は、「ぶつかり合う論点を一体化して深める」思索の痛みの中に留まり、そこから真の敵を見据えている。

「できる」ことの強さで繋がることは易しい。「できない」ことの弱さを通じて「出会い」、弱さを通じて繋がろうとすることは、それよりもはるかに困難だ。けれど、それこそがきっと本当の意味で強くあろうとすること、容易に分断されないだけの強さを身に着けていくということなんじゃないだろうか。

★注

1　ブログ「海やアシュリーのいる風景」二〇一六年八月三一日エントリー「在宅重症心身障害児者の介護者に関するデータ整理」

2　同番組では、直近五年間で障害者への虐待は一万二〇〇〇件以上起こっており、加害者の七割が家族であることを受け、一万人にアンケートを送り四二六六の回答があったという。その結果、本人と同居する家族の七割以上が六〇歳以上だった。経済状態については「全然ゆとりがない」が一六%。「あまりゆとりがない」が四五%。「暴力や暴言を受けたことがある」が四五%。五人に一人が「本人を閉じ込めたいと考えたことがある」、また四人に一人が「自殺や心中を考えたことがある」と回答した。

番組では五九歳から八二歳までの高齢の親たちが地域からも支援からも孤立したまま、老いた身で強度行動障害のある我が子の介護に疲弊したり、その中でなんとか我が子が安心して暮らせる場所や支えてくれる人を捜し求める姿が描き出されている。

第4章

「親を『ケアラー』として支援する」という視点

ある日思いがけず「障害のある子の親になる」という体験

娘の海はほとんど死んだ状態で生まれた。問題なく生まれた一〇点から死産の〇点までの数値で出生時の状態を示すアプガースコアという指標があるが、海は二点。産声はなかった。すぐに人工呼吸器をつけてＮＩＣＵの保育器に入った。生後三日目に胃穿孔の手術を受け、その後も肺炎や敗血症を繰り返し、毎日のように交換輸血で命の危機を乗り越える状況が続いた。ＮＩＣＵからの電話で駆け付けて「予断を許さない状態です」という説明を聞いた夜が何度あったか分からない。

人工呼吸器が外れてしばらく経った頃に、脳波を取ってみたが将来もしかしたら障害が出るかもしれない、という説明がＮＩＣＵの医師からあった。言葉を選びながらの、配慮に満ちた慎重な障害告知だった。けれど当時の私たち夫婦は、何度ももうダメかもしれないと覚悟を決めた命がやっと助かった喜びではちきれそうになっていて、「障害」と聞いても、せいぜい「手足がちょっと不自由」くらいのイメージしか描けなかった。

「先生、命を助けてもらったんです。ちょっと障害があるくらいのことがいったいナンボのもんですか」

先を案じてくれる心優しい医師に向かって、「大丈夫、私は立派にやりおおせてみせます」とばかりに胸を張り、大ミエを切った。絵に描いたような「田舎の優等生」の成長過程をたどり、そのまま中学・高校を経て当時は大学の専任講師をしていた三〇歳の新米母は、頭でっかちなバカだった。ようやく娘が退院して、待望の親子三人の生活が始まってみると、待っていたのは壮絶な子育てだった。娘は、眠らない赤ん坊だった。

大学の出講日には娘を私の両親に預けて仕事に行くのだけれど、昼間はそれでもなんとか機嫌よく過ごしてくれるものの、家に連れて帰って夜になると泣き始める。そして延々と続く。だんだんと泣き始める時間が早くなり、泣き方も「夜泣き」と呼べるような生易しいものではなく、明らかに異常な号泣に変っていった。夕方から明け方まで、怒りの火の玉になったように泣き狂う。それを夫婦の片方が抱きかかえてはあやしている間に、もう片方がかろうじて家事をし、家中に響き渡る泣き声に耐えながら機械的に食べ物を咀嚼して飲み込んだ。そうやって交替で生活を回し、わずかでも眠ろうと試みるが、その内には近所への気兼ねから車で連れ出して人気のない埋め立て地に向かうようになった。

南側で海に面し、背後を屏風のように山が囲む小さな町なのだけれど、さすがに夜中の二時や三時では山肌にも家々の灯りはほとんどない。夫婦が交替で海を抱いては埋め立て地を延々と歩き続けていると、たまに娘が浅く危うい眠りに落ちてくれる束の間の時間に、世界の静かさが耳につき、山あいの家々の暗さが目に入る。すると、号泣に耐えている間は必死になり汗をかいていたのに、夜の底冷たい寒さが急に身に沁み入ってくる気がした。

結局、けいれん発作を起こしていることが分かって、入院し、異常な号泣と格闘する生活は終わったが、今度は重い障害のために言語道断なほどの病弱さが待っていた。海は生来が陽気な性分で、元気でいる限り機嫌が良く騒がしい。が、今しがた声を上げてはしゃいでいた子が、ほんの三〇分後にぐたりとし高熱を出したり、いきなりゲボッと吐いたりする。風邪をひきやすく、あっという間に気管支炎、肺炎に進むのがお決まりのコース。すぐに命の危機に晒されてしまう。家で数日間ハラハラと寝ずの看病を続けた挙句、救急部に運び込んで点滴と検査。真夜中に結果が分かって緊急入院――。そんなことが私たちの日常になった。いつ何が起こるか分からない緊張で、気を抜けない。元気な時のテンションが高いだけに体調を崩した時との落差が大きく、こちらの気持ちも大きなアップダウンを繰り返す。自分以外の命を一つ丸ごと自分の身体に背負って暮らすのは、背負う者の心身をすり減らしていく重圧だ。

海が病気をするたびに、親としては、あの時にこうしてやればよかったのではないか、ああしたのがいけなかったのだろうかと、心の中で自分を責めることになる。こっちの体調が万全であれば「考えても仕方がない」と流せることも、疲れ果てた身体では頭に粘りついてくる。そこへさらに、虚弱な孫を案じるストレスを自分自身で抱えることのできない、人格の未成熟な両親から、私は「お前は、また風邪をひかせたのか」と執拗に責められた。私にとっては、心身の限界を「これでもか」と常に試され続けているような日々だった。

母親は「療育」機能、「介護」役割でしかない？

私たち夫婦は、学年全員合わせて五〇人しかいない小さな私学で中学高校六年間を共に過ごした同級生夫婦だったから、結婚してからも女役割も男役割もなく暮らしていた。子どもが生まれても、保育所を利用し私の母の力を少し借りれば、二人で子育てをしながらそれぞれ働けるだろうと思いこんでいた。

ところが子どもが障害を負うことになると、そんな生活設計は一瞬にして吹っ飛んでしまう。障害のない子どもを育てながら働くための支援はそれなりに整っているものの、子どもに障害があるということになれば、ありとあらゆることが障害のある子どもの母親は働いていないものという前提で成り立っていた。定期的に月に一度の小児科受診、二ヶ月ごとの整形外科医受診、二週間に一度のリハビリ通院、二ヶ月に一度の言語訓練通院のすべてが平日の昼間に入る。一歳で参加した母子入園は二ヶ月間の合宿生活だった。二歳を前に通園施設に通うようになると、ここも午前一〇時から午後三時まで。それでも娘の施設は母子分離だったけれど、当時は通園といっても母子通園が当たり前の時代だった。

勤務先が大学のため私の方は多少は時間が自由になる面もあって、何とか綱渡りの生活を続けてはいたけれど、海が寝込んだり入院するたびに休講を出し、ようやく元気になってくれたと補講の手はずを整えると、その補講をまた土壇場で休講にしなければならない。

両親に子育てを手伝ってもらう限界も感じ、思い切って市役所に電話をかけてみたことがあった。重い障害のある子どもの子育てを助けてもらえるところはないだろうか、と問い合わせたところ、「お母さんはどうしておられるんですか」。「私が母親ですけど」と答えると、返ってきたのは「子どもに障害があったら、普通はお母さんが面倒を見ておられますよ」。

勇気を奮い起こしてSOSを出してみたのに、なんのことはない、ただ叱責されて終わってしまう、というのは海が生まれて以来、あの「白い人の世界」で専門職との間で繰り返されてきた体験、また私の両親との間で繰り返されてきた体験と全く同じだった。「薬を飲ませるのが大変なのですが、良い工夫はないですか」とアドバイスを求めれば、「お母さん、薬は大事なんだからね。ちゃんと飲ませてよ」と頭ごなしに叱りつけられて終わった。ある医師に「ほとんど寝かせてくれないのが辛いのです」と相談しようとしたら、「お母さんがそんなことを言ってどうするの？　辛いのは海ちゃんの方ですよ」と叱責が飛んできた。「全面協力する。何でも言ってこい」と繰り返す両親は、勝手に「ここまでやれば十分」という線を自分たちで引き、ちょっとでもそれを超える協力を求めれば「お前が母親だろう」とにわかに叱責口調となって逃げて行った。

そしてまた、世間の人たちのカン違い。あれは、いったい何なのだろう。「お母さんが頑張らないとダメよ」「お母さんが頑張ってこの子を歩かせるのよ」……いえ、あの、この子の障害は頑張ってリハビリをしてやれば立てるとか歩くようになるというようなものではなく、それは親にとっても今では了解事項であって……「お母さんがそんな弱音を吐いて、どうするの？　我が子を信じて頑張るのよ。世の中には奇跡的に歩いた人だって沢山いるのよ」……。アンタらはいったい何サマだというのだ……？

重い障害のある子どもの親になったとたんに、前述の「白い人の不思議な世界」ではもちろんのこと、どこへ行っても私はやたらと叱られるようになった。そして、気が付くといつのまにか、どこへいってもペコペコと頭を下げて回っていた。娘が寝込んだり入院するたびに、大学では同僚にも学生にも現実的な迷惑をかけるので、会う人会う人に「ご迷惑をおかけしてすみません」

「よろしくお願いします」と頭を下げることになる。職場から病院に戻れば母に謝り、海に謝り、医師や看護師に「ご迷惑をおかけします」と謝り「お世話になります」「よろしくお願いします」と頭を下げる。毎日毎日どこへいっても、あっちに向きこっちに向かって米つきバッタのようにペコペコと頭を下げて暮らしている。心身とも疲れてエネルギーが低下してくると、ふいにそんな自分を意識し、気持ちが妙に捻じれてくる。

海の言語道断な虚弱ぶりに振り回されて疲弊し、私自身いつも疲れて体が重く、体調はすぐれなかった。動悸が激しく、手足が震えて階段を降りるのにも手すりにすがらなければならない状態が続いていたが、夫は夫で慢性的な睡眠不足のまま、昼間は会社で、夜は我が家で働き通している。海のか細い命を夫婦二人で支えて一日一日を生き延びるのが精いっぱいという暮らしでは、母親自身が受診を考える余裕はなかった。

友人からの強引な勧めがあって、彼の働く病院で受診し、やっと持病が判明した時には、動悸と震えとで受付で名前も書けないほど悪化していた。その日に医師から「検査結果を待つにしても過労は明らかだから二、三日だけでも休養できないか」と言われ、その相談をしたら、私の両親は迷惑だときっぱりと断った。母は自分の疲労をかこち続け、でも私は体調を崩しているのだと訴えると「あなたは若いのだから頑張れます。手伝ってあげているのだから私の愚痴くらい黙って聞きなさい」と突き放した。父は「お前がそんな娘だと思わなかった。二度と来るな」と怒鳴った。

障害のある子どもの親になったとたんに、私の生活は心身の限界をはるかに超える過酷なものになったし、実際に身体に変調をきたしているというのに、私の体調を気遣ってくれる人はどこにもいなかった。周りにいるのは私のことを「指導」し「教育」する人、励ましのフリをして「叱咤」して逃げてゆく人ばかりで、私を助けてくれる人、私のことを心配してくれる人、私のことをいたわってくれる人はどこにもいなくなった。障害のある子どもが生まれたとたんに私は一人の人としてはもう誰の目にも映らない、ただの「介護者」としての「役割」と「機能」になってしまったかのようだった。

自分で自分を追い詰めていく母親たち

結局、私は働き続けることに限界を感じて、海が二歳の時に離職した。以来、「なぜ？」という思いをずっと抱えてきた。なぜ私は天職と思い決めていた仕事を辞めなければならなかったのだろう？　それまでは夫婦とも男とも女とも意識せずに暮らしてきたのに、子どもに障害があるということになったら、なぜ「母親なのだから」と言われてしまうのだろう？　なぜ子どもに障害があるというだけで母親は自分の人生を生きることを許されないのだろう――？

もちろんこれは今だから言えることに過ぎず、当時の私が自分の思いをこのように整理できていたわけではなかった。当時の、ものを考える余裕すらない過酷な介護生活のさなかでは、むしろ専門家からの「良き療育機能であれ」というメッセージや世間サマからの「美しく献身する母であれ」というメッセージを内面化し、「母親なのだから」と頑張り続けていたという気がする。

その当時の母親仲間との忘れられない出来事がある。子どもの入院で何度も一緒になるうちに、子どもの障害像がほとんど同じことから親しく話をするようになった人だった。その時も海が寝た間に売店に行こうと病室から廊下に出たところで一緒になった。長い廊下を話しながら歩いていくうち、その人も夜ごとの号泣に苦しんだという話になった。「あれは辛かったよねぇ」と話しながらエレベーターに乗り、私は「ほんと、あの時には窓から投げ捨てたろかと思うたわ」なとど言いながら先に降りた。すると後から来るはずの彼女がついてこない。怪訝に思って振り返ると、エレベーターの奥でじっとうつむいている。「どうしたん?」異変でもあったのかと後戻りしてみると、彼女は泣いていた。

「コダマさんでもそうなんじゃね……」

小さな声でつぶやいた言葉の意味は、すぐには分からなかった。

「わたし、そんなひどいことを考えるのは自分だけなんじゃと思うとった。それで、誰にも言えずに、ずっと自分は鬼みたいな親じゃ、母親のくせに、と自分を責めとった……」

そして彼女は顔を上げて私を見ると「でも私だけじゃなかったんじゃね」と言い、うっすりと微笑んで、さらさらと涙を流した。その姿が忘れられない。その時なぜともなく腹立たしくて、思いがけず口をついて出た自分の言葉も忘れられない。

「当り前じゃない。私らだって生身の人間なんじゃに」

どんなに深い愛情があっても、どんなに凄絶な努力をしても、生身の人間にできること、耐えられることには限界がある。介護にはどうしてもそういう面が付きまとう。けれど、つらいと感じることそのものを、母親は自責してしまう。自分は母親なのに、つらいとか、もういやだ、逃げだしたいなんて、なんてひどい親なんだろう……。そんなふうに自分を責めてしまう。本当は「もうイヤだ、助けて」と今にも叫びだしそうなところに追い詰められているのに、その悲鳴を自分で無理やりに封じ込めて、さらに頑張り続けるしかないところへと自分で自分を追い詰めていく。

娘の幼児期に私もどうしても口にすることができなかった。けれど、そうして本当の気持ちを口に出せないまま抑圧して頑張り続けていると、ある日ストン、と落ちる。心の糸がだんだんとすり減っていって、ある日すっと切れてなくなる。エネルギーの底が抜けてしまう。もう何も考えることができない。一切の感情というものが消えて、何も感じない。自分の中に何もない。あぁ、人はこうやって、ただの無になるんだ、こうやって生きていくエネルギーが尽きるんだ……と、私は知った。恐ろしい体験だった。あのままでいたら、娘か私のいずれか、または両方が死ぬことになっていただろう。

「お母さん、限界が来て苦しいんじゃないの？」と気づいてくれたのは、娘の主治医だった。そして、「僕たちだっているんだから、手伝わせてよ」と強引に施設入所を説得する憎まれ役を引き受けてくれた。

「おかあさん、今までよく頑張ってきたね」

私が海が生まれて以来誰からもかけてもらえなかった言葉を聞いたのは、その施設の師長と初めて会った日だった。それまで、頑張っても頑張っても、まだ足りない、母なんだからもっと頑張れと言われ続けてきた。海が生まれて以来、初めてかけてもらった言葉だった。「もう一人で頑張らなくてもいいよ、これからは私たちがいるんだから、一緒に頑張ろうね」。エレベーターに立ち尽くしていた母親仲間と同じように、私も涙がぼろぼろ流れて止まらなかった。

海外のケアラー支援について多くのことを知った今でも、ケアラー支援のココロとは、私はあの日の師長のまなざしのことだと考えている。家族を介護している一人ひとりがいろんな思いの中で懸命にがんばっている、その日々の介護を、親だから、家族だからやって当たり前と無視するのではなくて、それはそれなりのしんどさを伴い、努力と頑張りを要する働きなんだときちんと受け止め、認めること。そして、その人がケアラーであるが故に感じてしまう生きづらさに寄り添い、支援すること。あなたはただの介護役割や介護機能なんかじゃない。介護されている人と同じように尊重されるべき一人の人なのですよ、と伝え続けること。そうしてケアラーその人が、介護を担いながらも、その人自身の生活や人生を――継続性を失わずに――生きられるよう、社会として支援すること。私はそれがケアラー支援のココロだと考えている。

海外のケアラー支援

介護関係の雑誌にネットで海外情報を拾って連載を書くようになった時に、そこで英語圏のケアラー支援と出会ったのは、やはり私の人生の必然だったのだろう。二〇〇八年のことだった。

英国では一九九五年の早くに既に介護者法（ケアラーズ・アクト）ができていたことに、仰天した。同法はその後何度も改訂され、改訂されるたびに、ケアラー自身の基本的権利の擁護という視点がくっきりと打ち出されていた。ケアラーを、働いたり勉強したいというニーズを持った一人の個人として認める必要が、法律にきちんと謳われていた。日本では、「アセスメント」というと介護を必要とする人のニーズのアセスメントしかイメージされないが、英国の法律では、ケアラーその人のニーズのアセスメントを地方自治体に請求することができるという。へぇぇ、こんな国があったんだ……。私は夢中になってインターネットで情報を追いかけた。

そこでは、なかなか口にできない私自身の思いがそのまま鮮烈な言葉になっていた。例えば英国では毎年六月にケアラーズ・ウィーク（介護者週間）が行われる。二〇〇八年のキャンペーンは〝Back Me Up〟。（介護を受けている人だけではなく）介護している私のこともちゃんと支えて——。同年一〇月のオーストラリアのケアラーズ・ウィークで発信されたメッセージには、じんと涙がにじんだ。Remember, you are only human. 直訳すれば「あなたは人間でしかない」となるけれど、連載では「忘れないで、あなただって生身の人間なのだから」と訳してみた。かつてエレベーターで立ち尽くしていた友人に思わず口をついて出た自分自身の言葉が、広く多くのケアラーに届けたいメッセージとなって甦った。

ケアラーズ・ウィークにはメディアもケアラーに焦点を当てた取材をするが、民間団体もいろんな啓発活動をする。面白いのは、毎年この時期に合わせてケアラーの実態調査が行われて、その無償の働きによって政府がどれだけの社会保障費を節約できているかを弾き出すことだ。そして、ケアラーはこれだけの経済的な貢献をしているのだから、ちゃんとそれだけの支援をよこしなさい、と数字を上げて政府に支援を要求する。

英国でも最近は社会保障費の二割カットが進められて、介護者支援もどんどん先細りになっているのも事実だけれど、理念の柱が立てられているということはやはり大きい。法的な根拠があるということは、国家戦略が打ち出されていくということだ。予算措置がされて、戦略にそった調査や研究も行われる。二〇〇八年の戦略では、ケアラーは介護している人を最も良く知っているエキスパート・ケア・パートナーであること、自身のニーズに対して支援を受けられること、介護をしていない人と同じように自分の生活を営むことができることなどが明記された。

その後も、国家戦略や法整備のたびに、ケアラー個人の権利保障という視点はより明確に打ち出されてきた。そして二〇一四年のケア法その他により、介護されている人と同等の権利がケアラーに認められた他、ヤングケアラーと障害児者の親ケアラーも含め、すべてのケアラーにアセスメントと必要な援助を受ける権利が認められた。

私も理事の一人である一般社団法人日本ケアラー連盟（以後ケアラー連盟）では、「介護者」という文言も併用しつつ敢えて「ケアラー」という文言を打ち出していくスタンスをとっている。「介護者」からは高齢者を介護する人だけがイメージされやすいことから、障害児者をケアする家族や、依存症や引きこもりの人の見守りや気遣いをしている人も含め、無償のケアを担っている多様な立場の人たちを支援の射程に捉えるためだ。職業としてケアを担うケアワーカーは含めない。そこで必要に応じて「ケアラー（家族など無償の介護者）」と解説付きで表記している。

もっとも、それは二〇一〇年の立ち上げ当初に創設メンバーの間で議論されたことで、一年遅れて理事に加わった私はその議論に関わったわけではない。私自身、当初は「ケアラー」という文言に違和感があった。「介護者」という日本語があるのに、なぜわざわざ「ケアラー」でなければならないのか、と疑問に思わないでもなかった。しかし、今の私は敢えて「ケアラー支援」と打ち出していきたいと考えている。その根底には、かつて英語圏のケアラー支援と出会った時の鮮烈な驚きがある。母親であることが心理的な枷となって「しんどい」とも「助けて」とも口に出せず、むしろ愛情が足りないと自分を責めて心を病んだ経験を持つ私に、それは本当は愛情の問題じゃない、社会保障の問題なんだと気づかせてくれたのが、英国のケアラー支援の理念だった。だから私にとっては、「介護者」が価値中立な叙述の言葉であるのに対して、「ケアラー」はその理念を明確に背負った権利擁護の言葉だ。

日本でも、介護する人たちを支援する必要が少しずつ言われるようになってはきたが、根本的に支援の考え方が異なっている。日本ではまだ「介護者としてよりよく機能できるように支援してあげよう」という姿勢に留まっている。「介護しやすくなるように」「介護を担い続けられるように」レスパイトを、という話でしかなかったりする。本来の支援とは、介護者が介護をしながらも自分自身の生活や人生を――継続性を失わずに――生きられるための支援のはずだ。「ケアラー支援」が要請しているのは、そのパラダイムシフトなのだ。

最近、ある人から地域包括支援システムや介護保険で言われる「介護支援」「家族支援」と「ケアラー支援」は一体どこが違うのか、と問われて、自分なりの答えを考えてみた。まず、「主役が違う」のだと思う。地域包括支援や介護保険では、どこまでも要介護者が主役であり、みんなの関心の対象者となる。その主役に必要な医療や介護を円滑に行えるための「介護支援」であり「家族支援」だ。要介護者に関わる専門職は、ケアラーに話しかける際には、要介護者のことを聞く。「（この人は）最近どうですか?」「（この人は）食事が進んでいますか。（この人は）ちゃんと眠れていますか?」。ケアラーは要介護者に関する情報提供者であり、専門職への協力者に過ぎず、通常ケアラー自身のことは専門職の関心の外にある。

それに対してケアラー支援では、関心事がケアラーその人となる。「ケアラーであるあなたは、疲れていませんか?」「あなたは眠れていますか?」「あなたが最後に自分一人で外出したのはいつ?」「仕事への影響は?」と、主役が「ケアラーであるあなた」なのだ。「介護役割を支援する」のが「介護支援」であり「家族支援」であるとしたら、「介護役割を担っているがゆえの個人の生きづらさを支援する」のがケアラー支援と言えばよいだろうか。

障害のある子どもの親、とりわけ母親による介護は、子どもがいくつになっても「子育て」のイメージに取り込まれたまま当たり前視されてしまいがちだ。けれど、障害のある子どもをもつ人を「親」と捉えるのではなく「ケアラー」と捉えれば、その人もまた尊重されるべき権利を有する個人であり、支援を必要としている一人の人として可視化することができる。私にとって、ケアラー支援とは、「ケア役割」から「一人の人」へのケアラーの復権のことだ。ケアラー支援とは人権運動だと私は考えている。

■付録
デンマークのケアラー憲章 ～ケアラーがよい生活を送るための一〇の条件～

以下の一〇項目が満たされていれば、ケアラーであるあなたにとってよい生活と言えるでしょう。

1 できるだけ介護を始める前と同じ生活を続けることができる

あなたの家族は、十分な生活支援や介護サービスを利用でき、あなたは看護や見守りの役割を担わなくてもよい。一方、あなたとあなたがケアしている家族は、できるだけ長くよい関係をたもつことができる。さらに、あなたがケアしている人が亡くなったあとも、あなたの生活の質が守られるよう、情報や支援、手段が提供される。

2 あなたの声が届いており、自分の意見や要望を真摯に受けとめてもらえていると感じられる

あなたは専門職と相談ができ、また専門職からも積極的に情報や意見を求められる。あなたがケアしている人が同意すれば、専門職はケアや治療の変更についてあなたに随時知らせてくれる。またあなた個人の望みや、あなたにできることできないこと、あなたの心身の状態についても考慮に入れてくれる。

3　あなたのケアラーとしての貢献が十分に評価され、尊重されている

あなたは専門職からオープンな態度で敬意をもって対応され、必要な支援をすべてうけることができる。またケア役割を担わないことも含め、ケアへの関わり方を決められる。まわりの人たちは、あなたが病気のことやそれがおよぼす影響についてオープンに話せるよう、あなたに配慮してくれている。

4　行政担当者や専門職は、あなたの心身の状態を気にかけてくれている

家庭医やソーシャルワーカーまたはその他の担当者に、ケアがあなたにどのような影響をおよぼしているかなど、あなたの気持ちを話すことができる。また在宅ケアに必要な手助けや心理的なサポートなど、あなたのニーズにかなった適切な支援をしてくれる。

5　ケアを誰かに代わってもらうための手だてがある

自分がケアできなくなったとき、ケアをやめたいと思うとき、あるいは自分が担いたくないケアについて、一時的にまたは永続的にだれかが代わってくれると思うことができる。それは、家族ケアラーがいない人にも良質なケアや治療が保証されるということでもある。

6 ケアの役割から一時的に離れて自分をケアする機会をもつことができる

あなたは、信頼できる良質なレスパイト・ケアを利用できる。それによって、たとえば自分の健康とウェルビーイングのためやほかの家族や友人のために時間を使うなど、心おきなく自分自身をケアし、エネルギーを充電できる。それは大切なことだとあなたが理解できるよう支援が必要である。

7 あなたは、家族の病気や障害が自分にどのような影響をもたらすかを理解している

あなたは、ケアしている人の病気や障害が、自分にどのような影響をもたらすか、またケアがどれほど大きな負担になるかについて知識や情報を知らされている。またケアをしている期間を通じて、ケアラーの支援者や親身になってカウンセリングや助言を行なってくれる専門職が相談にのってくれる。さらに、たとえばケアラー研修などを通じて、あなた自身を身体的、精神的、社会的にケアするためのアドバイスを受けられる。

8 自分と同じ立場のケアラーと出会う機会がある

あなたは、配偶者や親のケアラーなど、自分と同じ立場のケアラーと出会いつながる機会をもつことができる。そのきっかけは専門職が作ることがのぞましいが、ネットワークの構築後はボランティア組織がその運営を担ってもよい。

9　行政担当者や専門職とのコミュニケーションをとりやすいと感じている

あなたは担当者とEメールや電話で連絡をとることができ、常にきちんと対応してくれると期待できる。また、面談や治療、入院の予定などは、極力あなたの仕事やその他の用事に影響がおよばないように配慮してくれる。

10　あなたがケアしていることは、あなたの仕事に必要以上の影響をおよぼさない

あなたの雇用者はあなたの事情に理解を示し、労働時間について柔軟な対応を認め、専門職との相談などのために仕事を離れられる機会を与えてくれる。また、年金制度やパートタイム勤務の選択肢などに収入減の補償が組み込まれることを含め、ケアの役割によってあなたの収入が現在も将来的にも必要以上に影響されない。

ケアラーズ・デンマーク（Carers Denmark）とデーン・エイジ（Dane Age）は、家族ケアラーが、だれかをケアしながら、自分自身のことも大切にできて、よい生活を送ることができるように、さまざまな改善に向けてとりくんでいる団体です。ケアラー憲章は、ケアラーがよい生活を送るための条件を整理したものです。この憲章が次のような役割を果たせるよう願っています。

○家族ケアラーが、自分自身の望むことを自覚することができる。
○介護の専門職が、家族ケアラーの生活状況を理解し、より相談しやすく効果的な支援を行えるようにする。
○行政担当者が、ケアラー支援のためのサービスやシステムを整備するようにうながす。
○国会や自治体の議員が、家族ケアラーに目を向け、ケアラーに優しい社会をつくるよううながす。

（訳者注）
レスパイト・ケア＝ケアラーが休息できるためのサービス
ウェルビーイング＝身体的・精神的・社会的に、よい状態でいられること
ケアラーズ・デンマーク＝デンマークのケアラー支援団体
デーン・エイジ＝デンマークの高齢者支援団体
（ケアラーズ・デンマークの許可を得て英訳版を一般社団法人 日本ケアラー連盟が仮訳した）

第5章

親にとっての「親亡き後」問題

「あの山の向こう」

最初に「親亡き後」を意識したのは、いつだったろう。海が生まれてからの三〇年を振り返ってみると、ずっと昔に車の運転席から見た桜が頭に浮かんでくる。三歳か四歳の頃の、通園施設への送迎時の記憶――。一歳の終わりに入園させてしばらくは海の健康状態が落ち着いていなかったから、命を守ることだけに夢中で先のことまで頭が回らなかったけれど、そのうち先輩のお母さんたちから養護学校（当時）の話を聞いては「卒園後」や「一八の春」を意識するようになった。桜の季節がめぐり来ると、幾組もの親子を見送りながら「後をゆく自分たち親子」を意識する。娘の送迎の道すがら満開の桜のそばを通過する時、はるか向こうに見える山のように未だ遠い「一八の春」を思う。その山のさらに向こうに潜む「親亡き後」も、昔話のオニか山姥のように遠く厄介な存在として、おぼろに意識された。

そして、そんな折節を繰り返すうち、私は胸の奥深くでひとつの問いと向かい合うようになった。いつかこの子を残して逝けるだけ、私は総体として人間を信じることができるだろうか……。

年月が経った。海は六歳直前から重症児者施設で暮らすようになり、何度かの命の危機を乗り越えて「一八の春」の山を越え、三一歳の今、いろんな意味で「たくましいオバサン」になった。寝たきり全介助で言葉を持たないまま、ちゃんと自分を主張しては様々な人と関係を築き、施設の暮らしに自分の居場所を作ってきた。実習生に初恋をして「家に帰りたくない」とゴネたり、夏休みの一ヶ月を家で過ごして帰園した日に晴々とした顔で「みんなぁ〜、あたし帰ってきたわよぉぉ」とアピールしたのは、小学校四年生のときだった。二〇代に入ると「私はここで自分でちゃんとやってますっ。お母さんは余計な口出しをしないでっ」と言いたげな素振りが増えた。海は施設で暮らしながら精神的な自立を遂げようとしていたし、親にとっても、重い障害のある子どもの「子育て」にも一段落というものがあるのだなぁ、と感慨深い時期でもあった。最初は親と同じか親より年上だったスタッフも少しずつ年齢差が縮まり、今ではやっと同年代や年下に囲まれた暮らし。いつしか福祉の現場には男性職員も増えて、海は「遅れてきた思春期ただいま満喫中」とでも言いたげなキャピキャピの「アラサー女性」をやっている。

一方で、加齢に伴う重度重症化は否めない。「一八の春」頃までは、体力をつけて健康になり新たに「できること」をいくつも獲得していく上り坂だったが、その後はそれらをまた一つずつ失っていく年月だった。人としての成熟ぶりは親のほうが弟子入りしたいほどだが、身体状況はむしろ厳しい。身体のねじれや拘縮が進み、呼吸状態にも影響して風邪を引いただけで酸素マスク装着。あわやという事態が何度か続いた時期もあった。

体力も目に見えて落ちた。「一八の春」をちょっと過ぎる頃までは、年に何回か我が家のワゴン車であちこちへと一泊旅行に出かけていたものだったけれど、親の体力が覚束なくなったのみならず、海自身の体力が泊りがけの旅行には耐えきれなくなった。最近では日帰りの遠出やちょっとしたショッピングの外出でも、長時間になると海は疲れて眠り込んでしまう。

この先、経管栄養や呼吸管理、緊急時の対応をめぐって、いずれ難しい判断を迫られることも予測される。親の願いは、突き詰めれば一つだ。苦しめたくない。親が重い障害のある子どもの医療をめぐる意思決定で願うことは、結局はこれ一つに尽きるのだと思う。ただ、難しいのは「苦しめない」ための最善の選択肢が何なのかを見極めることだ。

口から食べる楽しみは、これまで何度も失われそうになっては、必死の努力で守ってきたものだ。ムセがひどくなるたびに、療育園のスタッフの協力を求めて食形態や介助方法や姿勢を細心の注意で見直し、海本人を含めたみんなの共同作業を重ねて、なんとかここまで守ってきた。できる限り長く守り続けてやりたい。けれど、目の前でムセて苦しんでいるのは、見ているだけで親にも全身が汗ばむほどの苦痛だ。そんな苦しみを強い続けるくらいなら、経管栄養にしてやればいい、と頭では考える。でも、心の方はそう簡単に納得しない。もしかしたらまだ食形態や介助の方法などケアの工夫によって食べられるようになるかもしれないのに、その余地を十分に探ることなしに決めているのではないか、という疑念はどうすれば払しょくできるのだろう。

口からまだ食べたいかどうかなら、まだしも海本人に問うことができるけれど、人工呼吸器をつけるかどうかの選択は、どうすればいいのだろう。一時的につけることよって命を救え、また外せるのなら、それでいいのかもしれない。つけたままになれば、いまの環境では変化の乏しい生活になってしまう。それもまた本人を苦しめることにならないだろうか。つけることが本人にとって新たな身体的な苦痛を追加することにならない保証はどこにあるのだろう。まして、さらに退行が進み全身が衰えていった時に、呼吸器をつけていることが本人にとって耐え難い肉体的な苦痛となることはないか。それでも、はじめから呼吸器をつけないことがこの子を苦しめること、まして死なせることであるなら、果たして親にそれを決断することができるだろうか。そんな重く辛い選択に直面する時、私たち夫婦は、きちんと信頼関係を築くことができて、率直にともに悩みともに考えともに決めてくれる医師や専門職に恵まれているだろうか。私たちはその時、その決断の重みを引き受けられるだけの知力気力体力をまだ保っているだろうか。

「もうしてやれないこと」が増えていく

私たち夫婦はすでに還暦を過ぎて久しい。私は数年前から身体のあちこちに不調を抱えるようになった。それらが新たに加わるたびに日常的に飲む薬の種類が増えていく。病気になっても怪我をしても、すっきり治りきらないまま抱えることが増えてきた。どこかしらの身体の痛みとともに目覚める朝が少なくない。なんとか月に二～三回の海の帰省は持ちこたえているけれど、もう前と同じようには「してやれないこと」が増えていく。

夫が六二歳でそれまでの会社を退職したのを機に、家で海を風呂に入れることを諦めた。親が「諦めた」とは海に「諦めさせた」の同意だ。もちろん療育園では週に三回入浴させてもらっているのだから、その間で帰省すれば風呂に入れなくなるわけではない。けれど、海が家に帰ってきた時の入浴は海にとっても私たち夫婦にとっても単なる「入浴介助」でも「風呂に入れてやる」ことでもなく、他の何物にも代えがたい親子の触れあいの時間だった。

リビングから家の反対側の風呂場まで海を抱いて行くことが辛くなり始めた一〇数年前に、貯金をはたいてリビングに隣接した大きな風呂場を作った。ショールームへ行って、居並ぶ浴槽に片っ端から夫婦で海を抱いて座り込んでみては、かろうじて三人の身体を詰め込むことができるサイズと予算ギリギリを探した。その浴槽に父と母が海の半身ずつを抱え込む格好で文字通り身を寄せ合って浸かり、ぼーっとしたり、とりとめもない話をしている時間は、のどかで心地よかった。あぁ、こうして三人が元気で一緒に過ごせるのは、ありがたいなぁ、としみじみと感じられてくる。そんなさなかに時々、ふっと思いついた海が親の鼻先でいきなり水面を叩いてウヒヒと喜んだり、気が付くと気持ちよさそうに眠りこけていたりするのも、悪くない時間だった。

風呂から上がっても、海は丸裸の身軽さで自力でうつぶせになり、得意然と腕を突っ張り頭をもたげて部屋を見渡して見せたりする。それは、いかにもくつろいで、のびのびと楽しげな姿だった。パジャマを着せてやると、お店に行って自分で買った乳液を持たせろと言うから、持たせてやり、握りこんだままのボトルから顔に塗ってやる。すると、そのボトルを「お母さんも塗ったら?」とばかりに差し出してくれたりもする。遅れて上がってくる父親に「お父さんには?」と手を出されると、渡すようなフリをしながらポイっと放り投げて、ニマニマ喜んでみたりもする。「お風呂の時間」には、その時間に特有の親子の親密な通い合いがあり、満ち足りて過ごすひと時だった。

だからこそ、親は体力の限界を感じながらもギリギリまで踏ん張って、本当は「もう親にはしてやれないこと」をかろうじて「まだしてやれること」のリストに留めてきたのだし、あの穏やかで親密な「お風呂の時間」を失うのは苦渋の決断だった。海に親の事情を話し、これからは療育園でのお風呂とお風呂の間で家に帰ることにしてもいいかと問うと、「ハ」と返事をしてくれた。海が「イヤだ」と言ったとしたら、私たち夫婦は「もうしてやれないこと」に分類した「お風呂」を「まだしてやれること」のリストにもう一度戻したことだろう。けれど、愛情や努力だけでさらに何年も続けられることではない。海にも親にも取り返しのつかない事故が起こらないためには、いつかはしなければならない決断だった。

「まだしてやれること」は、こうして引き裂かれる思いの狭間で順次「もうしてやれないこと」へと変わっていく。障害によって一つずつ「できること」を奪われ続けてきた我が子に、親の事情でさらに諦めさせざるを得ないことは、とてつもなく悔しく悲しい。まだかろうじて健康でいられる私たち夫婦にとって、今一番切実に感じる老いの痛みは、その悔しさと悲しみだ。その悲しさを、私たちの世代の親たちはみんな、一つずつ静かに受け入れながら老いの深まりに向かう日々を生きている。それはきっと、施設入所の親たちも在宅の親たちも、違わないいんじゃないだろうか。

老い、病み、ひとりになっていく親たち

療育園でも親たちが老いるにつれて帰省できない人たちが増え、盆暮れを園で過ごす人たちが増えてきた。かなり前から、親たちは自分の親の介護に忙殺され始めていたけれど、今では親の

介護に配偶者の介護が加わってきている。既に何人かの親が亡くなったし、自身が闘病中の人も少なくない。自分自身が命にかかわる大病をし、会いに行ってやれないまま施設で暮らす我が子を思うのは、どんなにやるせないことだろう。

遠方から熱心に施設の行事に参加していたある父親は、がんの末期に至った時に家族に連れてきてもらって息子と最後の対面を果たせたと聞いた。よかった……と心から思うけれど、もう二度と会えないと知りながら別れる時のその人や家族の胸の内を想像すると、キリキリと耐え難く胸が痛い。

母親仲間の一人が、夫を看取って初めての正月に、かろうじて一人で抱えられるかどうかの我が子を家に連れ帰ったと聞いた時にも、その覚悟のほどと、その間に彼女が経験するだろう心細さ、寂しさを思い、辛かった。そうやって老い、病み、一人になっていく親仲間の姿を見聞きするにつけ、いつか私たち夫婦もどちらか片方が残されるのだ……と考える。そして、それがかつてのように「あの山の向こう」という遠さではなく、すぐ眼前に迫っていることに呆然となる。

私たちは海が生まれて以来ずっと、どんな時も夫婦で一緒にやってきた。海が寒くはないかと毛布を掛けてやり、爪が伸びたり割れていることに気づくのはいつも夫だったし、海の発達を促すためにどのような工夫ができるか、今の海の精神状態にどのようなケアが必要か、と考えてきたのは私だった。そうして互いの持てる力を文字通り合わせて海を護り支えてきた。海が施設で暮らすようになってからも、少しでも豊かな生活になるように、協力してできる限りの工夫と努力を重ねてきた。海の帰省中の私たちは、まるで四本の手と四本の足を持った一人の人のように、阿吽の呼吸で滑らかに動く。私たちはずっと、海の親として常に息の合った最良のパートナーだった。障害のある子どもの親だったから夫婦が営々と共有してきた、というものが余人の計り知れぬところにたくさんある。その片割れを失うことは、どちらにとっても半身をもがれるに等しい。

もちろん夫が残ったとしても、これまで通りに静かに包み込む優しさで海を全力で支えてくれるだろう。夫よりも人格的に弱い私の方が残ったとしても、施設暮らしの限界をなるべく親の努力で補ってやろうと知恵を絞るだろう。けれど、残るのがどちらであったとしても、それはどんなに喪失感に満ちた孤独な年月になることだろう。二人揃っているから「してやれること」は、まだいっぱいある。一人になったとたんに、それが「もうしてやれないこと」だらけになってしまう。協力し合えるパートナーを失い、自分も老い衰えていく身で、海にさらに「諦めさせていく」しかないのは、どんなに切ないことだろう。

そして「まだしてやれること」は、いつか「たった一人の家族としてそばにいてやること」だけになってしまう。海の急変や命の危機はこれまでも何度も繰り返されてきたし、そのたびに夫婦で支え合ってその事態を耐え、乗り切ってきたけれど、今度はたった一人で「そばにいてやる」しかないのか。その「そばに」ですら、親の側にひとたびコトがあれば、たちまち「どこかに」でしかなくなってしまう。この先自分がさらに老いていくことを考える時、今の私が一番恐ろしいのは、親にひとたびコトがあれば、会えなくなってしまう親子だということだ。遠く離れた「どこか」から、会いに行ってやれなくなった海のことを思い、このまたった一人の家族を失う海のことを思うのは、想像するだけでも耐え難い。

私たちは、いつのまにか「あの山の向こう」に来てしまったのだ……と思う。さりとて、実際に「あの山の向こう」まで来てみたら、思いがけないのは「親亡き後」は眼前に姿を現しているわけではなかったことだ。考えてみれば、当たり前のことかもしれない。親自身は「親亡き後」そのものを生きることなどできない。私たち親にとって「親亡き後」は生きている限りずっと「やがて来るもの」であり続ける。

いざ「あの山の向こう」まで来てみたら、そこにあったのは、我が身も我が子もともに衰えていくにつれ、ひとつずつ多くを手放しながら、まだまだ生きていかなければならない「それまでの時間」だった。

「親亡き後」と「ピンピンコロリ」

このところ私は「親亡き後」という言葉を素直に受け止められなくなってきた。昨今、私たち親に向かって「『親亡き後』に備えてこれをやっておきなさい」と言わんばかりの情報が巷にあふれている。でも私たち親はまだ生きているのに……と、思う。「それまでの時間」を、私たちはまだまだ老い病みながら生きていかなければならないのに、「親亡き後」を語る人たちは、私たち親が今この時にも老い病み傷んでいる姿には目をくれようともしない。

ある県で親亡き後についての相談窓口が作られたというニュースには、その目的として「在宅生活を支えてきた親が亡くなった後、障害者をどうサポートするのか――。親亡き後問題はこのような捉え方で論じられることが普通だ。まるで、「在宅生活を支えている」時間の次にいきなり親がバタリと倒れて死ぬかのように、「在宅生活を支えている」時間の後にいきなり「親亡き後」の時間が接続されている。まるでその二つの時間の間に、親が老いて「在宅生活を支えることができなくなる」時間は存在しないかのように。存在してはならないかのように――。

「親亡き後」という言葉って、どこか「ピンピンコロリ」みたいだ、と思う。幸運な一部の人を除けば、「ピンピン」と「コロリ」の間にはヨレヨレと病みくたびれていく長い期間がある。何かと不自由となり、人によって寝たきりになる場合もある。それが生身の人間の自然というものの、意志や努力ではいかんともしがたい現実というものであるはずなのに、まるでその間の時間は存在しないかのように、あるいは存在してはならないものであるかのように、「ピンピン」と

「コロリ」が接続され喧伝されていく。

かつて海の子育て期に、あちこちで「海ちゃんのために長生きをしてあげなさいよ」「親は長生きをしてあげないといけませんね」などと言われるのが、私には不快だった。もちろん、自分で自分の家族を作ることができない我が子を思えば、できれば長生きをしてやれたら、という気持ちは自然な願いとしてある。けれど、自分がそんな素朴な願いを抱くことと、周りから押しつけがましく求められることは全く別だ。そんな、意思や愛情や努力でどうにかできるわけでもないことを、なぜ障害のある子どもの親だというだけで求められなければならないのだろう。なぜ私たちは障害のある子どもの母親だというだけで、生身の人間には不可能なことを可能にしろと求められなければならないのだろう。まるで「この子のために長生きする」と親が決意さえすれば、それは可能なことにできるかのように——。

あの頃から長い時が経ち、私たちが老いただけではなく、母親仲間の多くは、我が子と老親、時に配偶者の多重介護となっている。私が老親と兄を短期間に相次いで亡くした一時期、海が酸素マスクをつける事態まで出来して、娘が施設で暮らしていても心身の消耗は激しかった。在宅の同世代の母親仲間たちはそんな多重介護に日々ギリギリの綱渡りを続けながら、少しずつ自分自身が心身を痛めていく。それでも必要な治療を受けるためには、ヘルパーの追加やショートステイの利用を、病人である母親自身があちこちに問い合わせて確保し、コーディネートしなければばならない。調達できた追加サービスの範囲で自分の治療と養生はがまんし、あとは身体が辛かろうが痛みがあろうが介護者として復帰せざるを得ない。

そうして痛みをこらえて綱渡りの生活を続けながら、母親同士で「親は病気もできないね」と言い合っている。まるで「できない」なら「しない」と決めることができるかのように。そう決めれば、それを可能なことにできると信じているかのように——。

「親亡き後」の議論に決まって「親役割」という言葉が登場することにも抵抗がある。「在宅生活を支えてきた親が亡くなった後」と平気で言う人たちには、生きている限り在宅生活を支え続けることが「親役割」だという無意識の前提があるのだろうか。そこで親に期待されているのは、老いても老いていないフリをし、病んでも病んでいないフリをして「親役割」を果たし続けることなのか。私たちがピンピンと我が子の介護を担えていた時期はとっくに終わったし、私たちはこれから「親亡き後」までの長い期間を老い病み衰えながら生きていかなければならないのに、それ迄の間に私たちが老いをどのように体験しているのか、これから深まる老いをどのように生きていけばよいのかというところには、誰も目を向けようとしない。

かつて子育て期の私たちが「療育機能」とみなされ、私たち母親だって疲れもすれば病みもする当たり前の人であることは誰の目にも見えなかったように、今の私たちも「介護機能」「親役割」にされたまま、私たちだって老いれば衰えていく生身の身体を持った「一人の人」である現実は、誰の目にも見えていないかのようだ。

家族をつないでいるのは「役割」ではなく「関係性」

一般的には「親亡き後」問題とは、「親がいなくなっても、本人に安全な暮らしの場と生活が成り立つだけのケアが整備され保障されていれば解消する」と前提された上で、「では何が整備されればいいのか」と問いが設定される形になっている。そこでは、それらのケアが整備され保証されれば、「親亡き後」問題は解消されるはずだ、と前提されている。「親がいなくなっても、この人は安全な暮らしの場と生活が成り立つケアを確保されている」と考えられる状況であれば、それでもなお「親亡き後」への懸念を抱えている親には、「親がいつまでも子離れできないでいる」と批判的なまなざしが向けられる。現に、我が子を施設に託している私が今なお「残して逝けるか」と自問する思いを語ってみようと口を開こうものなら、たちまち「子離れできないダメ親がここにも一人」とでも言いたげな冷笑を返されることがある。

仕事で出会う知的障害の領域の専門職の中には「子の方はもう親なんか必要としていない」と私に向かって力説してみせる人もあった。

「仲間たちは、親のことなんて本当は好きでもなんでもないですよ」

「帰省だって、本人は喜んでいるわけではないんです。本当は家に帰りたくないって、私たち職員にはこぼしてるんですから」

もしかしたら、これらの言葉は老いてゆく親に「もう役割は終わったのだから、親の出番は無用なのだ」と証明し、「だから、安心して退場してもＯＫ」と伝えて「親亡き後」への不安を軽減してくれようとする、その人なりの善意なのかもしれない。けれどそれは、なんと薄っぺらで独りよがりな善意なのだろう。

子と親の間にあるものを「親役割」だけで捉えれば、「役割がまだあるかどうか」がそのまま「親が必要かどうか」という問題に置き替えられるのかもしれない。けれど、子と親をつないでいるのは「関係性」であり「役割」ではない。そして家族の関係性は、「好きか嫌いか」で切り取って「嫌いだから、もう本人には親など必要ない」というような単純なものでもない。

障害のあるなしを問わず、親を含めた家族は誰にとっても厄介な存在だ。温かく良好な関係を保ってくることができた親子や家族ばかりでもない。けれど、仮に互いにどうしても許せない、憎くてたまらない相手であったとしても、それもまた、他人との関係ではありえない深みで否応なく繋がってしまった「かけがえのない」家族の関係性を生きているということだ。

「親亡き後」をめぐる問題が「子離れ」「親離れ」という文言で語られることが、私には不愉快でならない。親が多くを背負い、子と密着せざるを得ない状況の中に置かれてきた長い時間には目を向けようともせず、その結果だけは「子離れ」が「できない」ことの責として――まるで親その人が解決すべき精神的な問題を抱えているかのように――固有の親の問題へと帰されていく。

それに、「子離れ」にしても「親離れ」にしても、関係性を断ち切ることでもなければ、互いに無関心になることでもないはずだろう。重い障害のある子どもとその親だったから共有してきた、というものが親と子の間には山のようにある。重い障害のある子どもと親との関係が、障害のない子どもと親との関係よりもはるかに濃密で複雑なものになるのは当たり前のことだ。そこにはその固有の濃密な関係性が培われてきた長い来し方というものがある。それなのに、それぞれの専門職がてんでに定義する「適切な時期」に「適切な形」で親子の関係性を断ち切ることができたり、子に無関心になれるのでなければ「子離れできない親」とラベリングをされるのは、不当な非難というものだ。

むしろ、こんなふうに「親亡き後」が親の死によって失われる「親役割」の問題にされたり、親の側の「子離れ」の問題に帰されることのうちにこそ、親たちに「残していけるだろうか」と自問させる本質的な問題が潜んでいるように思えてならない。親が我が子との固有の関係性から切り離されて代替可能な「役割」や「機能」とみなされる時、残されていく本人もまた多様な関係性を生きる人ではなく、ハードとしての暮らしの場とソフトとしての代替可能な介入メニューの問題における「対象」と捉えられているのではないか。

私はそこにこそ、専門職を含めた社会との間に親たちが体験し続けてきた、超えがたい「へだたり」を見せつけられるような気がする。専門職を含めた社会から「適切かつ十分」として、あるいは「制度上（あるいは経営／運営上）ここまでしかできません」と提供されるものと、自分が思い描く「十分」との間に、親は常にへだたりを感じてきたのではなかったか。

重い障害のある我が子のケアを他人の手に託したことのある親なら、施設か在宅かを問わず、おそらく目撃したことのない人はいない場面というものがいくつもある。たとえば、まだ口の中に食べ物が残っているのに、次の山盛りの一さじが無理やりに押し込まれてしまう場面。何の声掛けもなく背後から近づいた人が、無言のまままいきなり車いすのリクライニングを倒す場面。無言でいきなりパンツを下ろしてオムツ交換が始まる場面。声掛けもないまま身体がいきなり持ち上げられる体位交換――。これらは、入所施設だから起こることでもなければ、特定の事業所だから起こることでもない。入所であれ地域生活であれ、ケアが機械的「業務」になればどこでも起こることだ。

そうしたケア場面を目撃するたびに、親たちは胸を傷めながらも多くの場合は言葉を飲み込んできた。もちろん、よほど度が過ぎていれば何かの折に改善してほしいと声を上げるだろうし、職員との間に信頼関係ができていれば、そのくらいのことで〝モンスター〟扱いされはしないことも承知している。親が多くの場合に言葉を飲み込むのは、概ね温かく行き届いたケアをしてもらっていると感謝しているからだ。部分的にそんな粗雑な介助をする人だって、全体として見た時には一人ひとりに応じた細やかな心遣いをしてくれる熱心で良いスタッフであったりもする。また長い付き合いになれば悲しいことに、人が足りていなかったり、資質や意識の低い人も使っていかなければならない現場の事情だって見えてくる。こんなことの一つ一つを問題にしていたら他人の手に託すことなどとうていできない現実を、親たちは体験的に受け入れてきた。だから、親たちは「本当はもっとこうしてやってほしい」という言葉を飲み込みながら、そんな場面を一つずつ「我が子を他人の手に委ねること」の中に織り込んできたのではなかったか。

もちろん、だからといって平気で見ていられるわけではない。そうした場面を目撃するたびに親たちが思い知らされるのは、目の前で同じものを見ているのに、心を痛め眼をそむけたくなる自分と、気づきもしない人とのへだたりだ。目をつぶれる小さなへだたりや信頼関係の中で埋められることばかりではないから、子が幼い頃から成人した後もずっと、親は声を張り、行動し、時に闘ってこざるを得なかったのではなかったか。

けれど、医療でも教育でも福祉でも、定義権は常に専門職の側にあった。親が求めるものが専門職の判断や考えと相違したり制度やメニューの許容範囲を超えたりしていれば、それは「過剰な要求」として「親側の問題」「固有の親に属する問題」に帰されてきたのではなかったか。その時やりきれないのは、拒絶されることよりも〝モンスター〟判定を受けることよりも、専門職と親である自分との間で「気がつく」「気になる」「耐え難いと感じる」閾値がこんなにも違うという事実だった。その埋めがたい「へだたり」にこそ、私たちは繰り返し「自分が固有の誰かの親であること」の代替不能性を思い知らされてきたのではなかったか。専門職からは「もう残して逝けるはずだろう」と見える状況が、親には「とても残して逝けない」としか見えない違いに、その「へだたり」がくっきりと浮かび上がってくる。

「親亡き後」問題とは親の死から「その先」の問題と想定されているが、親にとっての「親亡き後」問題とは、実はその人が生きてきた固有の「それまで」において、どのような体験をしてきたかという問題なのだと思う。さまざまな体験をしながら、ある時は「これなら残して逝けるかも」と希望を持ち、また「これでは死ぬに死ねない」と思いつめる。私たちはそんなふうに日々揺らぎながら親としての長い年月を生きてきたし、今も老い病み衰えるという初めての体験を重ねながら、「それまで」の長い時間をそのように生きている。そして胸の内で、この社会は、総体としての人間は、この子を残して逝けるだけ信じるに足りるか……と、自問を繰り返している。

母親たちは、なぜ、誰に、許してもらわなければならないのか

日本の障害者福祉では「障害児者一人と、頑健な両親および家族」という家族モデルのみが想

定されているが、親も生身の人間として疲れ、病み、老いる身体的脆弱性のほかに、親が抱える精神的脆弱性もそこでは埒外に取り残されている。

家庭とは、家族それぞれの間に複雑な歴史といきさつが錯綜し、様々な闇を内包する場である。障害のある子どもが生まれた当初は前向きな気持ちで団結できたとしても、初めて経験する我慢や負担を強いられつつ家族それぞれが生活の再構築を迫られるのだから、麗しく助け合う状態がずっと維持できるほど現実は甘くない。それまでは家族の中に潜在していた、子どもの障害とは無関係な問題が一気に顕在化してくる。夫婦の間に問題が潜在していれば夫婦の関係に、嫁姑問題がくすぶっていれば嫁姑間のトラブルとして、親子関係に火ダネがあったとしたら、そこから炎が上がる。子どもの障害とは直接関係しないはずの問題が、しかし障害から派生する問題をきっかけに顕在化してくるのだ。家庭は修羅場と化す。少しずつ崩壊に向かってしまうこともある。母親はそんな修羅場に身を置き、そこで生々しい傷をいくつも負いつつ、負担の多い日々の子育ては常と変わらず担い続けざるを得ない。重い障害のある子どもの母親が時に心を病むのは、ただ介護負担のためというよりも、負担の多い子育てからくる心身のストレスと他の生きづらさとが互いに増幅しあう消耗的な状況に追い詰められるためだと思う。

障害のある子どもが生まれたり障害を告知されて、動揺し戸惑いながら新たな家庭生活の再構築を迫られる数年間は、母親にとって最も危機的な状況が起こりやすい時期だろう。やがて修羅場を引き起こした問題はその家庭なりの落ち着きどころを見つけ、障害のある子どもとの生活は「日常」となっていくが、老親の介護と看取りの前後もまた親族に争議が起こりやすい時期となる。家庭内の問題は根が深く、いったん収束していた問題が再燃することもありがちだ。老いてゆく身で重い障害のある子どもの介護を担っている母親たちは、同時にヨメとして妻として娘として姉や妹としての人生で、特に大きなストレスがかかる季節を生きざるを得ない人でもある。それらのストレスと、重度重症化した我が子の介護負担と自らの老いとが、それぞれに生きづらさを増幅しあう厳しい状況に、母親たちはまた身を置いている。そして、その心身とも磨り減らされる自身の生きづらさを訴える声をなおも封じられたまま、非力な子をもつがゆえの痛切さで自分の老いと死と睨み合っている。

そんな時、多くの母親は胸の奥で親としての悔いをいくつもなぞっているのではないだろうか。子が幼いころ、なんとか自分の力で「障害がないのと同じ」生活をさせてやりたいと、リハビリも療育もあんなにがんばったのに、成長するにつれ障害は我が子から一つずつを奪っていった。そのたびに、どんなに深い愛情があっても、どんなに壮絶な努力をしても、どうにもできない現実を、私たちは一つずつ思い知らされ、受け入れていくしかなかった。「もう奪わせはしない」「もっといろんな体験を」という願いを、一つずつ手放していくしかなかった。専門職が「気がつく」「気になる」閾値とのへだたりに焦れ、「十分に助けてくれない」社会の無関心に唇を噛み、なにより生身の人間でしかない自分が「これ以上がんばってやれない」ことに歯軋りしながら、一つずつ最終的には「しかたがない」と諦め、手放すことを覚えていった。

だから、おそらく誰もが小さなしこりのような自責をいくつも抱えている。私さえもっとがんばれたら、もっとこんな体験も、あんな経験もさせてやれたのではないか。もっと違う生活をさせてやれたのではなかったか。もっと違う道もありえたのだろうか……。兄弟姉妹たちに親として十分なことをしてやれなかったと慚愧の念を抱えている人も多い。そんなさまざまな自責が私たち母親の心の奥底に折り重ねられている。

その一方に、「私自身にもあり得たはずの別の人生」を思ってみる日がないといったら、嘘になるのではないか。「犠牲になった」という気持ちとは違う。「これでよかった」「それなりに幸福な人生だった」と振り返る一方で、「一人の人として存分に人生を生きることができなかった自分」を、もはや生き直すことがかなわない地点から遠く思いやるような気持ち、とでも言えばいいだろうか。けれど、その寂しさや、その先にある思いには、「口が避けても言えない」ほどの禁忌がある。同じ立場の母親同士でなければ語ることができないことが、私たちにはまだあまりにも多い。子育て期に私たちを縛っていたものに、私たちはまだ縛られているのだと思う。そして、自分が縛られている分だけ子を縛っているのかもしれない。

かつて、長年の在宅介護で心身を痛めた友人を懸念して、せめてショートステイを、と勧めてみたことがあった。その時に返ってきた言葉が忘れられない。「そんなの許してもらえるわけがない。私のほうが寝たきりにでもならない限り、そんなことは許してもらえない」。

私たちが「なぜ残して逝けないと感じるのか」という問題は、きっと、私たち母親は「誰に、なぜ、許してもらわなければならないのか」という問題に通じている。

「一人の人であること」の回復を

二〇〇八年に福岡で線維筋痛症の母親が発達障害のある小学生の息子を殺す事件が起きた際、インターネットにあふれた非難の一つは「いやしくも母親なら、我が子の介護くらい血反吐を吐いてでもやりおおせて見せろ」と書いた。その一方で、事件後に専門職の側からは「支援が必要なら自分から声を上げて助けを求めろ」という批判もあった。けれど、そんなダブル・スタンダードに縛られてきたからこそ、私たちは助けを求める声を自分で封じるしかなかったのではないか。そして、今も同じものに縛られているから、「私たちだって老いてしんどい」「私だって要介護状態なんだから助けて」という声を上げられないまま、「親は病気にもなれないね」と親同士で言い交しているのではないか。「なれない」なら「ならない」と決められるかのように装いながら――。

「助けて」という声を自分で封じてがんばり続けている限り、専門職も世間もそこに自分たちが見たい「熱心なお母さん」「いつも元気に活動するおかあちゃん」「美しい母の愛」を重ねて手をたたき、その賞賛で悲鳴を上げそうになる口を封じる。けれど、そうして抱え込んだ挙句に、万が一にも母親が心身のバランスを崩し、虐待や殺害に至ってしまったら、「なぜ助けを求めなかったのか」と、結果だけはその固有の親の責に帰されるのだ。助けを求められるくらいなら、殺したり死んだりしない。助けを求められないところに追い詰められてしまうから、殺すしかなくなる、死ぬしかなくなるのだ。

欧米の親による子殺しには、あのロバート・ラティマー（59ページ）のように、根底に「こんなに重い障害があるのでは生きるに値しない命」とみなす差別意識があったり、「こんな悲惨な状態から解放してやる」ための「慈悲殺」と正当化されるケースがあるが、日本の子殺しは本質的に性格の違うものなのではないだろうか。我が子の存在をかけがえのないものと感じていればこそ、その我が子を十分に支えてくれることがないまま親にすべてを背負わせて見て見ぬフリをしてきた社会の無関心と、護りきってやることのできない自分の非力とに絶望した結果の行為なのではないだろうか。自分しか我が子を護ってやれる人間がいない事態なのに、その自分自身が生きられないところまで追い詰められてしまったら、殺すか一緒に死ぬしか逃げ道が見いだせなくなってしまう。

そんな日本の母親が殺さないでいられるためには、親自身がまず社会からも自分自身からもバインドを解かれ、「許される」必要があるのだと思う。それは、母親もまた、疲れもすれば病気にもなり歳をとれば衰えもする生身の肉体を持ち、当たり前の多様な感情や欲求を持った――ともすれば、その人自身の生きづらさを抱えた――「一人の人」であることの回復、と言い換えてもいい。母親もまた、擁護されるべき権利をもって自分の人生を生きる主体の一人であることを、私たちに取り戻させてほしい。

介護と女性の問題を考える時、「今この時」に一番苦しんでいる人の声は決して聞こえてこないのだ……ということを、いつも思う。多くの男性はもちろん、社会において何がしかの仕事を成すことができる女性もみんな、過酷な育児を要する子どもの主たる養育者であったり負担の大きな介護を要する人の主たる介護者であることを免れ、「私」として自分の人生を生きることを許された人たちだ。社会に向かって何がしかの声を上げられる人はみんな、今の私自身も含めて、そういう最も苦しいところに少なくとも「今この時」には置かれていない人なのだ。「今この時」に壮絶な苦しみのさなかに置かれている人には、声を上げている余裕などないのだから。

そのことに無自覚にものを言ってしまう時、私たちは「強い者」の傲慢のすぐ隣にいる。障害のある子どもの母親から日常的に子に向かう〝気付かなさ〟の抑圧性は、実は男性（〝名誉男性〟も含めて）から女性への〝気付かなさ〟の抑圧性にそっくり重なっている。その同じ抑圧性は親であり男性（〝名誉男性〟も含めて）である自分自身の中にもあるのではないか、と自らを振り返ってみることをせずに、母性神話に立ってものを言う人も、あるいは母親の抑圧性だけを問題にする人も、その気付かなさによって「母親に殺させる社会」に加担している。

母親たちが「私」を語る言葉を取り戻すということ

日本で初めての介護者手帳を作った北海道栗山町の社会福祉協議会で、興味深い話を聞いたことがある。ケアラー連盟の介護者実態調査で調査員二人が高齢の男性介護者を訪問した時のことだそうだ。その男性は何を聞かれても「自分は大丈夫だ、何も困っていることはない」と答えた。そのくせ調査員をどうしても帰そうとせず、自分がいかに大丈夫かを延々と語り続けた。そして二時間ばかり話しつづけて、いよいよ調査員が帰ろうとした時に、その人はいきなりボロボロと涙を流した。そして初めて「実はもう限界なんだ。助けてほしい」と言った、という。

その人は介護者として常に介護を必要とする人のそばで誰の目にも見えない「役割」と扱われ、自分の話をじっくり聞いてもらえる場も人も得ることがなかったのだろう。私はその二時間の内容を聞いたわけではないけれど、「介護者」としては「大丈夫」としか言えなかったその人が、その二時間の間に「語る」という行為を通して「私であること」を取り戻していったのではないか、という気がする。否定も評価も断罪もせず聴いてくれる人を得た時に初めて、その人は許され、「私」を語る言葉を取り戻した。それが自分の弱さを認め、助けを求めることができる強さをその人に与えたのではないだろうか。たぶん、人は許されて初めて「私」の本当を語る勇気と言葉を持てるのだ。

私は、親が子を残して逝けるためのヒントがここにあるような気がする。親が安心して残して逝けると思えるためには、「子どものため」でもなく「親として」でもなく、「親でもある私」「これまでこうして生きてきて今ここにこうして生きている一人の人としての私」を、ありのままに語る言葉を、親がまず許され、取り戻す必要があるんじゃないだろうか。その時に初めて、専門職が定義する「親亡き後」問題ではなく、親にとって「親亡き後」とは本当はどのような問題なのかが、ありのままに語られ始めることだろう。

そうして親自身が、当たり前に老い衰える生身の肉体と精神的な脆弱さや生きづらさを抱えた「一人の人」として生きることを許された時に初めて、我が子もまた単なる肉体として扱われたり「ハードとしての生活の場とソフトとしての介入メニューを当てはめる対象」と目されることなく、多くの人と関係性を切り結んで、そこに生じる「かけがえのなさ」を生きる一人の人として遇されていくだろうと、親たちは心の底から信じることができる。

最終章　リンゴの木を植える

障害者の医療と生命倫理をめぐって世界で起こっている出来事を追いかけ始めた二〇〇七年当初、いったい世界はいつからこんなにコワい場所になっていたのだろう……と愕然とした。もちろん、それまで何も知らなかった素人のオバサンに「いつから」の答えが分かるはずもなく、私はその後の数年間ずっと疑問を抱え続けた。ただ私が知らなかっただけで、世界は本当はずっと前から恐ろしい場所であり続けていたのか、それとも最近になって恐ろしい場所になってきたのか、いったいどっちなのだろう――。

もちろん、この疑問には、それぞれの興味や体験や知識によって、人の数だけの考え方、答え方があるのだろう。私もブログを通して様々なことを知り、また考えながら、やがて自分なりの捉え方を見つけ出していった。初期のブログのあちこちに書いている言葉から、その断片を拾ってみると、以下のようなものになる。

――グローバル強欲ひとでなしネオリベ慈善資本主義。
――経済の論理が倫理の論理では制御できない世界ができあがってしまっている。
――科学とテクノによって構造転換した世界では、もう国家という装置は機能できず、科学とテクノそのものが、これまで人類の歴史に存在したことがないような一つの強大な勢力となり、世界のありようそのものを組み替え始めている。

二〇一三年に上梓した『死の自己決定権のゆくえ――尊厳死・「無益な治療」論・臓器移植』（大月書店）では、以下のように書いた。

……欲望を満たそうとする消費者のニーズとそれらを商業的なインセンティブで絡めとる新自由主義のグローバル経済が席巻する世界では、それらがことごとく強者の論理に援用されながら、科学とテクノロジーによって管理・コントロールする側とされる側、科学とテクノロジーの恩恵にあずかる側と、そのために奴隷労働力として、またはバイオ資材として犠牲に供される側とに、人間が選別されていこうとしているのではないだろうか。

もしも、この選別が重症障害者や高齢者や貧困国の貧困層の切り捨てで終わると信じていられるとしたら、それは楽観が過ぎるというものだろう。現在、生命倫理の議論では、〝道徳ピル〟や〝愛情ピル〟を開発して人々に飲ませたり、脳科学技術を使って犯罪を予防しようと、「道徳エンハンスメント（増強）」を提唱する学者が相次いでいる。……「生きるに値する命」と認められるためには、単に若くて健康で障害がないというだけではなく、科学とテクノロジーによる支配への従属が課せられようとしている。（p.151-152）

このように、「生命を操作する科学が急速に発展したことによって、世界は恐ろしい場所へと変貌を遂げてきたし、今も加速度的に遂げつつある」という認識に至り、こうした「大きな絵」の中に据え置いて考えるのでなければ、私たちが「社会」と呼ぶものの中で起こっている一つひとつの現象や問題の本質的な意味は捉えられない、と考えるようになった。

その後、小松美彦の著作などを通じて「生権力」「生政治」「生資本」といった概念を知り、目を開かれる思いがあった。フランスの哲学者ミシェル・フーコーの「〈死なせるか生きるままにしておく〉という古い権力に代わって、〈生きさせるか死の中に廃棄する〉という権力が現れた」という言葉に象徴されるように、権力のありようそのものが本質的に変わり、今や権力は人の生に直接的に——命そのもののレベルでも生活（生の営み方）というレベルでも——介入し、支配する。そしてその介入と支配に沿うかどうかによって「生きるに値する命」と「値しない命」の間に線を引き、後者を「死の中に廃棄する」——。

自分で十分に咀嚼しきれているわけではないので、それらの概念や文言を自分自身のものとして使うことには躊躇があるけれど、前述のような世界観を形成してきた私には、こうした新たな権力のありようの捉え方には、「最も大きな絵」として、ぴたりとくるものがある。

どのような言葉で呼ぶにせよ、その圧倒的な力は、これからも親に子どもをコントロールするツールを次々に提供しては親の欲望を掘り起こし続けていくだろうし、親と医療や科学とが共謀関係を結ぶことを歓迎し、そそのかしてもいくだろう。それは、「死ぬ権利」と「無益な治療」論を両輪として「生きるに値しない命」を地域と家庭の中に廃棄しては、家族ごと「死ぬ／死なせる」方向へと押しやっていき、「親（家族）に殺させ」ようとする力動でもある。

一方、そんな世界観が自分の中に形作られていくにつれ、私の頭の中には、なかなか答えの見つからない厄介な疑問が居座るようになった。世界のありようを自分なりに見つめ捉えようと努め、それに対して自分はどのように考えるのか、と頭を巡らせてみることは、できる。けれど、その次に、ではそれに抗うために何ができるのか、と考えたとたんに、そんなすべが本当にあるのだろうか……と、呆然と立ち尽くしてしまう。その世界のありようによって規定される、この「社会」に身を置いて生きる私たち「個」は、もはや、なりふり構わず我が身を守るしかないところへと追い詰められつつあるのではないか――。

あの日本病院会の文書（191ページ）が名指ししているように、命の線引きと切り捨ての矢面に立たされつつある「重症心身障害者」を娘に持つ「個」として、ただでさえ資源の少ない地方在住の身で、これから医療も福祉もじわじわと奪われていくのだとしたら、私はどうすれば娘を守ってやることができるのか。すでに高齢期に差し掛かっている私たち夫婦はこれから重大な病に見舞われ、痛みや不自由を抱え、いずれ死んでいくまでの過程で、どうすれば身を守ることができるのか。世の中の「大きな絵」において命の選別と切り捨てが既定路線となってしまったように思われる今、その「大きな絵」に規定されるこの「社会」に身を置く「個」には、その大きな流れにYESと乗っていく以外に、もはや身を守るすべがない事態なのではないか――。

「生きるに値しない（したがって医療コストに値しない）命」という価値観が社会に広がるにつれて、個々の患者が医療現場で医師の恣意的な「無益な治療」論と出くわす確率も高くなっていくだろう。たまたま自分の目の前に現れたのがそういう医療専門職でしかない場合に、「個」がそれにNOを突きつけようとするなら、用意されているのは決して丁寧なケアではなく、苦しい生でしかないだろう。よほど幸運な人を除いて、私たちは個人の自由な意思決定としての選択ではなく、自分や家族の身を守るせめてもの手立てとして「死なせてください」と言うしかないところへと、すでに追い詰められているのではないか――。

そんなことをグルグルと考え続けていると、あまりの希望のなさに絶望し、そこに目が釘付けになってしまう。自分が「殺させられる者」であることの恐怖に飲み込まれ、金縛りにされそうになる。

そんなふうに、世の中のあまりの希望のなさにこうして立ちすくんでいるというのに、なぜ私は息切れしながらもまだ細々とブログを続けて情報を追いかけたり、こうして原稿を書いたりしているのだろう……と、時に不思議に思うことがある。ここ数年は、ケアラー支援の啓発活動を手がけるようにもなった。もちろん「何にもならない」と考えているわけではないけれど、様々な仕事先で誰かの口から「こうしてみんなで社会を変えていきましょう！」といった前向きな言葉が出ると、その場の雰囲気に水を差さぬよう言動に気を付けながら、そこに素直に入っていけない自分を強く意識する。

もしかしたら、目の前で自分がなすべきと感じるものを形にするために忙しく立ち働くことで、私は先への絶望に目をくぎ付けにされたり、その恐怖で金縛りにされたりすることを免れているのかもしれない。もちろん、それは誰にとっても行動することの「目的」でも「理由」でもない。おそらく人が何かをやらないでいられない「理由」は、その人自身の中にそれを促す必然が潜んでいるからじゃないだろうか。人には、それが何になるかとか何かを変えられるかどうかということとはまったく別の問題として、そんなふうに日々を生きることしかできないし、そのように生きることによって、日々を生きるための希望を見失わずにいられる、という面があるのかもしれない。

障害者医療や福祉に携わる専門職や障害者運動の関係者が、その領域で頑張ってきた人であればあるほど、折に触れて「(自分が実践してきた、あるいは実現しようとしている)○○さえあれば、誰でも(どんなに重度の障害がある人でも)幸せに(その人らしく)暮らすことができる」というものの言い方をしがちであることに、以前より漠然とした抵抗感がある。

どの領域の人であれ、そんな「頑張ってきた人」に「世の中は悪くなっているのではないか」という話をすると、その認識を共有し、自分の領域で経験している困難な問題を聞かせてくれる人も多い。そういう人とはその先のコミュニケーションが成り立つけれど、「だからこうしてきたんじゃないか」と、問題を「私」や「私たち」の話に回収してしまう人も少なくない。「私がやってきたことを否定するのか」とばかりに感情的な反発が返ってくることもある。なぜ「世の中」の話が「私」の話に回収されてしまうのか、なぜ「世の中は悪くなっている」と言うことがその人がやってきたことの否定になるのか、私にはいつも理解できない。「私が世の中を良くしてきたはずだ。悪くなっているはずがない」ということなのだろうか。

確かに、どの領域にも、何もないところから並々ならぬ情熱と努力によって長い年月をかけて道を切り拓き、世の中に普遍的な変化を起こしてくれた人たちがたくさんいる。そういう人たちに「私こそが頑張って世の中を良くしてきた」という自負があるのは、しごく当然のことなのだろう。けれど、その自負がそのまま「だからこれからも、私たちがやってきたこれさえみんなで一緒に実現していけば、これからも世の中は良くしていけるのだ」という主張に落ちていくことには、抵抗がある。親から見れば、「これさえ実現できれば問題解決」と言えるほどに現実は単純ではないし、あの人がやっているこれもその人たちがやってきたこれも、みんな実現してほしい。仮にみんな実現されたとしても「まだ十分ではない」ものが残るのが、親が体験している現実なのだから。世界はあなたの手と目の及ぶ範囲よりも常にはるかに大きいのだから――。そう言いたくなる。

もちろん「世の中は良いほうに向かっている」と考えなければ頑張り続けていられない、という事情は、私にも想像できる。きっと「大きな絵」を冷徹に見据えながら、なおも希望を失うことなく自分がなすべきと信じることに向けて行動し続けるというのは、とてつもなく強靭な精神力を要する、困難なことなのだろう。けれど「世の中は良いほうに向かっている」と信じたいということと、そのために信じているフリを続けることとは、同じではない。それでは、同じ必要からそのフリを共有している人同士でしかコミュニケーションは成り立たない。

自分とは全く別の領域でそれなりに努力をしてきた、様々に立場も考え方も違う人たちや、自分から見れば「ちっとも頑張ってこなかった」と見える人（それは個として生き延びるだけで精一杯だった人かもしれない）とも出会い、互いに認め合って繋がるためには、私たちのすべきことは、むしろ「大きな絵」の救いのなさと対峙し、自分の無力をまずは直視することではないだろうか。そして、いったん徹底的に絶望したうえで、それでもなお「明日この世界が終わるとしても今日リンゴの木を植える」ような行為として、それぞれが目の前で自分なりにできること、しないでいられないことを続けていくしかないのではないか。「私たちがリンゴの木を植えて世界が滅びることを防ぐ」のでも「世界を滅びさせないために私がリンゴの木を植える」のでもなく、「私がリンゴの木を植えても植えなくても世界は明日滅びるだろう」という明確な認識を持ちながら、そんな世界の救いのなさにおののくしかないからこそ、私自身が今日を生きるために、私はリンゴの木を植える――。

そんな透徹した絶望と覚悟を共有することによって初めて、こんなにも恐ろしい場所となろうとしている世の中で、様々に異なる領域や立場の者同士がフラットに出会い、耳を傾け合い、繋がることが可能になるのかもしれない。もし私たちに今なお抗うすべがわずかでもあるとしたら、その希望はその可能性の中に残っているのではないだろうか。

あとがき

この本を書きたいと生活書院代表の髙橋淳さんに相談したのは、重症心身障害学会のシンポから間もなくの二〇一四年の暮れ頃ではなかったかと思います。重症児者に関わる専門職と急速に出会い始めたところでした。宗教学者の安藤泰至先生に事実上の監訳をしていただいたA・ウーレットの『生命倫理学と障害学の対話――障害者を排除しない生命倫理へ』が刊行された直後でもありました。大それたことに、ウーレットの言葉を借りて投げかけてみたメッセージを、今度は自分自身の言葉で書いてみたいと、意気込んでいました。

なかなか書き進めることができなかったのは、私の中で書くべきものが十分に成熟していなかったのでしょう。いま思えば、その段階で私の頭にあったのは「医療と医療に〝埋め込まれた〟生命倫理学vs障害者運動」という対立の構図。その構図の中で、親である自分は障害者運動寄りに立っており、いってみれば「医療・生命倫理学

ｖｓ障害者運動・親」という対立の構図をメージしていたように思います。ウーレットが生命倫理学に対して「もっと謙虚に障害者運動の声を聞き、そこから学ぶことによって対立を乗り越える努力を」と言っているように、互いに同盟関係にある生命倫理学と医療に対して、私は「もっと謙虚に患者・家族の声を聞き、そこから学ぶことによって溝を埋める努力を」というメッセージを送りたいと考えていたのでした。

企画が「書く書く詐欺」になったまま時が過ぎるうち、やがて相模原市の津久井やまゆり園で陰惨な事件が起こり、私は「失語症」状態に陥りました。「弱い者」として侮られ、尊厳を傷つけられる個人的な「事件」にも見舞われました。深く傷つき、ブログも口も閉じて穏やかに「老後」を過ごそうと決心したこともありました。

そんな中から、また少しずつ背筋を伸ばすことができたのは、あの事件後だからこそ話を聞きたいと声をかけてくれる方々のおかげでした。講演準備はいつも口を開く恐怖と闘いながらの作業でしたが、それでもなお言わずにいられないことを少しずつ手探りしていたように思います。また、施設と親をめぐる事件後の議論があるからこそ話を聞きたいと、遠方から訪ねてきてくださる方々もありました。多面的に問題を捉えようと耳を傾けてくれる人と話をするたびに、また少しずつ言葉を見つけ、語ろうとする勇気を取り戻していきました。そんな折に、重症者の親の立場から「事件後の議論では、医療を必要とする重症児者の現実が置き去りにされているのではないか」と言おうとする私の中で、無意識に「障害者運動vs医療・親」という対立構造がイメージされていたように思います。

一方、個人的にはこの間に、半年おきに父、兄、母を相次いで亡くすという体験がありました。それは海を含め、ダブル、トリプルの介護の体験でもありました。海も重度重症化し、私たち夫婦も心身の老いをリアルに感じ始めました。そして寝屋川市と三田市で相次いで高齢の親による障害者監禁事件が起こり、またしても「親」が非難の的となった折にも、話を聞きたいと遠方から訪ねてくれる人がありました。会って話をするうちに、本書の第4部第5章の問題意識が芽生え、そこから具体的な企画が生まれました。二〇一九年三月三日のシンポジウム「障害者家族のノーマライゼーションを考える」(一般社団法人日本ケアラー連盟主催・日本福祉大学名古屋キャンパスにて)では、チラシのキャッチは「わたしたちはふつうに老いることができない」となりました。

シンポジウムを準備する間の私の問題意識は「親が老いてゆく現実に、社会はもちろん、医療専門職も障害者運動も十分に目を向けていない。親が体験しているものを声にし、高齢化する親の姿を可視化したい」というものでした。そこで初めて「親vs医療・障害者運動」という関係を意識した時には、ちょっと新鮮な発見の喜びがありました（笑）。ウーレットが描いた二者関係の間で右往左往していたのが、ここへきて親の立場から両者に向けて主張する言葉を得て、やっと「自立」できたような気分でもあったかもしれません。同時に、「親」に対する「理不尽な要求をして（あるいは支配して）本人の利益や主体を侵害する厄介な存在」という批判において、医療と障害者運動は一致することが多いのだろうな、という想像も頭に浮かび、思わずニヤニヤしてしまいました。適切な比喩ではないかもしれませんが、「まるで嫁と姑と小姑のようだ……」と思ったのです。必ずしも嫁・姑・小姑の関係に限らず、三つ巴の関係性は、状況によって一対二の敵・味方関係が自在に入れ替わる。それが人の立場の違いというものの妙なのだなぁ……と、なんだか可笑しく、また温かくも感じられたのでした。

「書く書く詐欺」だった年月は、これまで追いかけてきた様々な問題群が、私の中で「親であること」という糸で縫い繋げられていくと同時に、医療と障害者運動と親という三つ巴の対立構造が出そろうためにも必要な期間でもあったのかもしれません。もちろん、現実の問題たちはこんなに単純な対立構造では捉えきれない複雑なものです。アクターも決して三者だけではありません。あくまでも私自身の意識の中で本書のテーマが整理されていったプロセスを単純化してみれば、という譬え話にすぎません。

誰もが誰かに対してモンクもあれば同じ相手に対して共感できる部分も持ち合わせている。誰が対立関係の「向こう」であり「こっち」であるかも、問題により状況により決して一定ではない。それは、立場の違う者同士が対話を通して出会い続け、誠実に対立しながら粘り強くものを考えていこうとするにあたって、希望のようにも思えたのです。何より忘れてならないのは、本当の敵はこの三つ巴の外にいるということ。その大きな敵を正しく見据えるなら、私たちはそれぞれの間に対立関係を孕みながらも手をつなぎ合って、その敵に共に立ち向かうべき者たちなのだから。

当初は障害者運動による攻撃から生命倫理学を守る必要を感じて障害者運動や障害学に興味を持ったウーレットは、やがて「自分が障害の問題ついてはいかに無知であったかということを思い知らされた」(p.348)と言います。なによりも彼女の意識を変えたのは「障害をもっている友人たちや同僚たち、学生たちと食事を共にし、ワインを飲みながら恋愛や子育てやその他人生一般についてゆっくり語り合う時間を重ねたことである。お互いに自分をさらけ出して語り合うことは、すべてを変えてしまうほど意義深い経験だ」(同前)と書いています。

私もまた、相模原の事件後の動揺と混乱の中で、誰かとゆっくり語り合う時間を持つたびに(多くはウーレットが言うように、食事を共にしながら、時に酒を飲みながら、互いに自分をさらけ出して語り合う濃密な時間でした）、書きたいもの、書くべきものが少しずつ自分の中で形を成していく、という貴重な体験を重ねてきました。もちろん、それ以前の、何も知らないまま『アシュリー事件』を書いた遠い日から、さまざまに飲み食いしながら、あるいはブログやメールを通じて語り合った多くの人との時間が屋台骨となって、この本を書く勇気を支えてくれました。素面でも酔っぱらいとさほど変わらない私と、自分をさらけ出して向き合ってくださった多くの方々に、お礼申し上げます。

机の前に、一枚の一筆箋が貼ってあります。二〇一六年の秋、生活書院創設一〇周年記念パーティの直後に髙橋さんからいただいたものです。私はそのパーティに出席できませんでした。そこに「やまゆり園のこと、分かれていく者がまた何とか手をにぎりあえるようにと必死で頑張っている人がいること」と書かれた箇所があります。それは、知的障害があり故郷の施設で暮らす兄をもちながら、事件後に分かれていく者たちの間に必死で踏みとどまろうとする、髙橋さん自身の痛切な思いでもあったでしょう。この本が書けずに苦しかった間、私はこの一筆箋を毎日にらみ続けて過ごしました。その生活書院から、『アシュリー事件』から数えて四冊目となる本書をこうして出させていただける深いご縁に、しみじみと幸せを感じています。

どんな関係の中であれ、私たちはみんな他者については、どこまでいっても無知なままでしかないのでしょう。これから新たに出会う人たちや、分かれていった人たちとも、また互いに自分をさらけ出して語り合える日がいつか訪れることを楽しみに、私は、「親でもある私」から見えるものを自分なりに言葉にし続けていきたいと思います。

なお、注に拙ブログからのエントリーをあげるにあたり、本書ではURLではなくブログ名とエントリー・タイトルと日付を記載しております。Yahooブログのサービス停止決定に伴って他のブログサービスへの移行を迫られており、移行後のURLが今の段階では未定であるためです。どのサービスに移行するにせよ、移行後のブログ名は二つとも変わりません。ブログ名とエントリー・タイトルから追跡が可能かと考え、このような方法での注とさせていただきました。

また、このたびのブログ移行に伴い、これまでの拙著の注にあげた二つの拙ブログのURLはすべて無意味となってしまいますが、そちらに対してはなすすべがなく、まことに申し訳ありません。

児玉真美

二〇一九年夏

◉本書のテキストデータを提供いたします
本書をご購入いただいた方のうち、視覚障害、肢体不自由などの理由で書字へのアクセスが困難な方に本書のテキストデータを提供いたします。希望される方は、以下の方法にしたがってお申し込みください。

◎データの提供形式：CD-R、メールによるファイル添付（メールアドレスをお知らせください）
◎データの提供形式・お名前・ご住所を明記した用紙、返信用封筒、下の引換券（コピー不可）および200円切手（メールによるファイル添付をご希望の場合不要）を同封のうえ弊社までお送りください。

◉本書内容の複製は点訳・音訳データなど視覚障害の方のための利用に限り認めます。内容の改変や流用、転載、その他営利を目的とした利用はお断りします。

◎あて先：
〒160-0008
東京都新宿区四谷三栄町6-5 木原ビル303
生活書院編集部　テキストデータ係

【引換券】
殺す親
殺させられる親

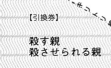

著者略歴

児玉真美

（こだま・まみ）

1956年生まれ。京都大学文学部卒。カンザス大学教育学部にてマスター取得。中学、高校、大学で英語を教えた後、現在、著述業。一般社団法人日本ケアラー連盟代表理事。長女に重症心身障害がある。現在のブログは「海やアシュリーのいる風景」。

著書、訳書に、
『私は私らしい障害児の親でいい』（ぶどう社、1998)、『アシュリー事件――メディカル・コントロールと新・優生思想の時代』（生活書院、2011)、『新版 海のいる風景――重症重複障害のある子どもの親であるということ』（生活書院、2012)、『死の自己決定権のゆくえ――尊厳死・「無益な治療」論・臓器移植』（大月書店、2013)、『生命倫理学と障害学の対話――障害者を排除しない生命倫理へ』（共訳、生活書院、2014）『私たちはふつうに老いることができない――高齢化する障害者家族』（大月書店、2020)、『〈反延命〉主義の時代――安楽死・透析中止・トリアージ』（共著、現代書館、2021)、『見捨てられる〈いのち〉を考える――京都ALS嘱託殺人と人工呼吸器トリアージから』（共著、晶文社、2021）など。

殺す親　殺させられる親

――重い障害のある人の親の立場で考える尊厳死・意思決定・地域移行

発　行――――2019年8月20日　初版第1刷発行

　　　　　　2022年2月28日　初版第3刷発行

著　者――――児玉真美

発行者――――髙橋　淳

発行所――――株式会社　生活書院

〒160-0008

東京都新宿区四谷三栄町6-5 木原ビル303

ＴＥＬ 03-3226-1203

ＦＡＸ 03-3226-1204

振替 00170-0-649766

http://www.seikatsushoin.com

印刷・製本――株式会社シナノ

カバー装画――児玉　海

Printed in Japan

ISBN 978-4-86500-099-3

定価はカバーに表示してあります。乱丁・落丁本はお取り替えいたします。